O INDIVÍDUO MODERNO EM
BUSCA DE UMA ALMA

Dados Internacionais de Catalogação na Publicação (CIP)
(Câmara Brasileira do Livro, SP, Brasil)

Jung, C.G., 1875-1961
O indivíduo moderno em busca de uma alma / C.G. Jung. – Petrópolis, RJ : Vozes, 2022.

Título original: Modern Man in Search of a Soul
Vários tradutores.

2ª reimpressão, 2025.

ISBN 978-65-5713-549-5

1. Psicologia junguiana I. Título.

22-106021   CDD-150.1954

Índices para catálogo sistemático:
1. Psicologia junguiana   150.1954

Aline Graziele Benitez – Bibliotecária – CRB-1/3129

C.G. JUNG

O INDIVÍDUO MODERNO EM BUSCA DE UMA ALMA

Traduções de Maria Luiza Appy, Edgar Orth,
Lúcia Mathilde Endlich Orth,
Pe. Dom Mateus Ramalho Rocha, OSB e Maria de Moraes Barros

EDITORA VOZES

Petrópolis

© 1933 Harcourt Brace
© 1933 Kegan Paul, Trench, Trübner & Co.
© 2007 Foundation of the Works of. C.G. Jung, Zürich

Tradução do original em inglês intitulado
Modern Man in Search of a Soul
Esta obra inclui textos dos seguintes volumes da Obra Completa
de C.G. Jung: 4, 6, 8/2, 10/3, 11/6, 15, 16/1 e 16/2.

Direitos de publicação em língua portuguesa – Brasil:
2022, Editora Vozes Ltda.
Rua Frei Luís, 100
25689-900 Petrópolis, RJ
www.vozes.com.br
Brasil

Todos os direitos reservados. Nenhuma parte desta obra poderá ser reproduzida
ou transmitida por qualquer forma e/ou quaisquer meios (eletrônico ou mecânico,
incluindo fotocópia e gravação) ou arquivada em qualquer sistema ou banco de
dados sem permissão escrita da editora.

CONSELHO EDITORIAL

Diretor
Volney J. Berkenbrock

Editores
Aline dos Santos Carneiro
Edrian Josué Pasini
Marilac Loraine Oleniki
Welder Lancieri Marchini

Conselheiros
Elói Dionísio Piva
Francisco Morás
Teobaldo Heidemann
Thiago Alexandre Hayakawa

Secretário executivo
Leonardo A.R.T. dos Santos

PRODUÇÃO EDITORIAL

Anna Catharina Miranda
Eric Parrot
Jailson Scota
Marcelo Telles
Mirela de Oliveira
Natália França
Priscilla A.F. Alves
Rafael de Oliveira
Samuel Rezende
Verônica M. Guedes

Diagramação: Raquel Nascimento
Revisão gráfica: Alessandra Karl
Capa: Estúdio 483
Ilustração de capa: Obra em óleo sobre tela, 70x90cm,
do artista multimídia Pedro Pinheiro @pedro_arte

ISBN 978-65-5713-549-5

Este livro foi composto e impresso pela Editora Vozes Ltda.

Sumário

Nota da editora, 7

Prefácio dos tradutores da edição inglesa de 1933, 9

1 A aplicação prática da análise dos sonhos, 13

2 Os problemas da psicoterapia moderna, 39

3 Os objetivos da psicoterapia, 66

4 Tipologia psicológica, 86

5 As etapas da vida humana, 105

6 A divergência entre Freud e Jung, 125

7 O homem arcaico, 134

8 Psicologia e literatura, 161

9 O problema fundamental da psicologia contemporânea, 185

10 O problema psíquico do homem moderno, 208

11 Relações entre a psicoterapia e a direção espiritual, 233

Nota da editora:

Foi impossível encontrar uma solução perfeita para o título desta obra em português.

De maneira geral, prezamos por manter o título das traduções bastante fiel ao seu original. Além de respeitar as escolhas do autor/editor, este critério faz com que obras já há muito conhecidas e esperadas pelos leitores brasileiros sejam mais facilmente identificadas quando chegam às livrarias.

No entanto, ao atribuir o título em português ao forte e célebre original *Modern man in search of a soul* [Homem moderno em busca da alma], constatamos que, neste caso, seria necessário buscar alternativas.

O uso da palavra homem como sinônimo para ser humano tem origem no início do desenvolvimento da Língua Portuguesa, assim como *man/mankind* na Língua Inglesa. E, por muito tempo, foi bastante comum que o termo fosse utilizado para designar pessoa, indivíduo. Os livros de décadas atrás estão repletos deste uso, afinal autores e tradutores são indivíduos de seu tempo, e seus textos trazem, invariavelmente, suas marcas.

No entanto, as palavras são o que elas significam agora. E hoje não é mais possível olhar para a palavra homem como um substantivo neutro em termos de gênero. Por isso, abrimos mão do título original desta vez.

Agradecemos ao Dr. Walter Boechat que nos ajudou a encontrar um título adequado à edição brasileira desta obra!

Prefácio dos tradutores da edição inglesa de 1933[1]

Ao longo da última década, houve muitas referências de fontes variadas ao fato de o mundo ocidental estar à beira de um renascimento espiritual, isto é, de uma mudança fundamental de atitude com relação aos valores da vida. Após um longo período de expansão externa, estamos começando a olhar para dentro de nós mesmos mais uma vez. Há um consenso bastante geral quanto aos fenômenos que circundam essa crescente mudança de interesse, dos fatos como tais para seu significado e valor para nós como indivíduos, mas assim que começamos a analisar as antecipações nutridas pelos vários grupos em nosso mundo com relação à mudança que se espera, o acordo está chegando ao fim e um afiado conflito de forças se faz sentir.

Por aqueles que defendem a religião revelada, o renascimento que parece iminente é pensado como um renascimento do catolicismo ou do protestantismo, conforme o caso. Eles veem a humanidade correndo aos milhões de volta ao seio da Igreja, para ser confortada pelas desilusões e desastres do nosso mundo pós-guerra, para que sejam ensinados os caminhos que os levarão para longe do caos. Dizem que a renovação da fé no cristianismo nos trará de volta a um modo de vida seguro e restaurará a inspiração que o mundo perdeu.

Outro grande grupo de pessoas pensa que a nova atitude deve ser atingida a partir da total destruição da religião como até agora foi entendida. Dizem que a religião é uma relíquia de barbárie supersticiosa

---

1. Tradução de Gentil Avelino Titton.

e que, em seu lugar, deve chegar um novo e duradouro período de "iluminação". Deixe que o homem apenas aplique seu conhecimento da maneira correta, especialmente seu conhecimento de economia e tecnologia, e todos os grandes problemas da pobreza, ignorância, ganância etc. desaparecerão no ar e o homem será restaurado ao seu paraíso perdido. Para eles, o renascimento é estar apenas na esfera da razão, e o intelecto se torna o árbitro do destino do homem.

Entre esses dois extremos da fé tradicional e racionalismo militante, encontra-se toda forma de opinião concebível sobre esse grande problema do próximo passo da humanidade na evolução psíquica. Pode-se dizer que a posição intermediária é mantida por aquelas pessoas que sabem que superaram a Igreja como exemplificado no cristianismo, mas que, portanto, não foram levadas a negar o fato de que uma atitude religiosa em relação à vida é tão essencial para elas quanto crença na autenticidade da ciência. Essas pessoas experimentaram a alma tão vividamente quanto o corpo, o corpo tão vividamente quanto a alma.

E a alma se manifestou a eles de maneiras a não serem explicadas em termos da teologia tradicional ou do materialismo. Eles não desejam separar a verdadeira piedade que sentem dentro de si mesmos do corpo de fato científico ao qual a razão dá sua sanção. Eles estão convencidos de que, se puderem obter mais conhecimento sobre o funcionamento interno de suas próprias mentes, mais informações sobre as leis sutis, mas ainda assim perfeitamente definidas, que governam a psique, poderão alcançar a nova atitude exigida sem a necessidade de, por um lado, regressar ao que é apenas uma teologia medial pouco velada, ou por outro, de ser vítima das ilusões da ideologia do século XIX.

É para esse último grupo de pessoas que Jung fala em termos convincentes. Ele não foge da difícil tarefa de sintetizar seu conhecimento da alma, adquirido em seus muitos anos de prática como psiquiatra e analista, em um fundo de informações disponíveis e aplicáveis a todos. Ele dá essas pistas sobre a natureza e o funcionamento da psique pela qual o homem moderno tem dolorosamente tateado. O ponto de vista que ele coloca diante de nós é um desafio para o espírito e evoca uma resposta ativa em todos que sentem dentro de si um desejo de crescer além de sua herança.

Com uma exceção[2], todos os ensaios que compõem este volume foram entregues como palestras. Os textos alemães de quatro deles foram publicados em publicações separadas[3], e os outros encontram-se em um volume[4] junto com vários outros ensaios que já apareceram em inglês[5].

Somos gratos à sra. Violet de Laszlo por muitas sugestões úteis em relação ao ensaio "Relação entre psicoterapia e direção espiritual". O dr. Jung e a sra. Jung tiveram a gentileza de ler e criticar as traduções em parte.

Cary F. Baynes

Zurique, março 1933.

---

2. *A divergência entre Freud e Jung* foi escrito para atender a uma solicitação especial de um editor alemão.

3. (a) Para o texto alemão de *Psicologia e literatura* (*Psychologie und die Literaturwissenschaft*), cf. *Die Philosophie der Literaturwissenschaft*, do professor Emil Ermatinger, Junker und Dünnhaupt. Berlim, 1929. Uma tradução em inglês por Eugene Jolas consta em *Transition*, 1930.

(b) *Relações entre a psicoterapia e a direção espiritual* está intitulado em alemão como: *Die Beziehungen der Psychotherapie zur Seelsorge*. Zurique: Rascher & Cie, 1932.

(c) *O problema fundamental da psicologia contemporânea* consta na *Europäische Revue* de julho de 1931, com o título *Die Entschleierung der Seele*.

(d) *A aplicação prática da análise dos sonhos* consta no *Bericht über den VI Algemeinen ärtzlichen Kongress für Psychotherapie*. Dresden, abril de 1930.

4. *Seelenprobleme der Gegenwart*. Zurique: Rascher & Cie, 1931.

5. Nota da Editora: Todos os textos que compõem esta obra estão disponíveis para o leitor de Língua Portuguesa nos seguintes volumes da Obra Completa de C.G. Jung: 4, 6, 8/2, 10/3, 11/6, 15, 16/1, 16/2.

1
A aplicação prática da análise dos sonhos[6]

A aplicação terapêutica da análise dos sonhos é um tema ainda [294] muito controvertido. Muitos consideram a análise dos sonhos indispensável no tratamento clínico das neuroses e conferem ao sonho uma função de importância psíquica equivalente à da consciência. Outros, ao contrário, contestam a validade da análise dos sonhos, reduzindo-os a um derivado psíquico insignificante. Não é preciso dizer que todo aquele que considera o papel do inconsciente como decisivo na etiologia da neurose também atribua ao sonho, enquanto expressão direta desse inconsciente, um significado prático fundamental. Da mesma forma, é óbvio que quem nega o inconsciente ou, pelo menos, o considera inexpressivo do ponto de vista etiológico, também declare dispensável a análise dos sonhos. Pois bem, estamos no ano do Senhor de 1931. Há bem mais de meio século, Carus formulava o conceito de um inconsciente; há mais de século, Kant falava no "campo incomensurável das ideias obscuras"; e há uns 200 anos, Leibniz postulava um inconsciente anímico, para não falar dos trabalhos de um Janet, Flournoy e tantos outros. Depois de tudo isso, pode, no mínimo, ser considerado deplorável que a realidade do inconsciente ainda seja objeto de controvérsia. Não quero

---

6. Comunicação feita no Congresso da Sociedade Médica Geral de Psicoterapia, Dresden, 1931, publicada no Relatório do Congresso e em *Wirklichkeit der Seele* (Realidade da alma). 3. ed., 1947, p. 68s.

fazer a apologia do inconsciente, já que estamos tratando aqui de uma questão exclusivamente prática, muito embora o nosso problema específico da análise dos sonhos não subsista sem a hipótese do inconsciente. Sem ela, o sonho não passa de um *lusus naturae*, de um conglomerado sem sentido de fragmentos de sobras do dia. Se assim fosse, nem se justificaria uma discussão sobre a possibilidade de aplicar ou não a análise dos sonhos em terapia. Seja como for, o debate deste tema só é possível na base do reconhecimento do inconsciente, porquanto o objetivo da análise dos sonhos não é um exercício intelectual qualquer, mas a descoberta e a conscientização de conteúdos até então inconscientes, considerados de grande interesse para a explicação ou o tratamento de uma neurose. Para os que consideram a hipótese inaceitável, a questão da utilização da análise dos sonhos também deixa de existir.

[295]   Fundamentados em nossa hipótese de que o inconsciente tem importância na etiologia e de que os sonhos são expressão direta da atividade psíquica inconsciente, a tentativa de analisar e interpretar os sonhos é, para começar, um empreendimento teoricamente justificável do ponto de vista científico. À medida que é bem-sucedida, esta tentativa pode oferecer-nos, de início, uma compreensão científica da estrutura da etiologia psíquica, independentemente de uma eventual ação terapêutica. Mas, como as descobertas científicas devem ser encaradas pelo clínico no máximo, como um produto secundário – ainda que desejável – da atividade terapêutica, a possibilidade de uma radiografia meramente teórica do fundo etiológico não pode ser considerada motivo suficiente e muito menos prescrição para a aplicação clínica da análise do sonho, a não ser que o médico espere dessa radiografia um efeito terapêutico. Neste último caso, recorrer à análise do sonho torna-se para ele um dever profissional. Como se sabe, a radiografia e a explicação – a plena tomada de consciência dos fatores etiológicos inconscientes – são tidas como altamente importantes terapeuticamente pela escola freudiana.

[296]   Partamos do ponto de vista de que os fatos justificam tal expectativa. Neste caso, só nos resta saber se a análise dos sonhos é apropriada ou

não se presta de maneira alguma à descoberta da etiologia inconsciente, e, em caso afirmativo, se ela o é exclusiva ou relativamente, isto é, combinada com outros métodos. Acho que posso partir do pressuposto de que todos conhecem a opinião de Freud. Quanto a mim, posso confirmar este seu ponto de vista, uma vez que existem sonhos, sobretudo na fase inicial do tratamento, que trazem à luz, inconfundivelmente muitas vezes, o fator etiológico essencial. Que o seguinte exemplo possa ilustrar o que acabo de dizer:

Um executivo que ocupava um cargo de alta responsabilidade veio [297] consultar-me. Sofria de ansiedade, insegurança, tonturas e, por vezes, até de vômitos, atordoamento, dispneia; enfim, queixava-se de um estado em tudo semelhante ao do mal de montanha. A carreira deste meu cliente havia sido extraordinariamente brilhante. Começara como filho esforçado de um agricultor sem posses. Graças a seu talento e esforço, foi subindo gradativamente a uma posição de liderança, com excepcionais perspectivas de uma ascensão social ainda maior. Havia, de fato, atingido o patamar, a partir do qual poderia alçar voo, não fosse, de repente, essa neurose. Neste ponto do relato, o paciente não pôde deixar de pronunciar aquela frase que sempre começa com o estereótipo: "E justamente agora, que..." etc. A sintomatologia do mal de montanha parece particularmente apropriada para representar drasticamente a situação peculiar do paciente. Este aproveitou a consulta para contar dois sonhos que tivera na noite anterior. O primeiro sonho era o seguinte: "*Tinha voltado à aldeia em que nasci. Vejo alguns rapazes, filhos de camponeses, daqueles que iam à escola comigo. Estão reunidos em grupo no meio da rua. Faço de conta que não os conheço e passo por eles sem olhar. Ouço, então, um deles dizer, apontando em minha direção: 'Esse aí também não tem aparecido muito aqui na aldeia'*".

Não são necessárias grandes acrobacias interpretativas para perce- [298] ber que o sonho aponta para a situação humilde do início de sua carreira, e que o significado dessa alusão deve ser: "*Você se esquece de que começou lá embaixo*".

[299]   O segundo sonho diz: *"Estou de partida para uma viagem e com uma pressa enorme. Ainda estou catando as coisas para arrumar a mala e não acho nada. Estou em cima da hora. O trem vai partir daqui a pouco. Por fim consigo juntar tudo, me precipito para a rua, percebo que esqueci uma pasta importante de documentos, corro de volta, já quase sem fôlego; por fim consigo encontrá-la. Corro em direção à estação, mas quase não consigo avançar. Num derradeiro esforço, alcanço a plataforma, mas só para ver o trem, compridíssimo, saindo da estação e entrando numa curva esquisita em forma de S. Penso comigo mesmo que se o maquinista não prestar atenção e acelerar demais, o trem vai descarrilhar no momento em que arrancar a todo vapor e entrar na reta, pois os últimos carros ainda estarão na curva. Dito e feito, o maquinista arranca a todo vapor. Tento gritar, mas vejo os últimos vagões sendo sacudidos terrivelmente de um lado para outro até serem lançados fora dos trilhos. É uma catástrofe horrível. Acordo amedrontado".*

[300]   Neste sonho também não é preciso esforçar-se demais para compreender o que ele representa: no começo, a pressa neurótica e inútil no desejo de progredir cada vez mais. Como o maquinista lá na frente continua avançando sem a menor consideração, na rabeira forma-se a neurose, a vacilação e o descarrilamento.

[301]   Pelo visto, a vida do paciente atingiu seu ponto culminante na fase atual. Sua procedência humilde e o esforço dispendido na demorada ascensão esgotaram-lhe as forças. Deveria dar-se por satisfeito com o que já conseguiu, mas ao invés disso a ambição o impele a prosseguir e subir mais. O ar rarefeito dessas regiões não lhe convém. A neurose se instala para pô-lo de sobreaviso.

[302]   Por motivo de força maior, não pude continuar o tratamento do paciente. Além disso, minha interpretação não lhe agradou. O destino esboçado nesse sonho seguiu, portanto, o seu curso. Tentou ambiciosamente aproveitar-se das chances oferecidas. Descarrilou, então, profissionalmente, por completo, e a catástrofe tornou-se realidade.

O que a anamnese consciente apenas deixava entrever, ou seja, que [303] o mal de montanha devia representar simbolicamente que ele não tinha condições de subir mais, era confirmado pelos sonhos como sendo realidade.

Aqui deparamos com um fato extremamente importante para a [304] tese da aplicação da análise dos sonhos: o sonho retrata a situação interna do sonhador, cuja verdade e realidade o consciente reluta em aceitar ou não aceita de todo. Conscientemente, ele não vê o menor motivo para não prosseguir. Muito pelo contrário: a ambição o impele para cima. Ele se recusa a enxergar a própria incapacidade, a qual, mais tarde, ficou patente com o desenrolar dos acontecimentos. Na esfera da consciência sempre ficamos inseguros, em semelhantes casos. Sua anamnese pode ser avaliada ou desta ou daquela maneira. Afinal de contas, o soldado raso também pode estar carregando o bastão do marechal dentro de sua mochila, e muitos filhos de pais pobres já alcançaram êxitos fantásticos. Por que seria diferente neste caso? Eu também posso estar enganado. Por que o meu modo de ver seria melhor que o dele? Mas aqui entra o sonho, como expressão de um processo psíquico inconsciente, alheio à vontade e longe do controle da consciência. Esse sonho representa a verdade e a realidade interiores, exatamente como elas são. Não porque eu suponha que assim seja, nem porque o sonhador gostaria que assim fosse, mas simplesmente *porque é assim*. Por este motivo, tenho por norma considerar os sonhos de maneira exatamente igual à de uma manifestação fisiológica, ou seja: se um exame de urina acusar um elevado teor de açúcar, isso quer dizer que a urina está com açúcar e não com albumina ou urobilina ou qualquer outra substância, que talvez corresponda melhor às minhas expectativas. Concebo, portanto, o sonho como uma realidade utilizável no diagnóstico.

Como sempre acontece com os sonhos, este nosso pequeno exem- [305] plo acabou dando-nos mais que o esperado. Deu-nos não só a etiologia da neurose, como também um prognóstico; e mais ainda, através dele sabemos até de imediato por onde começar a terapia: é necessário impedir que o paciente arranque a todo vapor. Afinal, é isso que ele próprio está se dizendo no sonho.

[306]   Contentemo-nos, por enquanto, com este dado, e voltemos à nossa reflexão sobre se os sonhos se prestam ou não para o esclarecimento da etiologia de uma neurose. O exemplo acima é um caso positivo neste sentido. Contudo, poderíamos enumerar uma infinidade de sonhos de início de terapia em que não se percebe nem sombra de fator etiológico, mesmo em se tratando de sonhos do tipo transparente. Quero deixar de lado, por enquanto, os sonhos que exigem uma análise e interpretação mais profundas.

[307]   Como se sabe, existem neuroses, cuja etiologia verdadeira transparece apenas no final do tratamento, e outras, em que a etiologia é mais ou menos insignificante. Voltando à hipótese levantada no início, de que a conscientização do fator etiológico é terapeuticamente indispensável, vemos, por aí, que ela ainda está contaminada pela teoria do trauma. Não nego o fato de que muitas neuroses são traumatógenas, apenas me recuso a aceitar que todas as neuroses sejam provocadas por traumas, no sentido de experiências determinantes na infância. Esta maneira de ver condiciona uma atitude do médico essencialmente causalista e com a atenção voltada para o passado, o que faz com que ele sempre se pergunte *por que*, sem se preocupar com o *para que*, tão importante um quanto o outro. Não raro, isso até prejudica o paciente, por obrigá-lo a procurar um acontecimento de sua infância impossível de encontrar. E pode levar anos nisso, descuidando visivelmente de outros aspectos de interesse imediato. A visão meramente causalista é demasiado acanhada e não leva em conta a essência do sonho, nem a da neurose. Ver no sonho unicamente uma possibilidade de descobrir o fator etiológico é colocar a questão de forma preconceituosa, e esquecer o principal da função do sonho. Nosso exemplo serve justamente para mostrar que a etiologia se destaca claramente, mas que também é dado um prognóstico ou antecipação, além de uma orientação para a terapia. Além disso, existem os numerosos sonhos de início de terapia que nem tocam na

etiologia, mas sim em questões bem diferentes, como, por exemplo, o relacionamento com o médico. Para ilustrá-lo, vou relatar três sonhos que uma mesma paciente teve ao iniciar sua terapia com três analistas diferentes. Primeiro sonho: *"Tinha que atravessar a fronteira do país; não encontro essa fronteira em parte alguma e ninguém é capaz de me dizer onde fica"*.

Este tratamento foi interrompido pouco depois de iniciado, por não ter dado resultado algum. Segundo sonho: *"Tinha que atravessar a fronteira. A noite está escura e não consigo encontrar a alfândega. Depois de procurar por muito tempo, descubro uma luzinha a grande distância e presumo que a fronteira é ali. Mas, para chegar até lá, tenho que atravessar um vale e uma floresta muito escura. Nisso perco o meu rumo. Percebo então a presença de alguém. Esta pessoa me agarra, de repente, feito doida. Acordo amedrontada"*. [308]

Este tratamento foi interrompido. Não durou mais que umas poucas semanas, por ter ocorrido uma identificação inconsciente entre o analista e a analisanda, o que provocou a sua total desorientação. [309]

O terceiro sonho foi no início do tratamento comigo: *"Tenho que atravessar uma fronteira. Aliás, já me encontro do outro lado, dentro do edifício da alfândega suíça. Estou apenas com uma bolsa e acredito que nada tenho a pagar. Acontece que o funcionário da alfândega mete sua mão dentro da minha bolsa e, para maior espanto meu, tira de dentro dois colchões inteiros"*. [310]

A paciente casou-se durante o tratamento comigo. Antes de começar, tinha as maiores resistências ao casamento. A etiologia das resistências neuróticas só se tornou visível vários meses depois. Nesses sonhos iniciais não havia referência a ela. Os mesmos eram antecipações e previam as dificuldades que encontraria com cada um dos terapeutas. [311]

Que estes sonhos sirvam para mostrar que muitas vezes eles são antecipações e que, se são observados por um enfoque puramente causalista, podem perder seu verdadeiro sentido. Eles dão uma informação inequívoca sobre a situação analítica, que, quando captada corretamen- [312]

te, pode ser do maior valor terapêutico. O médico n. 1, ao identificar corretamente a situação, encaminhou a paciente ao médico n. 2. Nesta segunda tentativa, a paciente tirou suas próprias conclusões do sonho e resolveu deixá-lo. Devo dizer que a minha interpretação a decepcionou, mas o fato de que, no sonho, ela já havia atravessado a fronteira, ajudou--a decisivamente a perseverar, apesar de todas as dificuldades.

[313]   Muitas vezes, os sonhos iniciais são de uma clareza e transparência espantosas. Mas à medida que a análise progride, os sonhos perdem essa clareza. Se esta persiste, e isso pode ocorrer excepcionalmente, é sinal de que a análise não chegou ainda a uma parte essencial da personalidade. Em geral, os sonhos tornam-se menos transparentes e mais confusos logo após o início do tratamento, o que dificulta sobremaneira a sua interpretação. Tais dificuldades também aumentam, porque eventualmente se atinge logo o estágio em que o médico perde a visão global da situação. Isto é comprovado pelos sonhos que se tornam menos claros, o que, como é sabido, é uma constatação inteiramente subjetiva (por parte do médico). Nada é pouco claro quando há compreensão; só as coisas que não se entendem é que parecem obscuras e complicadas. Em si, os sonhos são claros, isto é, eles são exatamente como devem ser, nas condições do momento. Pode acontecer que, numa fase posterior da análise, ou mesmo anos depois, se olhe para trás, para estes sonhos, e se ponha as mãos na cabeça, perguntando como podíamos ter sido tão cegos naquela época. Se, com o progredir da análise, nos deparamos com sonhos que, comparados aos sonhos luminosos do início, nos parecem sensivelmente obscuros, o médico não deve culpar a confusão dos sonhos, nem as resistências intencionais do paciente, mas deve entendê-lo como um indício de que a sua compreensão está começando a se tornar insuficiente. Do mesmo modo, um psiquiatra, em vez de declarar que um paciente é confuso, deveria admitir sua própria confusão e reconhecer nisso uma projeção. O que está ocorrendo, na realidade, é que o comportamento estranho do doente o está perturbando em sua compreensão. Além disso, do ponto de vista terapêutico, é extremamen-

te importante que a sua não compreensão seja admitida a tempo, pois nada é menos conveniente para o paciente do que ser compreendido o tempo todo. De qualquer maneira, ele confia no saber misterioso do médico (e este se deixa enganar por sua vaidade profissional), e se instala formalmente nessa "profunda" e autoconfiante compreensão do médico, perdendo assim todo senso da realidade. Essa é uma das causas fundamentais da transferência obstinada e da protelação da cura.

Como se sabe, compreender é um processo subjetivo. Pode ser unilateral, no sentido de o médico compreender e o paciente não. O médico acha-se então no dever de convencer o paciente. Se este não se deixar convencer, o médico poderá repreendê-lo por estar resistindo. Nos casos em que a compreensão é unilateral, eu diria tranquilamente que se trata de uma não compreensão; no fundo, não importa que o médico compreenda, pois tudo vai depender da compreensão do paciente. A compreensão deveria ser estabelecida *por consenso*, por um consenso que seja fruto da reflexão conjunta. O perigo da compreensão unilateral reside no fato de que o médico, partindo de uma opinião preconcebida, avalie o sonho de modo a fazê-lo corresponder à ortodoxia de alguma teoria, que no fundo pode até estar correta. Mas assim não se chega a um livre-consenso com o paciente. Logo, a sua interpretação será praticamente falha. Falha também por antecipar o desenvolvimento do paciente, o que o paralisa. O paciente não deve ser instruído acerca de uma verdade. Se assim fizermos, estaremos nos dirigindo apenas à sua cabeça. Ele tem que evoluir para esta verdade. Assim atingiremos o seu coração. Isso o toca mais fundo e age mais intensamente. [314]

Se a interpretação unilateral do médico estiver apenas concordando com alguma teoria ou opinião preconcebida, o eventual assentimento do paciente, ou um certo êxito terapêutico, estarão essencialmente baseados na *sugestão*, e poderão ser puramente ilusórios. O efeito da sugestão, em si, não é condenável, porém o seu êxito tem as limitações que conhecemos. Além disso, tem efeitos colaterais sobre a autonomia do caráter do paciente. Por isso é recomendável prescindir-se dela em tra- [315]

tamentos prolongados. Quem se dedica ao tratamento analítico, acredita, implicitamente, no sentido e no valor da tomada de consciência, que faz com que partes, até então inconscientes da personalidade, sejam submetidas à opção e à crítica consciente. O paciente é assim colocado diante dos problemas, e incentivado a dar a sua opinião e a tomar decisões conscientemente. Este procedimento significa nada menos do que uma provocação direta da função ética do paciente, chamado assim a reagir com a personalidade inteira. Do ponto de vista do amadurecimento da personalidade, o trabalho analítico situa-se em plano consideravelmente superior ao da sugestão, pois esta é uma espécie de recurso mágico atuando no escuro e sem nenhuma exigência ética à personalidade. A sugestão é sempre ilusória e apenas uma medida de emergência, devendo ser evitada na medida do possível, por ser incompatível com o princípio do tratamento analítico. É natural que só pode ser evitada, quando o médico toma consciência da possibilidade de ela ocorrer, pois sempre sobram demasiadas influências sugestivas inconscientes.

[316]   Quem quiser evitar a sugestão consciente deve considerar que uma interpretação de sonho não tem valor enquanto não for encontrada a fórmula que implica o consenso do paciente.

[317]   Observar estas regras básicas me parece fundamental, quando se lida com sonhos, que por sua obscuridade anunciam a não compreensão tanto do médico como do paciente. Tais sonhos deveriam ser sempre considerados pelo médico como novidade, como uma informação sobre condições de natureza desconhecida, a respeito das quais tem tanto a aprender quanto o paciente. É evidente que, nestes casos, o médico deveria renunciar a todo e qualquer pressuposto teórico e se dispor a descobrir uma teoria do sonho inteiramente nova para cada caso, pois neste particular abre-se um campo incomensurável ao trabalho pioneiro. O ponto de vista de que os sonhos são mera satisfação de desejos reprimidos já está superado há muito tempo. Sonhos representando claramente receios ou desejos realizados também existem, não resta a menor dúvida, mas não são os únicos. Há muitos outros. Por exemplo,

os sonhos podem exprimir verdades implacáveis, sentenças filosóficas, ilusões, desenfreadas fantasias, recordações, planos, antecipações, e até visões telepáticas, experiências irracionais e sabe Deus o que mais. Não podemos deixar de lembrar que passamos quase a metade de nossa vida em estado mais ou menos inconsciente. O modo específico de o inconsciente se comunicar com a consciência é o sonho. Da mesma forma que a alma tem seu lado diurno, que é a consciência, ela também tem o seu lado noturno, seu funcionamento psíquico inconsciente, que poderia ser concebido como o fantasiar onírico. Assim como não existem apenas desejos e medos no consciente, mas uma infinidade de outras coisas, também é sumamente provável que a nossa alma onírica tenha uma riqueza semelhante de conteúdos e formas de vida ou, quem sabe, muito superiores às da vida consciente, cuja natureza é essencialmente concentração, limitação e exclusão.

Nestas circunstâncias não só se justifica, mas é até obrigatório que [318] não se restrinja o sentido de um sonho pela doutrina. É que temos que saber que muitos sonhadores imitam em seus sonhos até o jargão técnico ou teórico do médico, segundo o velho ditado: *Canis panem somniat, piscator pisces* (O cão sonha com o pão e o pescador com o peixe). O que não quer dizer que os peixes com que sonha o pescador sejam sempre apenas peixes. Não existe linguagem alguma de que não se possa abusar. É fácil imaginar como isso pode induzir-nos em erro. Aliás, até parece que o inconsciente tem uma certa tendência a enroscar o médico em sua própria teoria, a ponto de asfixiá-lo. Por isso, quando se trata de analisar sonhos, costumo prescindir da teoria, toda vez em que isso é possível. Não posso abrir mão dela totalmente, porque um pouco de teoria sempre é necessário à clara apreensão das coisas. Ora, a expectativa de que um sonho tenha um sentido é teórica. É que nem sempre podemos prová-lo estritamente, pois existem sonhos que simplesmente não são compreendidos nem pelo médico, nem pelo paciente. No entanto, é indispensável que eu me baseie numa tal hipótese, para me dar coragem de lidar com esse material onírico. Outra teoria determina que um sonho tem que acrescentar algo de essencial à apreensão consciente; e, consequentemente, aquele que não o fizer está mal-interpretado. Esta é outra hipótese que tenho que levantar, se eu me quiser explicar os motivos que afinal de contas me levam a analisar sonhos. Todas as demais hipóteses, porém, como as que dizem respeito à função e à estrutura do sonho, por exemplo, não passam de regras operacionais e têm que estar abertas à constante introdução de modificações. Neste trabalho, em momento algum, podemos perder de vista que o terreno em que pisamos é traiçoeiro e que nele a única coisa certa é a incerteza. Temos quase vontade de alertar o intérprete de sonhos: "Não queira entender!", para que não seja precipitado em suas interpretações.

[319]   No sonho obscuro, sem transparência, não se trata de entender primeiro e de interpretar, mas sim, de lhe compor o contexto cuidadosamente. Não quero dizer com isso que a partir das imagens oníricas seja permitido fazer "livremente associações", sem fim, mas sim que se deve ir focalizando consciente e cautelosamente aqueles elos associativos, objetivamente agrupados em torno de uma imagem onírica. Muitos pacientes têm que ser educados antes de poderem enfrentar este trabalho, pois, assim como o médico, eles também têm uma tendência irresistível a querer entender imediatamente e interpretar, sobretudo quando foram preparados, ou deformados por leituras ou uma análise anterior malfeita. Por isso, vão logo fazendo associações teóricas, para compreender e interpretar, e podem até ficar entalados nisso. De certa forma, eles querem, como o médico, descobrir logo o que há por trás do sonho, na suposição errônea de que o mesmo seja uma mera fachada a encobrir o verdadeiro sentido. Pois bem, na maioria das casas, a fachada não está aí para iludir ou disfarçar, mas corresponde ao seu interior e muitas vezes até o revela abertamente. Assim também a imagem manifesta do sonho é o próprio sonho e contém o sentido por inteiro. Quando encontro açúcar na urina, é açúcar mesmo, e não uma fachada, um disfarce para albumina. O que Freud chama de "fachada do sonho" é a sua não transparência, que, na realidade, não passa de uma projeção

de quem não compreende; só se fala em fachada do sonho, porque não se consegue apreender-lhe o sentido. Seria preferível compará-lo a algo como um texto incompreensível, que não tem fachada alguma, mas que simplesmente não conseguimos ler. Sendo assim, também não temos que interpretar o que poderia existir por trás, apenas temos que aprender a lê-lo primeiro.

Isto se consegue melhor, como já disse, montando o contexto. Não [320] atinjo o meu objetivo mediante a "associação livre", do mesmo modo que esta também não me ajudaria a decifrar uma inscrição hitita, por exemplo. Através dela, descobrirei naturalmente todos os meus complexos. Mas para isto não preciso dos sonhos. Basta uma placa de proibição ou uma frase qualquer de jornal. As associações livres nos fazem descobrir os complexos, mas, raramente, o sentido de um sonho. Para compreender o sentido de um sonho tenho que me ater tão fielmente quanto possível à imagem onírica. Se alguém sonha com uma mesa de pinho, por exemplo, não basta associar-lhe a sua escrivaninha, pela simples razão de que ela não é de pinho. O sonho se refere expressamente a uma mesa de pinho. Suponhamos que nada mais ocorra ao sonhador com relação a isto. Este empacar tem um significado objetivo, pois indica que a imagem onírica está cercada por uma zona especialmente obscura; o divagar, nestes casos, é uma grande tentação. Naturalmente, haveria dezenas de associações possíveis com uma mesa de pinho. O fato, porém, de não lhe ocorrer nenhuma é significativo. Num caso destes, volta-se à imagem novamente e, quanto a mim, costumo dizer aos meus pacientes: "Suponhamos que eu não tenha a menor ideia do que significam estas palavras: 'mesa de pinho'. Por favor, descreva-me o objeto em todos os seus detalhes e diga-me tudo o que sabe a respeito, inclusive de seu aspecto científico, até eu entender de que objeto se trata".

Procedendo desta maneira, conseguiremos verificar mais ou menos o contexto global da imagem onírica. Só depois de repetir o mesmo com todas as imagens do sonho é que podemos arriscar-nos a iniciar a sua interpretação. [321]

[322]   Toda interpretação é uma mera hipótese, apenas uma tentativa de ler um texto desconhecido. É extremamente raro que um sonho isolado e obscuro possa ser interpretado com razoável segurança. Por este motivo, dou pouca importância à interpretação de um sonho isolado. A interpretação só adquire uma relativa segurança numa *série de sonhos*, em que os sonhos posteriores vão corrigindo as incorreções cometidas nas interpretações anteriores. Também é na série de sonhos que conteúdos e motivos básicos são reconhecidos com maior clareza. Por isso insisto em que meus pacientes façam um cuidadoso registro dos seus sonhos e interpretações. Oriento-os igualmente sobre a preparação do sonho, para que o tragam à sessão por escrito, juntamente com o material referente ao seu contexto. Em estágios mais avançados, também permito que elaborem a interpretação. Assim, o paciente aprende a lidar corretamente com seu inconsciente, mesmo sem o médico.

[323]   Se os sonhos não passassem de fonte de informações sobre os momentos importantes do ponto de vista etiológico, poderíamos deixar tranquilamente toda a elaboração do mesmo nas mãos do médico. Ou então, se o médico utilizasse os sonhos apenas para obter deles um certo número de dados úteis ou *insights* psicológicos, todo este meu procedimento seria certamente desnecessário. No entanto, os sonhos podem ser mais do que meros instrumentos de trabalho a serviço do médico, como mostram os exemplos acima. Assim sendo, a análise dos sonhos merece uma atenção toda especial: muitas vezes, um sonho pode até avisar que uma vida está correndo perigo. Dos inúmeros sonhos deste tipo, um me impressionou particularmente. Trata-se de um médico, colega meu, um pouco mais velho. Em nossos encontros ocasionais, sempre caçoava da minha "mania" de interpretar sonhos. Um dia encontrei-o na rua. Já veio falando alto: "Como é, ainda não se cansou de interpretar sonhos? Ah! e por falar nisso, dias atrás, tive um sonho idiota. Será que ele quer dizer alguma coisa?" Ali mesmo ele me contou o sonho: "*Eu estava escalando uma montanha muito alta, por um lado íngreme, coberto de neve. Vou subindo cada vez mais alto. O tempo está maravilhoso. Quanto mais subo, mais me sin-*

to bem. Tenho a sensação de que seria bom se eu pudesse continuar subindo assim, eternamente. Chegando ao pico, uma sensação de felicidade e arrebatamento me invade; esta sensação é tão forte, que tenho a impressão de que poderia subir ainda mais e entrar no espaço cósmico. E é o que faço. Subo no ar. Acordo em estado de êxtase".

Respondi: "Caro colega, sei perfeitamente que nada no mundo o [324] faria abandonar o alpinismo, mas quero pedir-lhe insistentemente que, a partir de hoje, renuncie a escalar sozinho. Vá com dois guias e dê sua palavra de honra de que lhes obedecerá em tudo". Rindo, ele disse: "É incorrigível mesmo!", e despediu-se. Nunca mais o vi. Dois meses depois, sofreu o primeiro acidente. Estava desacompanhado. Foi soterrado por uma avalancha, mas no último momento foi salvo por uma patrulha militar, que casualmente se encontrava por perto. Três meses depois, o acidente foi fatal. Numa expedição sem guia, com um amigo mais jovem, já na descida, deu literalmente um passo em falso num rochedo a pique, e foi cair sobre a cabeça do amigo, que por ele esperava uns lances abaixo. Ambos rolaram juntos para o precipício, despedaçando-se no fundo. A cena foi presenciada por um guia que se encontrava mais embaixo. Foi este o êxtase em sua plenitude.

Mesmo com o maior ceticismo e espírito crítico, nunca consegui [325] considerar os sonhos como *quantité négligeable*. Quando eles nos parecem um disparate, somos nós os desarrazoados, desprovidos de acuidade de percepção, incapazes de decifrar os enigmas da mensagem do nosso lado noturno. Isso deveria estimular, porém, a psicologia médica a desenvolver a sua acuidade de percepção, mediante um trabalho sistemático com sonhos, pois pelo menos a metade de nossa vida psíquica se desenvolve naquele lado noturno. Da mesma maneira que a consciência se infiltra noite adentro, o inconsciente também permeia a nossa vida diurna. Ninguém duvida da importância do vivido conscientemente. Então, por que duvidar da importância daquilo que se passa no inconsciente? Ele *também* é parte da nossa vida. Uma parte talvez até maior, mais perigosa ou útil que a nossa vida consciente.

[326]   Uma vez que os sonhos nos dão informações sobre a vida interior, oculta e nos desvendam componentes da personalidade do paciente, que na vida diurna se exprimem apenas por sintomas neuróticos, não se pode realmente tratar o paciente unicamente por e em seu lado consciente, mas é necessário tratá-lo também em sua parte inconsciente. No pé em que está a ciência atualmente, não vemos outra possibilidade de fazê-lo, a não ser integrando amplamente os conteúdos inconscientes à consciência, através da assimilação.

[327]   Entende-se por *assimilação*, neste caso, uma interpenetração recíproca de conteúdos conscientes e inconscientes. Não uma avaliação unilateral, uma reinterpretação ou uma distorção dos conteúdos inconscientes pelo consciente, como se costuma pensar e, inclusive, praticar. Existem opiniões totalmente errôneas neste sentido quanto ao valor e ao significado dos conteúdos inconscientes. Como é sabido, na concepção de Freud, o inconsciente é encarado por um prisma totalmente negativo, da mesma forma que, nesta escola, o homem primitivo é visto mais ou menos como um monstro. As histórias da carochinha sobre o terrível homem primitivo, aliadas aos ensinamentos sobre o inconsciente infantil perverso e criminoso, conseguiram fazer com que essa coisa natural que é o inconsciente aparecesse como um monstro perigoso. Como se tudo o que há de belo, bom e sensato, como se tudo aquilo que torna a vida digna de ser vivida, habitasse a consciência! Será que a guerra mundial e seus horrores ainda não nos abriram os olhos? Será que ainda não percebemos que a nossa consciência é mais diabólica e mais perversa do que esse ser da natureza que é o inconsciente?

[328]   Recentemente, atacaram a minha teoria da assimilação do inconsciente, argumentando que ela solapava a cultura e abria mão dos nossos maiores valores a favor do primitivismo. Tal opinião só pode encontrar apoio no pressuposto totalmente errôneo de que o inconsciente é um monstro. Ela tem sua origem no medo da natureza, no medo de ver a realidade tal como ela é. A teoria freudiana inventou o conceito da sublimação, com o objetivo de salvar-nos das garras imaginárias do

inconsciente. O que existe como tal não pode ser sublimado alquimicamente e o que aparentemente é sublimado nunca foi o que a falsa interpretação fazia supor.

O inconsciente não é um monstro demoníaco. Apenas, uma entidade da natureza, indiferente do ponto de vista moral e intelectual, que só se torna realmente perigosa quando a nossa atitude consciente frente a ela for desesperadamente inadequada. O perigo do inconsciente cresce na mesma proporção de sua repressão. No entanto, no momento em que o paciente começa a assimilar-lhe os conteúdos, a sua periculosidade também diminui. À medida que a assimilação progride, também vai sendo suprimida a dissociação da personalidade, a ansiedade da separação entre o lado diurno e noturno. O receio de quem me critica, de que o consciente seja absorvido pelo inconsciente, torna-se real, justamente quando o inconsciente é impedido de participar da vida devido à repressão, à interpretação errônea e à sua desvalorização. [329]

O engano fundamental a respeito da natureza do inconsciente é provavelmente a crença generalizada de que os seus conteúdos são unívocos e providos de sinais imutáveis. Na minha modesta opinião, esta maneira de ver é ingênua demais. A alma, por ser um sistema de autorregulação, tal como o corpo, equilibra sua vida. Todos os processos excessivos desencadeiam imediata e obrigatoriamente suas compensações. Sem estas, não haveria nem metabolismos, nem psiques normais. Podemos afirmar que a *teoria das compensações* é a regra básica, neste sentido, do comportamento psíquico em geral. O que falta de um lado, cria um excesso do outro. Da mesma forma, a relação entre o consciente e o inconsciente também é compensatória. Esta é uma das regras operatórias mais bem comprovadas na interpretação dos sonhos. Sempre é útil perguntar, quando se interpreta clinicamente um sonho: que atitude consciente é compensada pelo sonho? [330]

Via de regra, a compensação não é apenas uma ilusória satisfação de desejo, mas uma realidade tanto mais real quanto mais reprimida. Todos sabem que não se acaba com a sede reprimindo-a. Por isso, o pri- [331]

meiro a fazer é aceitar o conteúdo do sonho como uma realidade e acolhê-lo, como tal, na atitude consciente como um fator codeterminante. Se não o fizermos, insistiremos naquela atitude consciente excêntrica, que foi a causa, justamente, da compensação inconsciente. Neste caso, fica difícil prever como se evoluirá para um autoconhecimento adequado e a uma conduta equilibrada da vida.

[332]   Se ocorresse a alguém – e é este precisamente o medo dos meus censores – trocar o conteúdo inconsciente pelo consciente, este último seria, evidentemente, reprimido por aquele. Assim, o conteúdo anteriormente consciente exerceria, no inconsciente, a função compensatória. Isto mudaria, por completo, a fisionomia do inconsciente, que passaria a ser medrosamente sensato, num contraste flagrante com a postura anterior. Julga-se o inconsciente incapaz desta operação, muito embora ela ocorra constantemente e seja sua função peculiaríssima. É a razão por que todo sonho é um órgão de informação e controle e, consequentemente, o recurso mais eficaz na construção da personalidade.

[333]   O inconsciente, em si, não contém material explosivo, exceto se a ação presunçosa ou covarde do consciente nele tenha armazenado algum secretamente. Uma razão a mais para não passarmos desatentos!

[334]   Fundamentado nisso, adoto uma regra heurística, que é perguntar a cada nova tentativa de interpretação de sonho: qual é a atitude consciente compensada pelo sonho? Como se vê, o sonho é assim colocado numa relação estreita com a situação consciente. E mais, não hesito em afirmar que um sonho, sem tomar conhecimento da situação consciente, nunca poderá ser interpretado com um mínimo de segurança. É só a partir do conhecimento da situação consciente que se pode descobrir que sinal dar aos conteúdos inconscientes. É que o sonho não é um acontecimento isolado, inteiramente dissociado do cotidiano e do caráter do mesmo. Se ele nos aparecer assim, será unicamente por causa da nossa não compreensão, da nossa ilusão subjetiva. Na realidade, há entre o consciente e o sonho a mais rigorosa causalidade e uma relação precisa em seus mínimos detalhes.

Vou dar um exemplo, para esclarecer esta maneira de apreciar os [335] conteúdos inconscientes. Um rapaz veio ao consultório e contou-me o seguinte sonho: "*Meu pai sai de casa em seu carro novo. Dirige pessimamente mal e me irrito demais com isso. O pai ziguezagueia com o carro, de repente dá marcha-a-ré, coloca o carro em situações perigosas, e vai chocar-se enfim contra um muro. O carro fica seriamente danificado. Grito, furioso, que preste atenção no que faz. Aí meu pai ri, e vejo que ele está completamente bêbado*". Nenhum fato real ocorrera que pudesse justificar o sonho. O sonhador me garante que seu pai, mesmo embriagado, jamais se comportaria daquela maneira. Ele mesmo é automobilista, extremamente cuidadoso, moderado em matéria de bebidas alcoólicas, sobretudo quando dirige; pode irritar-se tremendamente com "barbeiragens" e com pequenos estragos no carro. Seu relacionamento com o pai é positivo. Admira-o por ser um homem excepcionalmente bem-sucedido. Mesmo sem possuir grandes dons interpretativos, é possível constatar que a imagem do pai no sonho não é das mais favoráveis. Que sentido, então, tem este sonho para o filho? Como responder esta pergunta? Sua relação com o pai será boa só na aparência? Será que na realidade se trata apenas de resistências supercompensadas? Se assim fosse, teríamos que dar ao sonho um sinal positivo, isto é, teríamos que dizer: "Esta é a sua relação verdadeira com seu pai". Acontece que na realidade não foi constatada nenhuma ambiguidade neurótica na relação real do filho com o pai. Assim sendo, não se justificaria, seria até um descalabro terapêutico, sobrecarregar os sentimentos do rapaz com um pensamento tão destrutivo.

Mas se a sua relação com o pai é realmente boa, então por que [336] este sonho inventa artificialmente uma história tão inverossímil, a fim de desacreditar o pai? No inconsciente do sonhador deve existir uma tendência que produza um sonho desse tipo. Será que é assim porque o rapaz tem mesmo resistências, devido à inveja ou outros sentimentos de inferioridade? Antes de lhe pôr este peso na consciência – o que sempre é arriscado quando se trata de pessoa jovem e sensível – é preferível perguntar, não "por que", mas "para que" ele teria tido esse sonho. Neste caso, a resposta seria a seguinte: o seu inconsciente quer obviamente desvalorizar o pai. Considerando essa tendência como uma realidade compensatória, somos levados a admitir que a sua relação com o pai não é apenas boa, mas boa até demais. Efetivamente, o rapaz é um "filhinho de papai". O pai ainda representa garantia demais em sua vida e o sonhador ainda se encontra naquela fase da vida que chamo de *provisória*. É até um grande perigo, pois de tanto pai, pode não enxergar a sua própria realidade. E, por este motivo, o inconsciente lança mão de uma blasfêmia artificial para rebaixar o pai e valorizar o sonhador. Uma imoralidade daquelas! Um pai pouco esclarecido protestaria. Mas é, sem dúvida alguma, uma compensação astuciosa, que impele o filho a uma oposição ao pai, sem a qual nunca chegaria à consciência de si mesmo.

[337]   Esta última era a interpretação correta. Deu bons resultados, isto é, obteve o assentimento espontâneo do rapaz, sem que nenhum dos valores reais, seja do pai, seja do filho, tivesse sido prejudicado. Uma tal interpretação, no entanto, só foi possível graças a uma investigação meticulosa de toda a fenomenologia consciente da relação pai-filho. Sem tomar conhecimento da situação consciente, o verdadeiro sentido do sonho teria ficado no ar.

[338]   Na assimilação dos conteúdos oníricos, é de extrema importância não ferir e muito menos destruir os valores verdadeiros da personalidade consciente, pois, de outra forma, não haveria mais quem pudesse assimilar. O reconhecimento do inconsciente não é como uma experiência bolchevista que vira tudo pelo avesso e, por fim, leva exatamente àquele mesmo estado que pretendia melhorar. É preciso cuidar rigorosamente de conservar os valores da personalidade consciente, pois a compensação pelo inconsciente só é eficaz quando coopera com uma consciência integral. A assimilação nunca é um *isto ou aquilo*, mas sempre um *isto e aquilo*.

[339]   Como vimos, é indispensável levar em conta a exata situação consciente na interpretação dos sonhos. Da mesma forma, é importante

considerar as convicções filosóficas, religiosas e morais conscientes, para trabalhar com a simbologia do sonho. É infinitamente mais aconselhável, na prática, não considerá-la semioticamente, isto é, como sinal ou sintoma de caráter imutável, mas sim como um verdadeiro símbolo, isto é, como expressão de um conteúdo que o consciente ainda não reconheceu e formulou conceitualmente, e também relacioná-la com a respectiva situação consciente. Digo que *na prática* isso é aconselhável, pois na teoria existem símbolos relativamente fixos. Mas em sua interpretação temos que ter o maior cuidado para não referi-los a conteúdos conhecidos e a conceitos formuláveis. Por outro lado, se tais símbolos relativamente fixos não existissem, não haveria como descobrir o que quer que seja sobre a estrutura do inconsciente, pois não haveria nada que se pudesse reter ou a que se pudesse dar nome.

Pode parecer estranho que eu atribua ao conteúdo dos símbolos relativamente fixos um caráter por assim dizer indefinível. Se assim não fosse, não seriam símbolos, mas sim sinais ou sintomas. Como é sabido, a escola de Freud admite a existência de *símbolos* sexuais fixos – ou *sinais* neste caso – e lhes atribui o conteúdo aparentemente definitivo da sexualidade. Infelizmente, justo o conceito sexual de Freud é tão incrivelmente extenso e vago, que tudo pode caber nele. Na verdade, estamos familiarizados com a palavra, mas a coisa que ela designa é uma incógnita, que vai do extremo de uma atividade glandular fisiológica aos mais sublimes, fulgurantes e indefiníveis lampejos de espiritualidade. Por este motivo, prefiro que o símbolo represente uma grandeza desconhecida, difícil de reconhecer e, em última análise, impossível de definir. Prefiro isso, a ver nesta palavra conhecida algo já conhecido, apenas para me conformar com uma convicção dogmática, baseada na ilusão. Vejamos, por exemplo, os chamados símbolos fálicos, que pretensamente não representam mais do que o *membrum virile*. Do ponto de vista psíquico, o membro viril também é símbolo de outro conteúdo de difícil definição, segundo o exposto por Kranefeldt num recente trabalho[7]. Do mesmo modo, nun-

[340]

---

7. *"Komplex" und Mythos* (Complexo e mito), 101.

ca deve ter ocorrido aos primitivos e aos antigos, que sempre usaram os símbolos fálicos com muita prodigalidade, confundir o falo, símbolo ritual, com o pênis. O significado do falo sempre foi o *mana*, o criativo, o "extraordinariamente ativo", para empregar a expressão de Lehmann, a força da medicina e da fecundidade. Esta também era expressa por analogias equivalentes, tais como o touro, o asno, a romã, a *yoni*, o bode, o raio, a ferradura, a dança, o coito mágico no campo arado, o mênstruo e uma infinidade de outras mais, exatamente como no sonho. Na origem de todas essas analogias e, portanto, também da sexualidade, está uma imagem arquetípica, difícil de caracterizar. Parece que o símbolo primitivo do *mana* é o que mais se aproxima, do ponto de vista psicológico.

[341]   Esses símbolos, todos, são relativamente fixos, mas isso não nos garante aprioristicamente que, no caso concreto, o símbolo deva ser interpretado assim.

[342]   Na prática, pode ser algo completamente diferente. Se tivéssemos que interpretar um sonho pela teoria, ou seja, se tivéssemos que interpretá lo a fundo, de modo científico, certamente teríamos que referir tais símbolos a arquétipos. Mas clinicamente isso pode ser o maior erro, pois a situação psicológica momentânea do paciente pode estar exigindo tudo, menos um desvio para a teoria do sonho. É, portanto, aconselhável, *in praxi*, considerar aquilo que o símbolo significa em relação à situação consciente, ou seja, tratar o símbolo como se ele não fosse fixo. Em outras palavras, é melhor renunciar a tudo o que se sabe melhor, e de antemão, para pesquisar o que as coisas significam para o paciente. Obviamente, a interpretação teórica interrompe-se assim a meio caminho, ou já nos passos iniciais. No entanto, o clínico que manipula demais os símbolos fixos pode cair numa rotina, num perigoso dogmatismo, que muitas vezes impede a sua sintonização com o paciente. Infelizmente tenho que desistir de apresentar um exemplo que ilustre o que acabo de dizer, posto que o mesmo teria que ser dado com tantas minúcias, que o tempo não me alcançaria. De mais a mais, já tenho publicado material suficiente a respeito.

Não são raros os casos que, logo ao início do tratamento, desven- [343]
dam ao médico, através de um sonho, toda a programação futura do
inconsciente. O médico só pode percebê-lo graças ao seu conhecimento
dos símbolos relativamente fixos. Mas por motivos terapêuticos é totalmente impossível revelar toda a profundidade do significado de seu
sonho. Por este lado, somos limitados por razões de ordem clínica. Do
ponto de vista do prognóstico e do diagnóstico, estas informações podem ser do maior valor. Certa vez vieram consultar-me a respeito de
uma jovem de 17 anos. Um especialista havia levantado uma levíssima
suspeita de um começo de atrofia muscular progressiva; na opinião de
outro médico, seu sintoma era histérico. Vieram consultar-me por causa
desta última hipótese. Do ponto de vista corporal, havia realmente algo
de suspeito, mas a histeria também não podia ser descartada. Perguntei
pelos sonhos. A paciente respondeu sem nenhuma hesitação: "Tenho,
sim, tenho sonhos horríveis. Não faz muito tempo sonhei que *estou chegando em casa. É noite. Tudo está num silêncio mortal. A porta que dá
para o salão está entreaberta e vejo a minha mãe enforcada no lustre,
seu corpo balançando ao vento gelado que entra pelas janelas abertas. E
depois também sonhei que havia um barulho terrível dentro de casa. Vou
ver o que é, e vejo um cavalo espantado correndo feito doido pelo apartamento. Por fim ele encontra a porta do corredor e pula pela janela do
corredor para a rua. O apartamento fica no 4º andar. Vi, horrorizada, seu
corpo estendido lá embaixo, todo espatifado*".

O caráter nefasto dos sonhos já basta para nos colocar de sobreavi- [344]
so. Mas qualquer pessoa pode ter uma vez ou outra algum pesadelo. Por
este motivo, temos que entrar mais intimamente no significado dos dois
símbolos principais: "mãe" e "cavalo". Devem ser símbolos equivalentes,
pois ambos se comportam da mesma maneira, isto é, ambos se suicidam.
"Mãe" é um arquétipo que indica origem, natureza, o procriador passivo
(logo, matéria, substância) e portanto a natureza material, o ventre (úte-
ro) e as funções vegetativas e por conseguinte também o inconsciente,
o instinto e o natural, a coisa fisiológica, o corpo no qual habitamos

ou somos contidos. "Mãe", enquanto vaso, continente oco (e também ventre), que gesta e nutre, exprime igualmente as bases da consciência. Ligado ao estar dentro ou contido, temos o escuro, o noturno, o angustioso (angusto = estreito). Com estes dados, estou reproduzindo uma parte essencial da versão mitológica e histórico-linguística do conceito de mãe, ou do conceito do *Yin* da filosofia chinesa. Não se trata de um conteúdo adquirido individualmente pela menina de 17 anos, mas de uma herança coletiva. Esta herança permanece viva na linguagem, por um lado, e, por outro, na estrutura da psique. Por esta razão é encontrada em todos os tempos e em todos os povos.

[345]   "Mãe", esta palavra tão familiar, refere-se aparentemente à mãe mais conhecida de todas, à nossa mãe individual, mas enquanto símbolo, "minha mãe" designa algo que no fundo se opõe obstinadamente à formulação conceitual, algo que se poderia definir vaga e intuitivamente como a vida do corpo, oculta e natural. Mas esta definição ainda é por demais limitada e exclui demasiados significados secundários indispensáveis. A realidade psíquica primária em que se baseia é de incrível complexidade, podendo, portanto, só ser apanhada por um conceito extremamente vasto e, mesmo assim, apenas intuída ou pressentida. Daí a necessidade dos símbolos.

[346]   Encontrada a expressão, e aplicando-a ao sonho, obtemos a seguinte interpretação: a vida inconsciente se destrói a si mesma. É esta a mensagem para o consciente e para quem tem ouvidos para ouvir.

[347]   "Cavalo" é um arquétipo amplamente presente na mitologia e no folclore. Enquanto animal, representa a psique não humana, o infra-humano, a parte animal e, por conseguinte, a parte psíquica inconsciente; por este motivo encontramos no folclore os cavalos clarividentes e "clariaudientes", que às vezes até falam. Enquanto animais de carga, a sua relação com o arquétipo da mãe é das mais próximas (as valquírias que carregam o herói morto até Walhalla, o cavalo de Troia etc.). Enquanto inferiores ao homem, representam o ventre e o mundo instintivo que dele ascende. O cavalo é *dynamis* e veículo, somos por ele levados como

por um impulso, mas como os impulsos está sujeito ao pânico, por lhe faltarem as qualidades superiores da consciência. Tem algo a ver com a magia, isto é, com a esfera do irracional, do mágico, principalmente os cavalos pretos (os cavalos da noite), que anunciam a morte.

Assim sendo, o "cavalo" é um equivalente de "mãe", com uma tênue diferença na nuança do significado, sendo o de uma, vida originária, e o da outra, a vida puramente animal e corporal. Esta expressão, aplicada ao contexto do sonho, leva à seguinte interpretação: a vida animal se destrói a si mesma. [348]

Ambos os sonhos dizem praticamente o mesmo, sendo que o segundo, como em geral acontece, se exprime mais especificamente. Devemos ter notado a especial sutileza do sonho: ele não fala da morte do indivíduo. Todos sabemos que é frequente sonhar com a própria morte, mas nestes casos não se deve tomá-lo ao pé da letra. Quando é para valer, o sonho usa uma linguagem bem diversa. [349]

Ambos os sonhos indicam doença orgânica grave, com desfecho letal. Este prognóstico foi logo confirmado. [350]

No que diz respeito aos símbolos relativamente fixos, este exemplo nos dá uma ideia aproximada da natureza dos mesmos. Existe uma infinidade deles, que se distinguem individualmente uns dos outros por tênues variações de significado. A comprovação científica de sua natureza só é possível pelo exame comparativo, englobando a mitologia, o folclore, a religião e a linguística. A natureza filogenética da psique se revela muito mais no sonho do que em nosso mundo consciente. As imagens oriundas da natureza mais primitiva e os impulsos mais arcaicos falam através do sonho. Pela assimilação de conteúdos inconscientes, a vida consciente momentânea é de novo ajustada à lei natural, da qual se desvia muito facilmente. Isto traz o paciente de volta à sua própria lei interior. [351]

Falei aqui apenas de coisas elementares. O contexto de uma conferência não permitiu a junção das pedras isoladas necessárias à reconstrução do edifício, que é o processo de toda análise que, partindo do [352] inconsciente, termina com a reconstrução definitiva da personalidade total. O caminho das assimilações sucessivas vai muito além de um êxito especificamente clínico. Ele conduz finalmente à meta distante, quem sabe à razão primeira da criação da vida, ou seja, à plena realização do homem inteiro, à individuação. Nós, os médicos, somos provavelmente os primeiros observadores conscientes desse processo obscuro da natureza. No entanto, quase sempre, assistimos unicamente à parte patológica desse desenvolvimento e perdemos o paciente de vista, assim que ele está curado. Mas é só após a cura que se apresenta a verdadeira oportunidade de estudar o desenvolvimento normal, que leva anos e decênios. A impressão confusa do processo que os sonhos transmitem ao consciente seria menos desconcertante talvez, se se tivesse algum conhecimento dos objetivos finais da tendência evolutiva inconsciente e se o médico não colhesse seus *insights* psicológicos justamente na fase abalada pela doença. Não fosse isso, seria mais fácil reconhecer o que, em última análise, é visado pelos símbolos. No meu entender, todo médico deveria estar consciente do fato de que qualquer intervenção psicoterapêutica, e, em especial, a analítica, irrompe dentro de um processo e numa continuidade já orientado para um determinado fim, e vai desvendando, ora aqui, ora acolá, fases isoladas do mesmo, que à primeira vista podem até parecer contraditórias. Cada análise individual mostra apenas uma parte ou um aspecto do processo fundamental. Por esta razão, as comparações casuísticas só podem criar desesperadoras confusões. Por isso, preferi limitar-me ao elementar e ao prático, pois só na intimidade cotidiana do empírico é possível chegar-se a um consenso mais ou menos satisfatório.

2
Os problemas da psicoterapia moderna[8]

Hoje em dia, a opinião pública confunde psicoterapia, ou seja, tratamento da alma e tratamento psíquico, com psicanálise. [114]

A palavra "psicanálise" vulgarizou-se a tal ponto que, quem usa o termo até parece entender o que ele significa. No entanto, em geral, o leigo desconhece o significado real da palavra: de acordo com a vontade de seu criador, ela designa apenas, e acertadamente, o método inaugurado por Freud, para reduzir complexos de sintomas psíquicos a certos processos instintivos recalcados; e, na medida em que esse procedimento não é possível sem a base conceptual, corresponde o conceito da psicanálise e inclui também certos pressupostos teóricos, a saber, a teoria sexual de Freud, conforme exigência expressa do seu autor. Mas, ao invés disso, o leigo explica o termo psicanálise, sem distinção, a todas as tentativas modernas de conhecer a alma por intermédio de métodos científicos. Sendo assim, até a escola adleriana tem que tolerar que a rotulem como "psicanálise", apesar da oposição aparentemente inconfundível entre as concepções e os métodos de Adler e Freud. Em vista disso, o próprio Adler não dá a sua psicologia o nome de "psicanálise", mas sim, o de "psicologia individual"; quanto a mim, prefiro a expressão "psicologia analítica", para minha conceituação, procurando um modo genéri- [115]

---

8. Publicado no *Schweizerisches Medizinisches Jahrbuch*, 1929, e em *Seelenprobleme der Gegenwart*. 5. ed., 1950, p. 1s.

co de englobar a "psicanálise", a "psicologia individual" e outras tendências no campo da *psicologia complexa*.

[116] Já que existe uma só alma humana, também deve existir uma só psicologia, pensa o leigo, e por essa razão deve considerar as distinções como sofisticações subjetivas, ou até como um exibicionismo próprio de gente que procura autopromover-se. Não seria difícil para mim prosseguir com a enumeração das "psicologias", se quisesse citar outras pesquisas no mesmo sentido, que não estão incluídas na "psicologia analítica". Existem realmente muitos métodos diferentes, pontos de vista, opiniões e convicções, que estão em conflito uns com os outros, principalmente por não se compreenderem e não se aceitarem mutuamente. A variedade e divergências das opiniões contemporâneas em matéria de psicologia são realmente surpreendentes, o que as torna inacessíveis e desconcertantes para o leigo.

[117] Se num manual de patologia constar que para uma determinada doença são indicados numerosos remédios e das mais variadas espécies, poderemos concluir daí que nenhum deles deve ser realmente eficaz. Assim também, se nos indicarem muitos caminhos diferentes para chegarmos à alma, então poderemos concluir tranquilamente que nenhum deles é infalível na consecução do objetivo, e que, provavelmente, os menos recomendáveis são os apregoados com fanatismo. A multiplicidade das psicologias contemporâneas é, na verdade, sinal de insegurança. Pouco a pouco, o acesso à alma, como a própria alma, aliás, vai revelando sua grande dificuldade, vai-se evidenciando sua enorme problematicidade. Consequentemente, não é surpreendente que as experiências se acumulem numa tentativa de acercar-se do enigma inatingível por enfoques sempre novos, por ângulos cada vez diferentes. É inevitável, portanto, que os pontos de vista e as opiniões se entrechoquem e se multipliquem.

[118] Hão de concordar comigo que falar de "psicanálise", hoje em dia, não é limitar-se à sua simples definição, mas referir-se de um modo geral aos sucessos e fracassos de todos os esforços empreendidos no sen-

tido de resolver o problema psíquico, e que englobamos sob o conceito de psicologia analítica.

A propósito, por que hoje, de repente, esse interesse tão grande [119] pela alma humana como fato empírico? Durante milênios não era assim. Intercalo esta pergunta, aparentemente deslocada, apenas para fazê-la; não para responder. Não que não seja pertinente, pois o interesse atual pela psicologia tem uma certa ligação subterrânea, mas deliberada, com esta indagação.

A origem do conceito que o leigo tem de "psicanálise" hoje em [120] dia está na medicina prática, razão por que se trata em geral de psicologia médica. O consultório médico deixou nessa psicologia sua marca inconfundível. Isso se revela não só na terminologia, mas também na formação do conceito teórico. Em toda parte nos deparamos primeiro com os pressupostos científico-biológicos dos médicos. Daí, em grande parte, a distância que separa as ciências humanas acadêmicas da psicologia moderna, já que as explicações desta última são de natureza irracional, enquanto que as ciências humanas se fundamentam no espírito. A distância entre natureza e espírito, que por si só já é difícil transpor, aumenta mais ainda com a nomenclatura médico-biológica a sua visão mecanicista, o que muitas vezes dificulta a sua aceitação numa visão mais tolerante.

Quero deixar consignado que não considero inoportunas as observações gerais feitas acima, diante da confusão dos conceitos reinantes [121] nesse campo, mas passo agora a tratar do nosso problema específico, ou seja, da psicologia analítica e do que ela realiza.

Devido à extrema diversidade das tendências da nossa psicologia, é [122] imenso o esforço que temos que fazer para sintetizar os pontos de vista. Faço, portanto, esta tentativa de dividir as propostas e o trabalho, em classes, ou melhor, em etapas, com a reserva expressa de que se trata de um empreendimento provisório, que poderá ser taxado de arbitrário, tão arbitrário, digamos, como estender uma rede trigonométrica sobre um país. Em todo caso, vou arriscar-me a enfocar o resultado global em quatro etapas: a *confissão*, o *esclarecimento*, a *educação* e a *transformação*. Passo ao comentário dessas denominações, talvez um tanto estranhas.

[123]   As origens de qualquer tratamento analítico da alma estão no modelo do Sacramento da Confissão. Mas como essa origem não é uma relação causal, mas uma conexão pela raiz, irracional e psíquica, torna-se difícil, para quem está de fora, relacionar os fundamentos da psicanálise com a instituição religiosa da confissão.

[124]   No momento em que o espírito humano conseguiu inventar a ideia do pecado, surgiu a parte oculta do psiquismo; em linguagem analítica: a coisa recalcada. O que é oculto é segredo. O possuir um segredo tem o mesmo efeito do veneno, de um veneno psíquico que torna o portador do segredo estranho à comunidade. Mas esse veneno, em pequenas doses, pode ser um medicamento preciosíssimo, e até uma condição prévia indispensável a qualquer diferenciação individual. Tanto é que o homem primitivo já sente fatalmente a necessidade de inventar mistérios, a fim de, possuindo-os, proteger-se contra a sua absorção pura e simples no inconsciente da coletividade, como se isso fosse um perigo mortal para a alma. Estão a serviço desse instinto de diferenciação, sabidamente, os antiquíssimos e muito conhecidos ritos de iniciação, com seus cultos e mistérios. Os próprios sacramentos cristãos eram considerados mistérios na Igreja Primitiva e – como o batismo – eram celebrados em lugares à parte, e mencionados apenas em linguagem alegórica.

[125]   Um segredo partilhado com diversas pessoas é tão construtivo, quanto destrutivo é o segredo estritamente pessoal. Este tem o mesmo efeito da culpa, segregando seu infeliz portador do convívio com os demais seres humanos. Quando se tem consciência daquilo que se oculta, o prejuízo é evidentemente menor do que quando não se sabe que se está recalcando e o *que* se recalca. Neste último caso, o conteúdo secreto já não é conscientemente encoberto, mas é oculto até perante si mesmo; separa-se da consciência na forma de um complexo autônomo, e leva como que uma existência autônoma na esfera da alma inconsciente, sem ser perturbado por interferências e correções conscientes.

O complexo forma, por assim dizer, uma pequena psique fechada, cuja fantasia desenvolve uma atividade própria. Aliás, a fantasia é a atividade espontânea da alma, que sempre irrompe quando a inibição provocada pela consciência diminui ou cessa por completo, como no sono. Durante o sono, a fantasia manifesta-se em forma de sonho. Mas mesmo acordados, continuamos sonhando subliminarmente, e isso principalmente devido aos complexos recalcados ou de algum modo inconscientes. Por falar nisso, os conteúdos inconscientes não consistem, nem de longe, apenas em complexos que outrora foram conscientes e que mais tarde se tornaram inconscientes através do recalque. O inconsciente também tem conteúdos próprios, que brotam de regiões profundas, desconhecidas, e depois se desenvolvem, para, pouco a pouco, atingirem a consciência. Assim sendo, não se deve imaginar a psique inconsciente simplesmente como um recipiente de conteúdos rejeitados pelo consciente.

Todos os conteúdos inconscientes, quer os que afloram ao limiar da [126] consciência vindos de regiões profundas, quer os que desceram apenas um pouco abaixo dele, todos costumam ter um efeito sobre o consciente. Esses efeitos são necessariamente indiretos, visto que o conteúdo não aparece na consciência como tal. Na maior parte os denominados *lapsos* da consciência são devidos a tais interferências, assim como os chamados *sintomas neuróticos,* todos eles de natureza psicogênica – para usar a expressão usada na medicina. (Excetuam-se os denominados efeitos de choque, como os causados por explosões de granadas etc.). As formas mais suaves de neurose são as falhas da consciência, como, por exemplo, os *lapsus linguae,* os súbitos esquecimentos de nomes e datas, movimentos desastrados imprevisíveis que causam ferimentos ou coisas assim, os mal-entendidos e as chamadas alucinações da memória – quando se acha que se fez ou disse isso ou aquilo – a interpretação errônea de coisas ouvidas e lidas etc.

A investigação profunda leva a comprovar em todos esses casos [127] a existência de um conteúdo que, interferindo de maneira indireta e inconsciente, agiu perturbatoriamente sobre o desempenho consciente.

[128]   É por isso que, geralmente, um segredo inconsciente prejudica mais do que um segredo consciente. Já vi muitos pacientes que desenvolveram tendências suicidas em situações difíceis de vida – situações graves em que dificilmente pessoas mais fracas teriam resistido ao impulso suicida – tendências essas que o bom-senso, no entanto, impediu que se tornassem conscientes, dando assim origem a um complexo inconsciente de suicídio. O impulso inconsciente de suicídio provocava por sua vez uma série de situações imprevistas perigosas, como, por exemplo: uma súbita vertigem em lugar desprotegido, uma hesitação na frente de um automóvel, um engano ao apanhar um vidro de xarope, pegando o de um corrosivo sublimado em seu lugar, uma vontade repentina de fazer acrobacias arriscadas etc. Nestes casos, quando se tornava consciente o impulso suicida, o bom-senso consciente podia intervir, inibindo e, portanto, ajudando, fazendo com que a opção consciente identificasse e evitasse as ocasiões de suicídio.

[129]   Qualquer segredo pessoal atua como pecado ou culpa, independentemente de ser considerado assim ou não, do ponto de vista da moral convencional.

[130]   Outra forma de ocultar é conter. O que geralmente é contido é aquilo que afeta (os afetos). Antes de mais nada, é preciso reafirmar que a contenção é uma virtude útil e salutar: a autodisciplina consta como uma das mais antigas artes morais, já nos povos primitivos, onde são parte do ritual de iniciação, sobretudo na forma de suportar estoicamente a dor e o medo, e na abstenção ascética. Nestes casos, porém, a contenção é praticada no contexto de uma aliança secreta, de uma iniciativa partilhada com outros. No entanto, se a contenção for exclusivamente pessoal, e independente de uma convicção religiosa, ela pode tornar-se tão lesiva quanto um segredo pessoal. Esta é a razão do célebre mau humor e da irritabilidade dos virtuosos. O afeto contido também é algo que se oculta, que se pode esconder até de si mesmo. É uma arte em que primam, sobretudo os homens. Já as mulheres, salvo raras exceções, têm um receio natural de lesar um afeto, contendo-o. O afeto contido, do mesmo

modo que o segredo inconsciente, atua como fator de isolamento e perturbação, e provoca sentimento de culpa. A natureza não nos perdoa, por assim dizer, quando, ao guardarmos um segredo, passamos a perna na humanidade. Do mesmo modo, ela nos leva a mal, quando ocultamos as nossas emoções aos nossos semelhantes. A natureza tem manifestamente um *horror vacui* neste sentido. Eis a razão por que nada é mais insuportável do que prolongar por muito tempo uma harmonia tépida, baseada em afetos contidos. Emoções reprimidas e segredos, não raro, são uma e a mesma coisa. Muitas vezes os segredos nem são de grande monta, mas são simplesmente afetos que se originaram numa situação perfeitamente consciente e que foram mantidos inconscientes.

O prevalecimento de um ou outro – do segredo ou do afeto – condiciona, provavelmente, formas diferentes de neuroses. Em todo caso, a histeria, muito pródiga em afetos, está baseada principalmente no segredo, ao passo que o psicastênico obstinado sofre de indigestão emocional. [131]

Segredo e contenção são danos aos quais a natureza reage, finalmente, por meio da doença. Entenda-se bem: são danosos somente quando o segredo e a contenção são de ordem exclusivamente pessoal. Se praticados conjuntamente com outros, a natureza se dá por satisfeita, e podem até ser benéficas virtudes. Apenas a contenção pessoal é nociva. É como se a humanidade tivesse um direito inexpugnável sobre a parte obscura, imperfeita, boba e culposa da pessoa humana, coisas essas que costumam ser mantidas em segredo, por razões de autodefesa. Esconder sua qualidade inferior, bem como viver sua inferioridade, excluindo-se, parece que são pecados naturais. E parece que existe como que uma consciência da humanidade que pune sensivelmente todos os que, de algum modo ou alguma vez, não renunciaram à orgulhosa virtude da autoconservação e da autoafirmação e não confessaram sua falibilidade humana. Se não o fizerem, um muro intransponível irá segregá-los, impedindo-os de se sentirem vivos, de se sentirem homens no meio de outros homens. [132]

[133]   Fica assim explicada a extraordinária importância da confissão sincera e verdadeira: não da confissão ritual e de preceito. Não resta a menor dúvida de que todas as iniciações e todos os cultos e mistérios da Antiguidade conheciam esta verdade. Prova-o o adágio dos mistérios antigos: "Solta o que tens, e serás acolhido"...

[134]   Este provérbio bem pode ser apresentado como lema da primeira fase da problemática psicoterapêutica. Isso porque a etapa inicial da psicanálise, no fundo, não é mais do que a redescoberta científica de uma verdade antiga. O próprio nome escolhido para o primeiro método – *catarse* = purificação – é um conceito corrente nas iniciações da Antiguidade. O método catártico original consiste essencialmente em transferir o doente – com e sem a parafernália hipnótica – ao fundo mais profundo de sua consciência, isto é, a um estado que nos sistemas de ioga orientais equivale aos estados de meditação ou contemplação. O objeto da contemplação, porém, diferencia-se do da ioga pelo emergir esporádico de vestígios de noções crepusculares – ou na forma de imagens ou de sentimentos – que num cenário escuro se destacam do fundo invisível do inconsciente, a fim de se apresentarem, ainda que imprecisos, ao olhar introspectivo. É uma maneira de fazer voltar o que foi recalcado ou esquecido. Isso, por si só, já é um benefício – ainda que eventualmente desagradável – pois as qualidades inferiores e até as condenáveis também me pertencem, e me conferem substancialidade e corpo: é minha *sombra*. Como posso ter substancialidade sem projetar sombra? O lado sombrio também pertence à minha totalidade, e ao tomar consciência da minha sombra, consigo lembrar-me de novo de que sou um ser humano como os demais. Em todo caso, com essa redescoberta da própria totalidade – que a princípio se faz em silêncio – fica restabelecido o estado anterior, o estado do qual derivou a neurose, isto é, o complexo isolado. O isolamento pode prolongar-se com o silêncio, e a reparação dos danos ser apenas parcial. Mas pela confissão lanço-me novamente nos braços da humanidade, livre do peso do exílio moral. O método catártico visa à *confissão completa,* isto é, não só à constata-

ção intelectual dos fatos pela mente, mas também à liberação dos afetos contidos: à constatação dos fatos pelo coração.

O efeito de semelhante confissão sobre a índole (*Gemüt*) ingênua [135] é enorme e, como se pode imaginar, as curas são surpreendentemente frequentes. Contudo, não vejo a principal função da nossa psicologia, nesta fase, apenas na cura de alguns doentes, mas muito mais na confirmação sistemática do valor da confissão. Pois isso diz respeito a todos nós. De uma maneira ou de outra, todos estamos separados de todos os demais pelos nossos segredos; os abismos entre os homens são transpostos por pontes fictícias feitas de opiniões, substitutos fáceis para a ponte consistente da confissão.

Por nada no mundo, quero fazer disso uma exigência. Nem posso [136] imaginar a falta de gosto que seria uma mútua e geral confissão dos pecados. A psicologia apenas constata que aqui nos encontramos diante de um ponto vulnerável de primeira ordem. Este ponto não pode ser tratado sem mais preâmbulos, pois, por sua vez, também é de uma problematicidade toda especial, conforme demonstrará o estágio seguinte, isto é, o do *esclarecimento*.

É óbvio que a nova psicologia teria parado na fase da confissão, se [137] a *catarse* tivesse dado provas de ser o remédio universal. Antes de mais nada, é preciso saber que nem sempre é possível aproximar os pacientes do inconsciente, a ponto de eles conseguirem perceber a sombra. É até muito frequente que as pessoas – sobretudo as de natureza complicada e altamente conscientes – estejam tão fortemente ancoradas no consciente, que nada consegue arredá-las daí. São pessoas capazes de se oporem energicamente a qualquer tentativa de fazer recuar o consciente; querem conversar com o médico conscientemente e apresentar e comentar racionalmente as suas dificuldades. Já têm tanto a confessar, que não precisam recorrer ao inconsciente. Tais pacientes exigem uma técnica toda especial para a aproximação do inconsciente.

Esta é uma das realidades que de antemão restringem considera- [138] velmente o método catártico em sua aplicação. A outra limitação vem depois, e conduz sem delonga à problemática da segunda etapa, isto é, do esclarecimento. Suponhamos que a confissão catártica se tenha realizado em determinado caso; a neurose desapareceu, isto é, os sintomas tornaram-se invisíveis. O paciente poderia obter alta. No entanto, ele – ou principalmente ela – não consegue desligar-se. Parece que o paciente ficou ligado ao médico pela confissão. Se essa ligação, aparentemente absurda, for cortada violentamente, dar-se-á uma recaída de graves consequências. É significativo, e ao mesmo tempo estranho, que em certos casos a dependência não se produz. O paciente afasta-se, aparentemente curado, e agora, fascinado com seu *background* psíquico, continua praticando a catarse consigo mesmo, em detrimento do seu ajustamento à vida. Fica ligado ao inconsciente, a si mesmo, e não ao médico. Pelo visto, o que acontece com estes últimos pacientes pode ser comparado ao que outrora sucedeu a Teseu e seu companheiro Peirithoos, que desceram ao Hades para de lá retirarem a deusa do reino dos mortos e que, ao se sentarem um momento para descansar da descida, não conseguiram mais levantar-se, pois se tinham enraizado na rocha.

[139]   Estes acasos estranhos e imprevistos necessitam de esclarecimentos, da mesma forma que os casos que mencionamos antes, dos que se mostram refratários aos benefícios oferecidos pela "catarse". Muito embora essas duas categorias de pacientes aparentem ser totalmente diferentes, o esclarecimento começa em ambos, exatamente no mesmo ponto, isto é, nas fixações, como Freud percebeu muito acertadamente. Isso se constata imediatamente e com clareza nos casos da última categoria, principalmente naqueles que, depois de realizada a catarse, continuam dependentes do médico. Consequências nefastas deste tipo já tinham sido observadas no tratamento por hipnose, porém, os mecanismos internos de uma tal dependência não eram conhecidos. Agora ficou provado que esse vínculo corresponde em sua natureza, digamos, à relação pai-filho. O paciente entra num tipo de dependência infantil e não consegue evitá-la, a despeito do seu conhecimento racional. Às vezes, a fixação chega a ter uma força tão extraordinária e surpreendente,

que por trás dela se poderiam suspeitar motivos inteiramente insólitos. Uma vez que a ligação se processa fora da consciência, o consciente do paciente nada tem a declarar a respeito. Por isso a pergunta: como superar essa nova dificuldade? Trata-se, sem dúvida, de uma formação neurótica, de um novo sintoma, desencadeado pelo próprio tratamento. O sinal exterior inconfundível da situação é que a imagem mnêmica ideoafetiva do pai foi transferida ao médico, razão pela qual este, independentemente de sua vontade, aparece como pai, e o paciente fica sendo, de certo modo, seu filho. Naturalmente não foi só agora que se formou a infantilidade do paciente. Ela já existia antes, porém, reprimida. Nesse momento, ela aflora. Quer restabelecer a situação familiar infantil, já que, depois de tanto tempo, o pai desaparecido foi finalmente encontrado. Freud acertou ao batizar esse sintoma de *transferência*. O estabelecimento de uma certa dependência do médico e de sua solicitude é um fenômeno, a princípio até bastante normal e humanamente compreensível. O que é anormal e inesperado é apenas a sua incrível tenacidade, que o torna inacessível à correção consciente.

Uma das principais realizações de Freud é ter esclarecido pelo menos a natureza dessa dependência em seus aspectos biológicos, e ter possibilitado um progresso importante no conhecimento da psicologia. Hoje temos provas incontestáveis de que a dependência é causada pela existência de fantasias inconscientes. Essas fantasias têm principalmente um caráter, por assim dizer, *incestuoso*. O fato de essas fantasias permanecerem no inconsciente parece que fica assim suficientemente explicado, pois nem na confissão mais escrupulosa se pode esperar que se confessem fantasias que tinham pouca probabilidade de serem conscientes. Apesar de Freud sempre falar das fantasias incestuosas como se fossem recalcadas, à medida que as experiências se multiplicavam, ficou provado que em muitíssimos casos elas nunca foram conteúdos conscientes, ou então, pelo menos, nunca foram mais do que vestígios imperceptíveis de consciência, razão por que também não podiam ser propositada e conscientemente reprimidas. De acordo com a posição da [140] investigação mais recente, é mais provável que, no essencial, as fantasias incestuosas sempre foram inconscientes, até o momento em que elas foram praticamente arrastadas para a luz do dia pelo método analítico. Isto não quer dizer, no entanto, que trazer à tona coisas do inconsciente seja uma intervenção condenável na natureza. Naturalmente, trata-se, aqui, como que de uma cirurgia psíquica, aliás, absolutamente indispensável, na medida em que são as fantasias incestuosas que produzem o complexo de sintomas da transferência. A transferência, ao que parece, é um produto artificial, mas nem por isso seu aspecto é anormal.

[141]   Enquanto o método catártico, em sua essência, devolve ao eu conteúdos que normalmente deveriam fazer parte do consciente, o esclarecimento da transferência faz com que venham à tona conteúdos que, naquela forma, jamais teriam tido condições de se tornarem conscientes. Em princípio, é esta a diferença entre as etapas da confissão e do esclarecimento.

[142]   Há pouco falávamos de casos de duas categorias diferentes: os que se mostram rebeldes à catarse e os que, depois de realizada a catarse, sucumbem à fixação. Os casos que evoluem para a fixação e, por conseguinte, para a transferência, já foram comentados. Mas, como já dissemos, existem além destes os casos em que não se realiza uma ligação com o médico, mas sim com o próprio inconsciente, e que nele se emaranham. Nestes casos, a imagem dos pais não é transferida a um objeto humano, mas permanece na forma de representações da fantasia, que, no entanto, exerce o mesmo poder de atração e produz a mesma dependência que a transferência. A primeira categoria – a dos que são incapazes de se entregarem incondicionalmente à catarse – explica-se à luz da pesquisa freudiana pelo fato de que os respectivos pacientes, antes de iniciarem o tratamento, ainda se encontram numa relação de identificação com os pais, que lhes confere autoridade, independência e espírito crítico, graças aos quais eles conseguem opor resistência à catarse. São principalmente personalidades cultas e diferenciadas que não foram, como os outros, vítimas indefesas da atuação inconsciente da "imago"

dos pais, mas se apoderaram dessa atividade através de sua identificação inconsciente com os pais.

Diante do fenômeno da transferência, a simples confissão não tem efeito. Este fato motivou Freud a introduzir modificações essenciais no método catártico original de Breuer. Elaborou a partir daí o que passou a chamar de "método interpretativo". [143]

Essa evolução é perfeitamente lógica, pois a relação da transferência, muito especialmente, exige esclarecimento. O leigo dificilmente se dará conta da importância que isso tem, mas o médico sim, porque, de repente, ele se vê envolvido numa teia de ideias incompreensíveis e fantásticas. Aquilo que o paciente transfere para o médico tem que ser interpretado, isto é, deve ser esclarecido. Uma vez que o próprio paciente nem sabe o que está transferindo, o médico é obrigado a submeter a uma análise interpretativa todos os fragmentos disponíveis da fantasia do paciente. As produções desse tipo mais importantes e mais fáceis de obter são os *sonhos*. Freud explorou a área dos sonhos primeiro exclusivamente quanto ao seu conteúdo de desejos que, por serem incompatíveis, eram recalcados. No decorrer desse trabalho é que descobriu os conteúdos incestuosos, de que há pouco falei. Naturalmente, essa pesquisa não levou apenas à descoberta do material incestuoso no sentido estrito da palavra, mas também de toda imundície imaginável possível de que a natureza humana é capaz. Como sabemos, essa lista é bem longa. Leva-se uma vida inteira para elaborá-la e, mesmo assim, não se chega ao fim. [144]

O resultado do método do esclarecimento de Freud é a elaboração mais minuciosa do lado sombrio do homem, como nunca fora feita antes do nosso tempo. É o antídoto mais eficaz de todas as ilusões idealísticas acerca da natureza humana. Não temos que nos surpreender, portanto, com a clamorosa oposição a Freud e sua escola, que se ergueu de todos os lados. Não quero referir-me àqueles que fazem da ilusão um princípio, mas gostaria de salientar que não são poucos os adversários do método do esclarecimento, que não têm a menor ilusão a respeito do [145] homem e sua sombra, e que mesmo assim objetam que não se deve explicar o homem unilateralmente a partir de sua sombra. Afinal, a sombra não é o essencial, mas sim, o corpo que produz a sombra.

[146]   O método interpretativo de Freud é uma explicação retrospectiva, chamada *redutiva*. Ela é destrutiva, quando exagerada e unilateral. Mas o grande avanço que esse trabalho de interpretação freudiano representou para o conhecimento psicológico, é ter comprovado que a natureza humana também tem um lado escuro, e não só o homem, mas também todas as suas obras, suas instituições e suas convicções. Até as nossas ideias mais puras e santas repousam sobre bases escuras e profundas; afinal de contas, não se pode explicar uma casa apenas de cima para baixo, a começar pela cumeeira, mas também de baixo para cima, a começar pelo porão. Esta última maneira ainda tem a vantagem de ser geneticamente mais correta, porque na construção das casas, não se começa pelo telhado, mas pelos alicerces, e além do mais, tudo o que evolui começa pelo simples, pelo rudimentar. Quem usa a cabeça não pode negar que a aplicação dos conceitos totêmicos primitivos à interpretação da Ultima Ceia feita por Salomon Reinach é cheia de sentido; nem se recusará a aplicar a hipótese do incesto aos mitos dos deuses gregos. Não resta a menor dúvida de que é doloroso o sentimento de interpretar as coisas luminosas pelo seu lado sombrio e rebaixá-las, de certa forma, a seu triste e sujo estado primitivo. Mas também considero que o fato de se deixar destruir por causa de uma interpretação da sombra é sinal da fragilidade das coisas belas e da fraqueza do homem. O horror das interpretações de Freud vem exclusivamente da nossa ingenuidade bárbara ou infantil, que ainda não sabe que o alto sempre se apoia no baixo e que *les extrêmes se touchent* – e que estas verdades realmente se incluem entre as verdades definitivas. A única coisa errada é pensar que o luminoso deixa de existir quando explicado pelo seu lado escuro. É um erro lamentável em que incorreu o próprio Freud. A sombra não existe sem a luz, o mal não existe sem o bem, e vice-versa. Por isso não só não lamento o abalo sofrido

52

pelas nossas ilusões e limitações ocidentais devido ao esclarecimento, mas saúdo-o como uma retificação histórica indispensável e de alcance imprevisível, pois ele introduz um relativismo filosófico, que se encarnou contemporaneamente na matemática e na física de Einstein. No fundo, é uma longínqua verdade do Oriente, cujos efeitos futuros, por ora, não podemos prever.

Nada mais ineficaz do que ideias intelectuais. Mas quando uma ideia é uma *realidade psíquica,* ela vai penetrando furtivamente nas mais diversas áreas, aparentemente sem a menor relação causal histórica. Nessa hora, é bom prestar atenção. Porque as ideias que são realidades psíquicas representam forças irrefutáveis e inatacáveis, do ponto de vista da lógica e da moral. São mais poderosas do que o homem e sua cabeça. É verdade que ele acredita que é ele quem produz essas ideias; na realidade, porém, são elas que o produzem, de tal forma que, inconscientemente, ele se torna simplesmente seu porta-voz. [147]

Voltando ao nosso problema da fixação, eu gostaria de tratar agora da questão dos efeitos do esclarecimento. A fixação, ao dar com sua origem esconsa, rebaixa a posição do paciente; ele não pode deixar de ver a infantilidade, a inutilidade de sua posição. Isso ou o fará descer do pedestal da autoridade e do arbítrio, a um nível mais modesto de relativa insegurança – o que até pode ser salutar – ou então, ele reconhecerá que a necessidade de fazer exigências aos outros é produto de um comodismo infantil e deve ser substituída por uma maior responsabilidade pessoal. [148]

Quem souber dar valor ao *insight* vai tirar disso suas conclusões morais. Armado da convicção de sua própria insuficiência, lançar-se-á à luta pela existência, a fim de ir consumindo em trabalhos e experiências progressivas todas aquelas forças e aspirações que até agora o tinham levado a agarrar-se obstinadamente ao paraíso da infância ou, pelo menos, a recordá-lo com saudades. As ideias que o nortearão moralmente daqui para a frente serão: adaptar-se normalmente e ter paciência com a própria incapacidade, eliminando as emoções e as ilusões, na medida [149] do possível. Dar as costas ao inconsciente, como sendo o antro do enfraquecimento e da sedução, ou o campo da derrota moral e social virá como necessária consequência.

[150]   O problema que agora se coloca ao paciente é a *educação para o ser social*. Chegamos assim à terceira fase. O mero *insight*, que em muitos temperamentos de forte sensibilidade moral possui uma força mobilizadora suficiente, falha em pessoas de parca fantasia moral. Se uma situação externa ameaçadora não pressionar estas pessoas, o *insight* em si de nada adianta, por mais profundamente convencidas que estejam de sua verdade, sem falar daquelas que entenderam a interpretação que lhes parece evidente, mas que no fundo continuam duvidando dela. Aqui se trata de novo de pessoas intelectualmente diferenciadas que, embora reconheçam a verdade de uma explicação redutiva, não podem conformar-se, e simplesmente desconsiderar as suas expectativas e seus ideais. Nestes casos também falha a força do *insight*. É que o método do esclarecimento ou elucidação sempre pressupõe índoles sensíveis, aptas a tirarem conclusões morais, independentes, de seus conhecimentos. A elucidação tem, sem dúvida, um alcance maior do que a simples confissão não interpretada, porque ao menos forma o espírito e talvez desperte forças adormecidas, que poderão intervir favoravelmente em seu desenvolvimento. No entanto, fato é que em muitos casos o esclarecimento também deixa uma criança compreensiva, porém, incapaz. Além disso, o princípio do *prazer* e sua satisfação, essenciais na análise de Freud, é unilateral e, portanto, insuficiente, conforme mostrou a evolução ulterior. Nem todas as pessoas podem ser interpretadas por esse ângulo. Sem dúvida, todos têm esse aspecto, mas nem sempre é ele que predomina. Podemos dar uma belíssima obra de arte de presente a um faminto, mas ele vai preferir pão. Nomeie-se presidente dos Estados Unidos um indivíduo apaixonado, ele vai preferir de longe estar ao lado de sua amada e abraçá-la. Generalizando, as pessoas sem dificuldades na área do ajustamento social e da posição social podem ser analisadas pelo prisma do prazer com maior probabilidade de acerto, do que as

que se encontram num estágio insuficiente de adaptação, isto é, as que, devido à sua inferioridade social, têm necessidade de prestígio e poder. O irmão mais velho que, seguindo as pegadas do pai, chega a ocupar uma posição de liderança social, será atormentado por seus impulsos libidinosos, ao contrário do filho mais novo, que se sente oprimido e prejudicado pelo pai e pelo irmão mais velho. Este será instigado pela ambição e pela vaidade. Tudo mais será subordinado a essa paixão, de tal modo que o primeiro problema não vai existir para ele, pelo menos, não como problema vital.

Neste ponto há uma lacuna sensível no sistema da elucidação. [151] Adler, antigo discípulo de Freud, veio preenchê-la. Adler apresentou provas convincentes de que numerosos casos de neurose podem ser explicados pelo *instinto do poder* muito melhor e mais satisfatoriamente do que pelo princípio do prazer. Na sua interpretação, pretende mostrar ao paciente como é que ele "arranja" sintomas para conseguir prestígio fictício, e como ele explora sua neurose. E como até sua transferência e demais fixações estão a serviço da sua vontade de poder e, nesse sentido, representam um "másculo protesto" contra opressões imaginárias. Pelo visto, Adler visa a psicologia do oprimido ou do fracassado na sociedade, cuja única paixão é a necessidade de prestígio. Estes casos são neuróticos, porque continuam achando que estão sendo oprimidos, e combatem moinhos de vento com as suas fixações, impossibilitando sistematicamente a consecução dos objetivos que mais almejam.

Adler começa o essencial do seu trabalho na fase do esclarecimen- [152] to: do esclarecimento precisamente no sentido há pouco mencionado, e nesse sentido, apela novamente para o *insight*. Aliás, o que caracteriza Adler é que ele não espera demais do simples *insight*, mas reconheceu que, além dele, se faz necessária a educação social. Freud é pesquisador e intérprete, ao passo que Adler é sobretudo educador. Assim sendo, entra na posse da herança negativa de Freud. Não deixa o doente permanecer uma criança só e abandonada, mesmo depois de ter adquirido o valioso entendimento de si, mas tenta torná-lo uma pessoa normalmente ajustada, mediante todos os recursos da educação. Pelo visto, aí se parte do princípio de que a normalização e o ajustamento social são metas desejáveis, absolutamente indispensáveis à almejada realização da pessoa humana. Desta atitude fundamental da escola de Adler resulta sua vasta influência social, bem como o seu distanciamento do inconsciente, que por vezes até parece chegar ao extremo de negá-lo. O desviar da posição de Freud que põe a tônica no inconsciente é, talvez, uma reação inevitável que deve corresponder – como disse há pouco – ao desejo de fugir dele, natural no doente em vias de adaptação e de cura. Porque, se de fato o inconsciente não passa de um mero receptáculo de todos os lados sombrios e maus da natureza humana, inclusive dos sedimentos lamacentos da pré-história, então realmente não há como entender por que se deveria permanecer mais tempo do que o necessário nesse pantanal, em que outrora caímos. Para um estudioso, uma poça d'água pode significar um mundo repleto de maravilhas, mas para o homem comum é algo que seria preferível evitar. Da mesma forma que o budismo primitivo não tem deuses porque teve que desapegar-se do fundo de um panteão de aproximadamente dois milhões de deuses, assim também a psicologia, em sua evolução, é obrigada a distanciar-se de uma coisa, em essência, tão negativa como o inconsciente freudiano. Os propósitos educativos da orientação adleriana começam precisamente no ponto em que Freud nos deixou. Correspondem à necessidade, compreensível no doente, de encaminhar-se, agora que adquiriu o discernimento, para uma vida normal. Pouco lhe adianta saber, naturalmente, como e onde se originaram os seus males, pois raríssimas vezes o conhecimento das causas levou à sua cura imediata. É que não se pode deixar de levar em conta que os falsos caminhos da neurose se transformaram em outros tantos hábitos tenazes, que, a despeito de todo discernimento, só vão desaparecer quando substituídos por outros, e estes só podem ser adquiridos quando exercitados. Este trabalho não pode ser realizado, a não ser com uma educação apropriada. O paciente tem que ser literalmente "puxado" para outros caminhos, e isso se consegue apenas através da vontade de se educar. É compreensível, portanto, que a linha adleriana tenha mais receptividade justamente no professorado e nos meios religiosos, ao passo que a freudiana agrada, sobretudo, nos meios médicos e intelectuais, pois estes são, sem exceção, maus enfermeiros e péssimos educadores.

Por estranho que pareça, a cada fase da evolução da nossa psicologia pertence algo de definitivo. Na *catarse,* que faz despejar tudo até o fundo, somos levados a crer: pronto, agora tudo veio à tona, tudo saiu, tudo ficou conhecido, todo medo foi vivido, toda lágrima derramada, daqui para a frente tudo vai correr às mil maravilhas. Na fase do *esclarecimento,* diz-se com a mesma convicção: agora sabemos o que provocou a neurose, as reminiscências mais remotas foram desenterradas, as últimas raízes extirpadas, e a transferência nada mais era do que uma fantasia para satisfazer um desejo paradisíaco infantil, ou uma retomada do romance familiar; o caminho para uma vida sem ilusões está desimpedido, aberta a via da normalidade. A *educação* vem por fim, e mostra que uma árvore que cresceu torta não endireita com uma confissão, nem com o esclarecimento, mas que ela só pode ser aprumada pela arte e técnica de um jardineiro. Só agora é que se consegue a adaptação normal. [153]

Curiosamente, esse caráter definitivo, emocionalmente inerente a cada uma das etapas, fez com que hoje existam adeptos da catarse, que aparentemente nunca ouviram falar da interpretação de sonhos, seguidores de Freud que nada entendem de Adler, e adlerianos que nada querem saber do inconsciente. Cada qual está preso ao valor definitivo do seu enfoque particular. Daí a confusão de opiniões e concepções que dificultam extraordinariamente a nossa orientação nessa área. [154]

Mas de onde vem essa sensação do definitivo, causa de tanta autoritária obstinação de todos os lados? [155]

Não tenho outra explicação a não ser esta: na base de cada uma dessas posições há realmente uma verdade definitiva, portanto, sempre há casos para comprovar, da forma mais contundente, cada uma das verdades particulares. Qualquer verdade é algo tão precioso no mundo [156] de hoje, repleto de enganos, que ninguém quer largar mão dela, por umas poucas exceções que não há meio de se coadunarem. E quem ousar duvidar da verdade é inevitavelmente tratado como um sujeito desleal. É por isso que a discussão sempre vem mesclada de um tom de fanatismo e intolerância.

[157] Ora, cada qual carrega a tocha do conhecimento por um certo trecho do percurso, só até entregá-la a outro. Se pudéssemos encarar esse processo por outro prisma que não o pessoal, se pudéssemos, por exemplo, supor que não somos nós os criadores pessoais da nossa verdade, mas os seus representantes, simples porta-vozes das necessidades psíquicas contemporâneas, muito veneno, muita amargura poderia ser evitada, e nosso olhar estaria desimpedido para enxergar as relações profundas e impessoais da alma da humanidade.

[158] Geralmente não nos damos conta de que o médico que pratica o método catártico não é apenas uma ideia abstrata, automaticamente incapaz de produzir o que quer que seja além da catarse. Ele também é uma pessoa humana, que, embora pense limitadamente dentro de sua esfera, na ação se expressa como homem total. Sem chamá-lo pelo nome e sem ter consciência clara a respeito, ele também faz, sem querer, todo um trabalho de elucidação e educação, da mesma forma que os outros também contribuem para a catarse, sem por isso elevá-lo a um princípio.

[159] Toda vida é história viva. Até o animal de sangue frio continua vivendo como *sous-entendu* dentro de nós. Da mesma maneira, as três etapas que acabamos de estudar em psicologia analítica não são de modo algum verdades constituídas de tal forma que a última tenha engolido e substituído as duas anteriores. Muito pelo contrário, trata-se muito mais de aspectos dos princípios de um mesmo problema, sem íntimas contradições entre si, assim como não há contradição entre a confissão e a absolvição.

[160] O mesmo pode-se dizer da quarta fase, a *transformação*. Nem ela deve ter a pretensão de ser a verdade, por fim alcançada, a única que tem validade. Não. Não há a menor dúvida de que ela também vem apenas

preencher uma lacuna deixada pelas etapas anteriores. Vem apenas para satisfazer uma necessidade a mais, transcendendo tudo o que foi feito até então.

Para tornar claro qual a finalidade dessa fase de transformação, e [161] qual o significado desse termo "transformação" – que talvez possa soar um tanto estranho – é preciso levar em consideração, antes de mais nada, qual a necessidade da alma que passou despercebida nas fases anteriores. Em outras palavras, é preciso perceber o que mais ela poderia exigir, além e acima de tornar-se um ser social normalmente ajustado. Ser normal é a coisa mais útil e conveniente que se possa conceber. Mas a simples noção de "normal" ou "ajustado" já implica limitar-se à média, que só pode ser sentido como progresso por aquele que, por si, já tem dificuldade em dar conta da sua vida dentro do mundo que o cerca, como, por exemplo, aquele que, devido à sua neurose, é incapaz de levar uma existência normal. Ser "normal" é a meta ideal para os fracassados e todos os que ainda se encontram abaixo do nível geral de ajustamento. Mas para as pessoas cuja capacidade é bem superior à do homem médio, pessoas que nunca tiveram dificuldade em alcançar sucessos e cujas realizações sempre foram mais do que satisfatórias, para estas, a ideia ou a obrigação moral de não ser mais do que normal, significa o próprio leito de Procusto, isto é, o tédio mortal, insuportável, um inferno estéril, sem esperança. Consequentemente, existem dois tipos de neuróticos: uns que adoecem porque são apenas normais, e outros, que estão doentes porque não conseguem tornar-se normais. A simples ideia de que alguém poderia querer educar os primeiros para a normalidade representa para eles o maior pesadelo, pois a necessidade mais profunda dessas pessoas é, na verdade, poder levar uma vida extranormal.

É que o homem só se satisfaz e se realiza com aquilo que ainda [162] não tem, da mesma forma que não é possível saciar-nos com aquilo de que já estamos fartos. Ser um ser social e ajustado não tem a menor graça para quem considera isso uma brincadeira. Andar na linha acaba se tornando monótono para quem sempre foi correto, ao passo que levar uma vida digna é o anseio inconfesso de quem nunca andou direito.

[163]   As exigências e necessidades do homem não são iguais para todo mundo. O que para uns é salvação, para outros é prisão. O mesmo acontece com a normalidade e o ajustamento. Há um preceito biológico que diz que o homem é um ser gregário e, portanto, só atinge a saúde plena enquanto ser social. No entanto, é possível que o primeiro caso que encontramos pela frente desminta frontalmente essa assertiva, provando-nos que ele só gozará de saúde plenamente, se levar uma vida anormal e antissocial. É de desesperar que na psicologia verdadeira não existam normas ou preceitos universais. O que existe são apenas casos individuais e suas necessidades e exigências são as mais variadas possíveis – tão divergentes, que no fundo nunca se pode saber de antemão o rumo que vai tomar este ou aquele caso. O melhor que o médico pode fazer é renunciar a qualquer opinião preconcebida. Isso não quer dizer que tenhamos que desprezá-las, mas sim, usá-las como hipóteses para um possível esclarecimento do caso. Não se trata de ensinar ou convencer; apenas de mostrar ao doente como é que o médico reage ao seu caso particular. É que, queiramos ou não, a relação médico-paciente é uma relação pessoal, dentro do quadro impessoal de um tratamento médico. Nenhum artifício evitará que o tratamento seja o produto de uma interação entre o paciente e o médico, como seres inteiros. O tratamento propicia o encontro de duas realidades irracionais, isto é, de duas pessoas que não são grandezas limitadas e definíveis, mas que trazem consigo não só uma consciência, que talvez possa ser definida, mas, além dela, uma extensa e imprecisa esfera de inconsciência. Esta é a razão por que muitas vezes a personalidade do médico (como também a do paciente) é infinitamente mais importante para um tratamento psíquico do que aquilo que o médico diz ou pensa, ainda que isso não possa ser menosprezado como fator de perturbação ou de cura. O encontro de duas personalidades é como a mistura de duas substâncias químicas diferentes: no caso de se dar uma reação, ambas se transformam. Como

se espera de todo tratamento psíquico efetivo, o médico exerce uma influência sobre o paciente. Influir é sinônimo de ser afetado. De nada adianta ao médico esquivar-se à influência do paciente e envolver-se num halo de profissionalismo e autoridade paternais. Assim ele apenas se priva de usar um dos órgãos cognitivos mais essenciais de que dispõe. De todo jeito, o paciente vai exercer sua influência, inconscientemente, sobre o médico, e provocar mudanças em seu inconsciente. As perturbações, ou até os danos psíquicos típicos da profissão, que muitos psicoterapeutas conhecem, são provas inegáveis da influência, por assim dizer química, do paciente. Um dos fenômenos mais conhecidos desse tipo é a *contratransferência* provocada pela transferência. Mas frequentemente os efeitos são de caráter bem mais sutil, e a única maneira que encontro para formulá-los é através da antiga ideia da transmissão de uma enfermidade a uma pessoa sadia, para que esta, então, subjugue o demônio da doença com a sua saúde; e isso, não sem efeitos negativos sobre o seu próprio bem-estar.

Na relação médico-paciente existem fatores irracionais que produzem *transformações* mútuas. Ao final, será decisiva a personalidade mais estável e mais forte. Já vi muitos casos, em que o médico foi assimilado pelo paciente, contrariando toda teoria e qualquer proposta profissional e, na maioria dos casos, mas nem sempre, em detrimento do médico. [164]

A etapa da transformação baseia-se nestes fatos que, para serem reconhecidos sem equívoco, tiveram que ser objeto de abrangentes experiências práticas que se estenderam pelo quarto de século que precedeu esse reconhecimento. O próprio Freud, aderindo a ele, aceitou minha exigência de que todo terapeuta fosse obrigatoriamente analisado. [165]

Mas qual o significado dessa exigência? Ela significa simplesmente que o médico também "está em análise", tanto quanto o paciente. Ele é parte integrante do processo psíquico do tratamento, tanto quanto este último, razão por que também está exposto às influências transformadoras. Na medida em que o médico se fecha a essa influência, ele também perde sua influência sobre o paciente. E, na medida em que essa [166] influência é apenas inconsciente, abre-se uma lacuna em seu campo de consciência, que o impedirá de ver o paciente corretamente. Em ambos os casos, o resultado do tratamento está comprometido.

[167] O médico fica, portanto, com uma tarefa semelhante à que ele gostaria de dar como encargo ao paciente, isto é, ser uma pessoa ajustada à sociedade, por exemplo, ou então, no caso inverso, ser adequadamente desajustado. A exigência terapêutica pode revestir-se, evidentemente, de mil fórmulas diferentes, dependendo da vivência de cada um. Um primeiro pode achar que é possível superar o infantilismo; é que ele deve ter superado o próprio infantilismo. Um segundo acredita na *ab-reação* de todos os afetos; logo, ele deve ter conseguido fazê-lo com seus próprios afetos. Um terceiro crê na consciência perfeita; portanto, deve ter alcançado a consciência de si mesmo, ou, pelo menos, deve estar constantemente buscando satisfazer essa sua exigência terapêutica, se quiser ter certeza de estar exercendo a influência justa sobre seus pacientes. Todas essas linhas terapêuticas representam um compromisso ético considerável. E todas elas podem ser englobadas numa única verdade: *Você tem que ser a pessoa com a qual você quer influir sobre o seu paciente.* A palavra, a mera palavra, sempre foi considerada vã. Simplesmente não existe estratagema, por mais engenhoso que seja, capaz de burlar sistematicamente esta verdade. Não é o *objeto* da convicção que importa; o que sempre foi eficaz é o *fato de se ter* uma convicção.

[168] A quarta etapa da psicologia analítica exige, portanto, que *se reaplique no próprio médico o sistema em que se acredita*, seja ele qual for.

[169] Quando se pensa na atenção, no espírito crítico com que o psicoterapeuta tem que acompanhar seu paciente, para descobrir os seus caminhos inadequados, as falsas conclusões e as coisas infantis que não mostra, realmente não fica fácil fazer isso também consigo mesmo. Em geral não nos achamos suficientemente interessantes, e ninguém nos paga pelo esforço da introspecção. Além disso, o desprezo pela verdadeira alma humana ainda é tão grande, tão generalizado, que a introspecção e o fato de preocupar-se com ela são atitudes quase consideradas

doentias. Pelo visto, não há vislumbres de saúde na própria alma; é esta a razão por que o preocupar-se com ela já cheira a sanatório. Estas resistências, o médico tem que superá-las dentro de si mesmo, porque, como pode alguém educar, se ele mesmo não foi educado, como pode esclarecer, quando está no escuro no que diz respeito a si mesmo, e como purificará, se ainda é impuro?

O passo da educação para a *autoeducação* é um passo à frente lógico. Complementa todas as fases anteriores. A exigência da fase da transformação, isto é, que o médico também se transforme para ser capaz de transformar o doente, é uma exigência bastante impopular, como é fácil entender. Primeiro, porque parece pouco prática; segundo, porque há um desagradável preconceito pesando sobre o fato de ocupar-se consigo mesmo; e terceiro, porque muitas vezes custa satisfazer em si mesmo todas as expectativas que eventualmente se têm em relação ao paciente. Este último ponto contribui especialmente para a impopularidade da exigência, pois quem quer educar-se e tratar-se a si próprio, logo descobrirá que em seu ser existem coisas que se opõem definitivamente à sua normalização, ou que, apesar dos constantes esclarecimentos e *ab-reações* profundas, continuam aí como espíritos mal-assombrados. Como enfrentar essas coisas? Ele, como profissional, sabe perfeitamente o que o paciente deveria fazer, pois tem a obrigação de sabê-lo. Mas que fazer consigo mesmo? Que profunda convicção o moverá, quando chegar a sua vez, ou a vez dos seus parentes mais próximos? Nessas suas investigações vai fazer em si a descoberta inquietadora de uma inferioridade que o nivelará perigosamente com os seus pacientes, e, talvez, até venha melindrá-lo em sua autoridade. Como vai lidar com essa dolorosa descoberta? Essa interrogação, um tanto "neurótica", o atingirá profundamente, não importando o grau de normalidade que pretende ter. Além disso, descobrirá que não existe tratamento que possa dar solução a estas últimas indagações – que o deprimem tanto quanto os seus pacientes; que a solução encaminhada por outrem não deixa de ser infantil e o manterá em estado de infantilidade; e que, se a solução não for encontrada, só lhe restará reprimir de novo o problema.

[170]

[171]   Interrompo aqui a enumeração dos problemas suscitados pela autoanálise, porque o seu prosseguimento despertaria hoje bem pouco interesse, devido ao enorme desconhecimento que ainda se tem da alma.

[172]   Em vez disso, prefiro destacar que a evolução mais recente da psicologia analítica está se orientando para a questão dos fatores irracionais da personalidade humana, colocando a do médico no primeiro plano, como fator ou inibidor da cura, e exigindo a sua transformação, ou seja, a autoeducação do educador. Assim, tudo quanto sucede objetivamente na história da nossa psicologia, a confissão, o esclarecimento, a educação, é elevado ao nível subjetivo. Em outras palavras, o que acontecia com o paciente tem que acontecer com o médico, para que a sua personalidade não retroaja desfavoravelmente sobre o paciente. O terapeuta não deve tentar esquivar-se das próprias dificuldades, como se ele mesmo não as tivesse, apenas porque está tratando das dificuldades de outrem.

[173]   Assim como, há tempos, a escola freudiana, graças à grande repercussão que teve a descoberta do lado sombrio do inconsciente, se viu, subitamente, às voltas com problemas de caráter psicorreligioso, da mesma forma, os rumos mais recentes dão a entender que o problema da atitude ética do médico é um problema que já não pode ser contornado. A autocrítica e a autoinvestigação que estão indissoluvelmente ligadas a esse problema vão exigir uma mudança na maneira de conceber a alma, que até agora era considerada unicamente em seu aspecto biológico; e isso porque a alma humana não é apenas um objeto da medicina, orientada para as ciências naturais. Não é só o doente, mas também o médico. Não é só o objeto, mas também o sujeito. Não é só uma função do cérebro, mas também a condição absoluta da nossa consciência.

[174]   O que no passado era método de terapia converte-se aqui em método de autoeducação, e com isso o horizonte da nossa psicologia abre-se, repentinamente, para o imprevisível. O que é decisivo agora não é o diploma médico, mas a qualidade humana. Essa mudança é significativa, porque coloca todo o equipamento da arte psicoterapêutica – que se

desenvolveu, aperfeiçoou e sistematizou no contato permanente com o doente – a serviço da autoeducação e do autoaperfeiçoamento. Assim, a psicologia analítica rompe os grilhões que a prendiam ao consultório médico. Ultrapassando-se a si mesma, ela vai preencher a grande lacuna que, até agora, deixou a cultura ocidental espiritualmente em posição de inferioridade em relação às culturas orientais. Nós conhecíamos apenas como domar e subjugar a psique; nada sabíamos a respeito do desenvolvimento metódico da alma ou das suas funções. É que a nossa cultura ainda é nova e, como toda cultura nova, precisa da arte do domador, para começar a dar forma ao rebelde, ao bárbaro e selvagem. No entanto, em nível cultural mais adiantado, o desenvolvimento deve substituir e vai substituir a dominação. Para chegar lá, precisamos de um caminho, de um método que, como já dissemos, até hoje nos fizeram falta. Para tanto, os conhecimentos e experiências da psicologia – segundo me parece – poderiam fornecer-nos pelo menos as bases, pois, no momento em que uma psicologia, que nasceu da medicina, toma o próprio médico como objeto, ela deixa de ser um simples método de tratar doentes. Ela passa a tratar de homens sãos, ou, pelo menos, de pessoas que se dão o direito moral de reivindicar a saúde psíquica, e cuja doença pode ser, no máximo, o sofrimento que a todos atormenta. Eis por que a psicologia, nesta fase, quer ter o direito de tornar-se um bem acessível a todos, e isso, em grau maior do que nas etapas anteriores, que, cada uma por si, já é portadora de uma verdade universal. Mas entre a reivindicação desse direito e a realidade do mundo atual há um abismo. Um abismo sem ponte para atravessá-lo. Esta ponte ainda tem que ser construída, pedra sobre pedra.

3
Os objetivos da psicoterapia[9]

[66]   Hoje em dia, ninguém mais contesta que as neuroses sejam distúrbios das funções psíquicas e, por isso, devam ser curadas, de preferência, por um tratamento psíquico. Mas quando se discute o problema da estrutura das neuroses e dos princípios da terapia, já não há mais a mesma unanimidade e se conclui que atualmente ainda não existe uma ideia totalmente satisfatória quanto à natureza das neuroses ou aos princípios do tratamento. Neste sentido, duas correntes ou escolas tiveram uma aceitação especial entre nós, mas, mesmo assim, a lista das opiniões divergentes está longe de ser encerrada. Muitos não tomam partido e, dentro do antagonismo geral das opiniões, têm suas ideias próprias. Se quiséssemos criar um quadro com essa miscelânea, teríamos que reunir na nossa paleta o arco-íris inteiro e todos os seus matizes. Se estivesse ao meu alcance, bem que gostaria de fazê-lo, pois sinto necessidade de visualizá-las em conjunto, toda vez que as opiniões sobre um mesmo assunto se diversificam muito. Nunca consegui deixar de reconhecer por muito tempo a validade das opiniões divergentes. Tais opiniões não poderiam ter surgido, nem arrebanhado um séquito de adeptos, se não correspondessem a uma certa psicologia, a um temperamento específico, a uma realidade psíquica fundamental mais ou menos generalizada. Se excluíssemos sumariamente qualquer uma dessas opiniões,

---

9. Conferência publicada no relatório do Congresso da Sociedade Alemã de Psicoterapia, 1929, e em *Seelenprobleme der Gegenwart*. 5. ed., 1950, p. 76s.

taxando-a de errônea e condenável, estaríamos simplesmente negando a existência do temperamento específico ou da realidade que lhe deram origem, e a estaríamos encarando com equívoco, o que seria violentar o nosso próprio material de experiência. A receptividade que teve a teoria da sexualidade de Freud como etiologia das neuroses, bem como sua ideia de que o fenômeno psíquico gira essencialmente em torno do prazer infantil e da satisfação desse prazer, deveria ensinar ao psicólogo que essa maneira de pensar e sentir corresponde a uma disposição encontrada com relativa frequência, isto é, a uma corrente espiritual que também se manifesta simultaneamente em outros lugares, em outras circunstâncias, em outras cabeças e de outras formas, como um fenômeno psíquico coletivo – independentemente da teoria de Freud. Lembro, por um lado, os trabalhos de Havelock Ellis e August Forel e os colecionadores da *Anthropophyteia*[10] e, por outro, os experimentos sexuais da época pós-vitoriana nos países anglo-saxões, além da ampla discussão em torno do tema sexual na literatura, porventura já iniciada com os realistas franceses. Freud é um dos expoentes de uma realidade psíquica contemporânea, que, por sua vez, tem uma história própria, sobre a qual, por motivos óbvios, não podemos nos estender aqui.

Os aplausos recebidos por Adler e por Freud, tanto deste como do outro lado do oceano, são prova inegável de que a necessidade de autoafirmação, baseada na inferioridade, é para um grande número de pessoas uma explicação convincente da causa essencial das neuroses. Não se pode contestar que este ponto de vista abranja realidades psíquicas que não são levadas na devida conta pela concepção de Freud. Não será preciso mencionar mais em detalhe as condições sociais e psíquicas coletivas que correspondem à concepção de Adler, e o constituem seu porta-voz teórico. Parece que não existem dúvidas a esse respeito. [67]

Seria um erro imperdoável menosprezar a verdade contida nas concepções tanto de Freud como de Adler, mas seria igualmente imperdoável escolher uma delas como a única verdadeira. Ambas essas [68]

---

10. Leipzig, 1904-1913. Os editores.

verdades correspondem a realidades psíquicas. Existem, efetivamente, casos que são mais bem descritos e se explicam melhor por uma, e outros, pela outra dessas teorias.

[69] Não posso acusar nenhum desses autores de cometer um erro fundamental; muito pelo contrário, o que procuro é aplicar ambas as hipóteses, na medida do possível, sem perder de vista sua perfeita relatividade. Aliás, nunca me teria ocorrido separar-me de Freud, se não houvesse deparado com fatos reais que me obrigaram a modificar os meus pontos de vista. O mesmo vale em relação a Adler e sua interpretação.

[70] Depois do que acabo de dizer, espero que não seja necessário salientar que percebo o mesmo relativismo em relação à verdade contida nas minhas concepções divergentes. Sinto-me apenas como representante de uma outra disposição, a ponto de quase poder confessar com Coleridge: "Creio em uma só igreja, na única que santifica e cujo único membro, por enquanto, sou eu".

[71] Se hoje existe um campo, em que é indispensável ser humilde e aceitar uma pluralidade de opiniões aparentemente contraditórias, esse campo é o da psicologia aplicada. Isto porque ainda estamos longe de conhecer a fundo o objeto mais nobre da ciência – a própria alma humana. Por ora dispomos apenas de opiniões mais ou menos plausíveis, ainda inconciliáveis.

[72] Logo, se venho a público para dizer algo a respeito das minhas ideias, peço, por favor, que isso não seja interpretado como propaganda de uma nova verdade, ou como anúncio de um evangelho definitivo. Na realidade, posso falar apenas das tentativas que fiz no sentido de esclarecer obscuros fatos psíquicos ou de superar dificuldades terapêuticas.

[73] Gostaria de deter-me precisamente neste último ponto, pois é aí que urge introduzir modificações. Como se sabe, uma teoria incompleta pode ser suportada por muito tempo. O mesmo não se dá com um método terapêutico incompleto. Na minha prática psicoterapêutica de quase trinta anos acumulei uma série considerável de fracassos, que me influenciaram mais do que os meus sucessos. Qualquer pessoa pode ter

êxito na psicoterapia, a começar pelo xamã primitivo e o benzedor. O psicoterapeuta pouco ou nada aprende com os sucessos, principalmente porque o fortalecem nos seus enganos. Os fracassos, ao invés, são experiências preciosíssimas, não só porque através deles se faz a abertura para uma verdade maior, mas também porque nos obrigam a repensar nossas concepções e métodos.

Ao mesmo tempo que reconheço que, também na prática, os meus [74] progressos são devidos, em primeiro lugar, a Freud e, a seguir, também a Adler, posto que aplico as possibilidades oferecidas pelos seus pontos de vista na terapia dos pacientes, também tenho que mencionar que sofri muitos reveses; reveses esses que me davam a sensação de que os poderia ter evitado, se os fatos precisos, que mais tarde me obrigaram a introduzir modificações, tivessem sido levados em consideração.

É praticamente impossível descrever aqui todas as dificuldades [75] com que esbarrei. Tenho que me limitar a destacar apenas alguns dos casos típicos. As maiores dificuldades, tive-as com pacientes de mais idade, isto é, de mais de quarenta anos. Com pessoas mais jovens, bastam-me, em geral, os pontos de vista já conhecidos, pois a tendência, tanto de Freud como de Adler, é ajustar os pacientes e normalizá-los. Ambos esses pontos de vista podem ser aplicados perfeitamente em pessoas jovens, aparentemente sem deixar vestígios de perturbações. A minha experiência mostrou que com pessoas de mais idade isso muitas vezes não ocorre. Aliás, a mim me parece que as realidades psíquicas fundamentais se alteram enormemente no decorrer da vida. Tanto é, que quase podemos falar de uma psicologia do amanhecer e outra, do entardecer da vida. Normalmente a vida do jovem está sob o signo de uma expansão geral, em vista de uma meta precisa a ser atingida. Parece que a sua neurose provém, sobretudo, da hesitação ou do recuo diante do rumo a seguir. Em contrapartida, a vida da pessoa que envelhece está sob o signo da contração das forças, da confirmação do que já foi alcançado e da diminuição da expansão. Sua neurose consiste essencialmente em querer persistir inadequadamente numa atitude juvenil. Assim como o jovem neurótico teme a vida, o velho recua diante da morte. A meta que outrora era normal para o jovem, torna-se um obstáculo neurótico para o velho, exatamente com a hesitação do jovem neurótico, que converte a sua dependência dos pais – originariamente normal – numa relação incestuosa, contrária à vida. É natural que a neurose, a resistência, o recalque, a transferência, as ficções etc., tenham no jovem um significado inverso do que têm no velho, apesar da aparente semelhança. Consequentemente, os objetivos da terapia também devem ser modificados. Por isso, a idade do paciente me parece um indicador (*indicium*) extremamente importante.

[76]   Mas na fase juvenil também existem vários indicadores (*indicia*). A meu ver, é grande a imprudência de tratar um paciente com as características psicológicas de Adler, ou seja, um fracassado com necessidades infantis de afirmação, pelo sistema de Freud, por exemplo. E, inversamente, também seria um equívoco de gravíssimas consequências impor os pontos de vista de Adler a uma pessoa bem-sucedida na vida, com características psicológicas declaradamente libidinosas. Em caso de dúvida, podemos guiar-nos pelas resistências do paciente. Minha tendência é levar a sério as resistências mais profundas – pelo menos inicialmente – por mais paradoxal que isso possa parecer. É que tenho a convicção de que o médico não conhece necessariamente melhor do que o paciente a própria condição psíquica, pois a sua constituição também lhe pode ser totalmente inconsciente. Esta humildade do médico é perfeitamente adequada, visto que, por um lado, a psicologia universalmente válida ainda não existe, e que, por outro, os temperamentos não são todos conhecidos. Muitos psiquismos são mais ou menos individuais, e não se enquadram em nenhum dos esquemas existentes.

[77]   Sabe-se que reconheço duas atitudes diferentes como fundamentais em matéria de temperamento, e que, para tanto, me baseio nas diferenças típicas já apontadas por muitos conhecedores do ser humano, ou seja, a *extroversão* e a *introversão*. Esses dois tipos de comportamentos também são por mim considerados indicadores (*indicia*) essenciais,

tanto quanto o fato de uma determinada função predominar com frequência sobre as demais[11].

A incrível variedade das vidas individuais realmente exige constantes modificações no tratamento, muitas vezes introduzidas pelo próprio médico de maneira totalmente inconsciente, sem que, em princípio, tenham algo a ver com a teoria que defende. [78]

Na questão do temperamento, não posso deixar de mencionar que existem pessoas de postura essencialmente *espiritual* e outras, cuja atitude é essencialmente *materialista*. Tais atitudes não podem ser tidas como meros comportamentos adquiridos por acaso ou por equívoco. Não raro, correspondem a paixões inatas, que nenhuma crítica ou poder de persuasão é capaz de extirpar. Até existem casos em que um materialismo manifesto é assim, apenas aparentemente, pois, no fundo, não é senão a negação de um temperamento religioso. Hoje em dia, se acredita mais facilmente, ao que parece, no caso inverso, muito embora não ocorra com mais frequência do que o primeiro. No meu entender, também convém levar em conta este indicador. [79]

Quando usamos a expressão indicadora (*indicium*) até pode parecer que estamos querendo indicar esta ou aquela terapia, como é costume na medicina. Talvez até fosse certo proceder assim. Acontece, porém, que a psicoterapia contemporânea ainda não chegou a esse ponto, razão por que o termo "indicador" infelizmente não significa muito mais do que um alerta para o perigo da unilateralidade. [80]

A psique humana é extremamente ambígua. Diante de cada caso particular, é preciso indagar se este comportamento ou aquele traço de caráter é verdadeiro, ou simplesmente uma compensação do seu contrário. Devo confessar que tantas vezes me enganei nesse aspecto, que no caso concreto me abstenho de usar, na medida do possível, o que a teoria preconceitua a respeito da estrutura da neurose e do que o paciente pode e deve fazer, e deixo a pura experiência decidir quanto aos objeti- [81]

---

11. Cf. *Psychologische Typen* (*Tipos psicológicos*), sob o item: Punção.

vos terapêuticos. Isto talvez possa parecer estranho, pois normalmente se supõe que o terapeuta tenha um objetivo. Em psicoterapia, considero até aconselhável que o médico não tenha objetivos demasiado precisos, pois dificilmente ele vai saber mais do que a própria natureza ou a vontade de viver do paciente. As grandes decisões da vida humana estão, em regra, muito mais sujeitas aos instintos e a outros misteriosos fatores inconscientes do que à vontade consciente, ao bom-senso, por mais bem intencionados que sejam. O sapato que serve num pé, aperta no outro, e não existe uma receita de vida válida para todo mundo. Cada qual tem sua forma de vida dentro de si, sua forma irracional, que não pode ser suplantada por outra qualquer.

[82]   Nada disso impede, naturalmente, que se prossiga com a normalização e a racionalização até onde for possível. Com um resultado terapêutico satisfatório, provavelmente pode dar-se o caso por encerrado. Se assim não for, a terapia não terá outro recurso a não ser orientar-se pelos dados irracionais do doente. Neste caso, a natureza nos servirá de guia, e a função do médico será muito mais desenvolver os germes criativos existentes dentro do paciente do que propriamente tratá-lo.

[83]   O que tenho a dizer começa no ponto em que o tratamento termina, e onde começa a evolução. Como se vê, minha contribuição à questão da terapia limita-se, portanto, aos casos em que os resultados obtidos com o tratamento racional não são satisfatórios. O material casuístico que tenho à minha disposição compõe-se de maneira singular: Há uma decidida minoria de casos novos. A maioria deles já se submeteu anteriormente a alguma forma de tratamento psicoterapêutico, com resultados parciais ou negativos. Aproximadamente um terço dos meus clientes nem chega a sofrer de neuroses clinicamente definidas. Estão doentes devido à falta de sentido e conteúdo de suas vidas. Não me oponho a que se chame essa doença de neurose contemporânea generalizada. No mínimo, dois terços dos meus pacientes estão na segunda metade da vida.

Essa clientela singular demonstra uma resistência especial aos métodos racionais de tratamento. De certo porque, em geral, se trata de indivíduos socialmente bem ajustados, muitas vezes altamente capacitados, para os quais a normalização não tem o menor sentido. No que diz respeito às pessoas que chamamos de normais, tenho menos condições ainda de oferecer-lhes uma filosofia de vida pronta. Na maioria dos meus clientes, os recursos do consciente estão esgotados – a expressão inglesa usual: "I am stuck" = "Estou encalhado" – define bem o seu estado. É este fato, sobretudo, que me obriga a sair em busca de alternativas desconhecidas. A perguntas como: "Qual é seu conselho? Que devo fazer?" não sei responder, pois nem eu mesmo sei. Só sei de uma coisa: é que, quando o meu consciente encalha por não encontrar saídas viáveis, minha alma inconsciente vai reagir a essa estagnação insuportável. [84]

Esse ficar estagnado é um processo psíquico. No decurso da evolução da humanidade esse fato repetiu-se incontáveis vezes, e até se tornou tema de inúmeros contos e mitos, como os que falam da chave mágica para abrir um portão trancado, ou então de um animal prestativo que vem ajudar alguém a encontrar o caminho oculto. Em outras palavras: ficar estagnado é um episódio típico que também deve ter dado origem a reações e compensações típicas no decorrer dos tempos. Por isso, é provável que algo de semelhante ocorra nas reações do inconsciente, como nos sonhos, por exemplo. [85]

Nestes casos, o que viso, em primeiro lugar, são os sonhos. Não o faço por teimosia, por querer resolver as coisas por meio dos sonhos custe o que custar, ou por ter uma teoria misteriosa a respeito do sonho, que predetermina o que deve acontecer, mas simplesmente porque não tenho outra saída. Não sei a que mais recorrer. Por isso é que tento encontrar uma pista nos sonhos. Estes dão ensejo à imaginação, que tem que ser indício de alguma coisa. Isso já é mais do que nada. Não possuo uma teoria do sonho. Nem sei como se formam os sonhos. Nem tenho certeza se meu modo de lidar com os sonhos realmente merece o nome de *método*. Faço meus todos os preconceitos contra a interpretação dos [86] sonhos como sendo a quinta-essência de toda incerteza e arbitrariedade. Mas, por outro lado, sei que quase sempre dá bons resultados fazer uma meditação verdadeira e profunda sobre o sonho, isto é, quando o carregamos dentro de nós por muito tempo. Evidentemente, esses resultados não são científicos. Não se prestam ao exibicionismo, nem permitem que sejam racionalizados. Mas na prática é um aviso importante, que indica ao paciente em que direção aponta o inconsciente. Não posso deter-me na questão de saber se os resultados da meditação sobre o sonho são seguros ou cientificamente comprováveis. Se isso me preocupasse, estaria perseguindo um objetivo secundário, autoerótico. Devo contentar-me simplesmente com o fato de que ele significa algo para o paciente e faz fluir a sua vida. O único critério que posso admitir, portanto, é que o meu esforço seja *eficaz*. Meu *hobby* científico, ou seja, a vontade de entender sempre por que ele é eficaz, tem que ser relegado às minhas horas de lazer.

[87]   Os conteúdos dos sonhos iniciais, isto é, dos sonhos que se têm, no início deste tipo de empreendimento, são infinitamente diversificados. No princípio, os sonhos voltam-se frequentemente para o passado, e lembram coisas esquecidas e perdidas. Muitas vezes, essas estagnações, acompanhadas de desorientação, ocorrem quando a vida se tornou unilateral. Nesses pacientes pode ocorrer subitamente uma perda de libido. Toda atividade exercida até então perde o interesse e se torna sem sentido. De repente, suas metas perdem todos os atrativos. O que em algumas pessoas pode ser um estado apenas passageiro, pode tornar-se crônico em outras. Em muitos desses casos, sucede que as oportunidades de um desenvolvimento da personalidade, diverso do que se deu na realidade, ficaram soterradas num ponto qualquer do passado e ninguém sabe disso, nem o próprio paciente. O sonho, porém, pode levantar pistas.

[88]   Em outros casos, o sonho pode referir-se a realidades do presente, que o consciente nunca admitiu como sendo problemáticas ou conflitantes, como, por exemplo, o casamento, a posição social etc.

Essas pistas oferecidas pelos sonhos iniciais, a que aludimos há pouco, ainda estão dentro do âmbito do racional. Provavelmente não me seria difícil torná-los inteligíveis. A dificuldade real começa somente, quando os sonhos não indicam coisas palpáveis, e isso acontece com frequência, principalmente quando tentam antecipar coisas futuras. Não seriam necessariamente sonhos proféticos, mas apenas sonhos de pressentimento ou "recognitivos". Sonhos desse tipo contêm intuições de coisas possíveis. Por isso nunca são inteligíveis para quem não está em jogo. Muitas vezes, nem eu consigo ver plausibilidade neles; por isso costumo dizer ao paciente nesses casos: "Não acredito. Mas vá em frente; siga os rastros". Como já ficou dito, o único critério é o efeito estimulante eficaz, mas isso não quer dizer que tenhamos que entender por que tal estímulo ocorre. [89]

Isso vale principalmente para os sonhos de conteúdo "metafísico inconsciente", isto é, que contenham analogias mitológicas. Nestes casos, pode-se sonhar com formas bizarras inacreditáveis, desconcertantes até, a princípio. [90]

Há de se objetar, certamente, como é que sei que os sonhos têm algo a ver com uma "metafísica inconsciente". Devo confessar que não sei se os sonhos têm realmente esse conteúdo. O que sei a respeito dos sonhos é muito pouco. Vejo apenas a sua eficácia sobre o paciente. Quanto a isso, gostaria de dar um pequeno exemplo. [91]

Num longo sonho de um cliente meu, considerado "normal", em início de terapia, o fato principal era que a sobrinha, filha de uma irmã, estava doente. Era uma menina de dois anos. [92]

Na realidade, pouco tempo antes, sua irmã havia perdido um menino por doença, mas nenhum dos seus outros filhos estava doente. À primeira vista, não havia explicação para o fato de sonhar com a criança doente. E isso, porque não devia estar coincidindo com a realidade. As relações entre o sonhador e sua irmã eram distantes; não havia muita intimidade entre eles. Por esse motivo, meu cliente sentia-se pessoalmente pouco envolvido. Mas, subitamente, lembrou-se de que dois anos antes [93] tinha começado a estudar ocultismo, tendo descoberto a psicologia na mesma ocasião. Logo, a criança devia ser o seu interesse pelas coisas psíquicas – um pensamento que a mim nunca me poderia ter ocorrido. Sob o aspecto puramente teórico, essa imagem do sonho pode significar tudo ou nada. Pode acontecer que uma coisa ou um fato tenha um significado em si? A única coisa certa é que quem interpreta, ou quem dá o significado, é sempre o homem. Por ora, isso é essencial para a psicologia. Para o sonhador, a ideia de que o estudo do ocultismo pudesse ser patológico era nova e interessante. De certa forma, causou-lhe um impacto. E é isso que é decisivo: funciona, independentemente do que pensemos ou deixemos de pensar a respeito. Esse pensamento foi recebido como uma crítica, e como tal propiciou certa mudança de atitude. Essas ligeiras mudanças, que nem poderiam ser imaginadas racionalmente, é que põem as coisas em andamento, e, pelo menos em princípio, a estagnação já está superada.

[94]   Usando este exemplo num sentido figurado, eu poderia dizer que o sonho achou que os estudos acerca do ocultismo eram patológicos. É neste sentido que posso falar de uma *metafísica inconsciente*: quando, através do seu sonho, o sonhador é levado a ter ideias desse tipo.

[95]   Mas não paro aqui. Vou mais longe, pois não dou a oportunidade de ter inspirações a respeito dos seus sonhos apenas ao paciente; dou-a a mim também. Minhas ideias e opiniões também lhe são propostas. Se surtirem efeito pela simples sugestão, tanto melhor, pois, como se sabe, só nos deixamos sugestionar por aquilo que, de alguma forma, já estamos preparados a receber. Nesse jogo de adivinhação, às vezes nos enganamos; mas não tem importância. Na primeira oportunidade, o engano será rejeitado, como um corpo estranho. Não é preciso provar que a minha maneira de interpretar o sonho está correta. Não teria sentido. Mas o que é preciso fazer é procurar, junto com o paciente, o fator *eficaz* – quase ia dizendo, a coisa *verdadeira*.

[96]   Por isso, é de extrema importância para mim ter a maior quantidade de informações possível, a respeito da psicologia primitiva, da

mitologia, arqueologia e história das religiões comparadas, pois essas áreas me fornecem preciosíssimas analogias, que servem para enriquecer as inspirações dos meus pacientes. Juntos poderemos fazer com que as coisas, aparentemente sem sentido, se acerquem da zona rica em significado, favorecendo consideravelmente as ocasiões de se produzir a coisa eficaz. Aliás, para o leigo – que já fez o que estava ao seu alcance no nível pessoal e racional, e, mesmo assim, não conseguiu descobrir qualquer sentido ou satisfação – a oportunidade de poder penetrar na esfera irracional da vida e da experiência, vai ter uma importância incalculável. Com isso, também mudará o seu dia a dia normal, que até pode adquirir um novo interesse. Afinal, a maioria das coisas depende muito mais da maneira como as encaramos, e não de como são em si. Vale muito mais a pena viver as pequeninas coisas com sentido, do que as maiores, sem sentido algum.

Creio não subestimar o risco deste empreendimento. É como se [97] estivéssemos começando a construir uma ponte em direção ao céu. Poder-se-ia até objetar ironicamente – isso, aliás, já foi feito muitas vezes – que ao procederem assim, médico e paciente, no fundo, só estão fantasiando juntos.

Essa objeção nem é um contra-argumento, pois acerta o alvo em [98] cheio. O meu esforço consiste justamente em fantasiar junto com o paciente. Pois não é pouca a importância que dou à fantasia. Em última análise, a fantasia é para mim o poder criativo materno do espírito masculino. No fundo, no fundo, nunca superamos a fantasia. Existem fantasias sem valor, deficientes, doentias, insatisfatórias, não resta a menor dúvida. Em pouco tempo, qualquer pessoa de mente sadia percebe a esterilidade de tais fantasias. No entanto, como é sabido, o erro não invalida a regra. Toda obra humana é fruto da fantasia criativa. Se assim é, como fazer pouco caso do poder da imaginação? Além disso, normalmente, a fantasia não erra, porque a sua ligação com a base instintual humana e animal é por demais profunda e íntima. É surpreendente como ela sempre chega a propósito. O poder da imaginação, com sua atividade criativa, liberta o homem da prisão da sua pequenez, do ser "só isso", e o eleva ao estado lúdico. O homem, como diz Schiller, "só é totalmente homem, quando brinca"[12].

[99]   O que viso é produzir algo de eficaz, é produzir um estado psíquico, em que meu paciente comece a fazer experiências com seu ser, um ser em que nada mais é definitivo nem irremediavelmente petrificado; é produzir um estado de fluidez, de transformação e de vir a ser. Minha técnica só pode ser apresentada em seus princípios, evidentemente. Os leitores que, por acaso, estão familiarizados com a minha obra, podem extrair os paralelos necessários. Gostaria apenas de destacar aqui que a minha maneira de proceder não pode ser interpretada como não tendo metas nem limites. De fato, a regra que sempre sigo é nunca ir além do significado contido no fator eficaz; em cada caso, esforço-me apenas para que o paciente tome, o quanto possível, consciência desse significado, a fim de que ele perceba que o mesmo também tem uma dimensão que ultrapassa o nível pessoal. Explico-me: quando algo sucede a alguém e essa pessoa acredita que só a ela isso pode acontecer – e na realidade o mesmo acontece a muita gente – ela está tendo, evidentemente, uma atitude incorreta, demasiadamente pessoal. Por isso é excluída da comunidade humana. Da mesma forma, é preciso não só ter uma consciência pessoal do momento presente, mas também uma consciência que transcenda o pessoal, cuja alma perceba a continuidade histórica. Por mais abstrato que possa parecer, é uma realidade encontrada na prática que a causa de inúmeras neuroses está principalmente no fato de as necessidades religiosas da alma não serem mais levadas a sério, devido à paixão infantil do entendimento racional. Afinal, o psicólogo dos nossos dias deveria saber que o que importa já não são dogmas e credos, mas sim toda uma atitude religiosa, que tem uma função psíquica de incalculável alcance. A continuidade histórica é imprescindível justamente para essa função religiosa.

---

12. SCHILLER. *Über die ästhetische Erziehung des Menschen*. 15ª carta.

Voltando ao problema da minha técnica, pergunto-me até que [100] ponto posso considerar que Freud contribuiu para sua elaboração. Em todo caso, aprendi esta técnica a partir do método da livre-associação de Freud e a considero um aperfeiçoamento diretamente decorrente dela.

Enquanto o paciente necessitar da minha ajuda para descobrir os [101] momentos eficazes dos seus sonhos, e eu tiver que esforçar-me por mostrar-lhe o sentido geral de seus símbolos, ele ainda não saiu do estado psíquico infantil. Por um lado, ele depende dos seus sonhos e se pergunta, ansioso, se o sonho seguinte vai iluminar um novo trecho de sua vida. Por outro, depende das minhas ideias a respeito – se eu as tiver – para que os meus conhecimentos lhe proporcionem outros *insights*. Logo, seu estado ainda é passivo e pouco propício; tudo ainda é um tanto inseguro e duvidoso. Porque nem ele nem eu sabemos para onde nos conduz a viagem. Muitas vezes não passa de um tatear nas trevas, nas trevas bíblicas do Egito. Nesse estado, nem se espera uma eficácia maior, pois a incerteza é grande demais. Além disso, corremos frequentemente o perigo de que o tecido que tecemos durante o dia se desmanche durante a noite. O perigo a que me refiro é que nada se construa – no sentido concreto da palavra – isto é, que nada permaneça de pé. Nessas situações, não raro, sobrevêm um sonho particularmente colorido ou com estranhas figuras. O paciente, então, me diz: "Sabe? se eu fosse pintor, pintaria um quadro desse sonho". Ou então, os sonhos falam de fotografias, de desenhos ou pinturas, de iluminuras ou cinema.

Tenho tirado proveito desses avisos. Por isso estimulo meus pa- [102] cientes, nessas horas, a pintar de verdade o que viram no sonho ou na fantasia. Em geral objetam que não são pintores: costumo responder que os pintores, hoje em dia, também não o são, que atualmente a arte é totalmente livre, e que o que importa não é a perfeição do quadro, mas unicamente o esforço que se faz para pintá-lo. Recentemente, pude observar o quanto era verdadeira essa afirmação numa cliente minha, retratista profissional de grande talento. Suas tentativas iniciais foram desajeitadas como as de uma criança, até conseguir pintar do modo que eu lhe sugeria. Era literalmente como se jamais tivesse segurado um pincel na mão. É que a arte de pintar exterior é bem diferente do que pintar de dentro para fora.

[103]   Assim sendo, muitos dos meus pacientes mais adiantados começam a pintar. Compreendo que as pessoas fiquem profundamente intrigadas com esse diletantismo totalmente inútil. Mas não podemos esquecer que não se trata de pessoas que ainda não tiveram oportunidade de provar sua utilidade social, e sim, de pessoas que já não conseguem encontrar sua razão de ser na utilidade social, e que se defrontam com a questão mais profunda e mais perigosa do sentido da sua vida individual. Ser uma partícula dentro da massa só tem atrativo e sentido para quem nunca chegou a sê-lo; não para quem já o viveu até o fastio total. O sentido da vida individual e sua importância podem ser negados por aquele que está abaixo do nível normal de ajustamento dentro da sociedade, e será negada sempre por aquele cuja ambição é ser criador de rebanhos. Quem não pertence nem a uma, nem à outra dessas categorias, confrontar-se-á, mais cedo ou mais tarde, com esse penoso problema.

[104]   Ainda que ocasionalmente os meus pacientes produzam obras de grande beleza, boas para serem expostas em mostras de "arte" moderna, eu as considero totalmente desprovidas de valor artístico, quando medidas pelos padrões da arte verdadeira. É essencial até que não tenham valor, pois, do contrário, meus pacientes poderiam considerar-se artistas, e isso seria fugir totalmente à finalidade do exercício. Não é arte, e aliás, nem deve sê-lo. É bem mais do que isso; é algo bem diverso do que simplesmente arte; trata-se da eficácia da vida sobre o próprio paciente. Aquilo que do ponto de vista social não é valorizado, passa a ocupar aqui o primeiro plano, isto é, o sentido da vida individual, que faz com que o paciente se esforce por traduzir o indizível em formas visíveis. Desajeitadamente. Como uma criança.

[105]   Mas, afinal, por que razão levo os pacientes a se exprimirem por meio de um pincel, de um lápis, de uma pena, quando atingem um certo estágio em sua evolução?

Antes de mais nada, o que interessa é que se produza um efeito. No [106] estágio psicológico infantil acima descrito, o paciente permanece passivo. Nesta fase, passa a ser ativo. Passa a representar coisas que antes só via passivamente e dessa maneira elas se transformam em um ato seu. Não se limita a falar do assunto. Também o executa. Psicologicamente isso faz uma diferença incalculável: uma conversa interessante com o terapeuta, algumas vezes por semana, mas com resultados que – de alguma forma – ficam no ar, é totalmente diferente do que ficar horas a fio, às voltas com obstinados pincéis e tintas, para produzir algo, que à primeira vista parece não ter o menor sentido. Se para o paciente esse pintar realmente não tivesse sentido, o esforço exigido lhe repugnaria tanto, que dificilmente o convenceríamos a pegar no pincel uma segunda vez. Mas é porque a sua fantasia não lhe parece totalmente desprovida de sentido que, ao ativá-la, o efeito se acentua. Além disso, a execução material do quadro obriga-o a contemplar cuidadosa e constantemente todos os seus detalhes. Isso faz com que o efeito seja plenamente desenvolvido. Desse modo, introduz-se na fantasia um momento de realidade, o que lhe confere um peso maior e, consequentemente, lhe aumenta o efeito. A pintura de quadros pelo próprio paciente produz efeitos incontestáveis, embora esses efeitos sejam difíceis de descrever. Basta, por exemplo, que um paciente perceba que, por diversas vezes, o fato de pintar um quadro o liberta de um estado psíquico deplorável, para que ele lance mão desse recurso cada vez que seu estado piora. O valor dessa descoberta é inestimável, pois é o primeiro passo para a independência, a passagem para o estado psicológico adulto. Usando esse método – se me for permitido usar este termo – o paciente pode tornar-se independente em sua criatividade. Já não depende dos sonhos, nem dos conhecimentos do médico, pois, ao pintar-se a si mesmo – digamos assim – ele está se plasmando. O que pinta são fantasias ativas – aquilo que está mobilizado dentro de si. E o que está mobilizado é ele mesmo, mas já não mais no sentido equivocado anterior, quando considerava que o seu "eu" pessoal e o seu "*self*" eram uma e a mesma coisa. Agora há um sentido novo, que antes lhe era desconhecido: seu eu aparece como objeto daquilo que está atuando dentro dele. Numa série interminável de quadros, o paciente esforça-se por representar, exaustivamente, o que sente mobilizado dentro de si, para descobrir, finalmente, que é o eterno desconhecido, o eternamente outro, o fundo mais fundo da nossa alma.

[107]   Não me é possível dizer quais os pontos de vista e os valores que são assim modificados, nem como o centro de gravitação da personalidade é deslocado. É como se a terra tivesse descoberto que o sol é o centro das trajetórias dos planetas e do seu próprio percurso.

[108]   Mas então já não sabíamos essas coisas há muito tempo? Acredito que sim. Mas quando sei alguma coisa, o outro dentro de mim está longe de sabê-lo, pois, na realidade, vivo como se não o soubesse. A maioria dos meus pacientes sabia-o, mas não o vivia. E por que não o vivia? Certamente pelo mesmo motivo que faz com que todos nós vivamos a partir do eu. É esta a razão por que *superestimamos o consciente*.

[109]   Para o jovem que ainda não se ajustou e nem obteve sucesso na vida, é extremamente importante formar o seu eu consciente da maneira mais eficaz possível, isto é, educar a sua vontade. A não ser que seja um gênio, ele nem deve acreditar que algo esteja atuando dentro dele que não se identifique com a sua vontade. Ele tem que se sentir um ser volitivo. Convém até que desvalorize as outras coisas dentro de si, ou que as considere dependentes de sua vontade, pois sem essa ilusão provavelmente não conseguiria ajustar-se socialmente.

[110]   Mas as coisas mudam quando o homem entra na segunda metade da vida. Aí ele já não tem necessidade de educar sua vontade consciente, mas precisa da experiência do seu próprio ser, para entender o sentido da sua vida individual. Para ele, a utilidade social já deixou de ser um fim, embora não lhe negue o valor. Sente sua atividade criadora – cuja inutilidade social lhe parece evidente – como um trabalho que lhe é benéfico. Sua atividade também vai libertá-lo progressivamente da dependência doentia; com isso, vai adquirindo firmeza interior e renovando sua autoconfiança. Estas últimas conquistas, por sua vez, vão

reverter em novos benefícios para a vida social do paciente. Pois uma pessoa interiormente segura e autoconfiante está mais bem preparada para suas funções sociais do que alguém que não está bem com o seu inconsciente.

Evitei ao máximo a teoria propositadamente, para que a minha conferência não se tornasse pesada; por isso, deixei diversos pontos obscuros, sem explicação. No entanto, para que os quadros produzidos pelos meus pacientes se tornem inteligíveis, sou obrigado a me deter em certos conceitos teóricos. Todos esses quadros têm um caráter marcadamente simbólico e primitivo, o que se manifesta tanto através do desenho quanto da cor. Em geral, as cores são de uma intensidade selvagem, e frequentemente se nota um inconfundível arcaísmo. Estas características indicam a natureza das forças criativas subjacentes. Trata-se de tendências irracionais, simbológicas, de caráter histórico ou arcaico tão definido, que não é difícil traçar o seu paralelo com formações semelhantes na arqueologia e na história das religiões comparadas. Assim sendo, é lícito supor que os nossos trabalhos pictóricos provenham principalmente das regiões da psique, que designei como *inconsciente coletivo*. Entendo por esta expressão um funcionamento psíquico inconsciente, genérico, humano, que está na origem não só das nossas representações simbológicas modernas, mas também de todos os produtos análogos do passado da humanidade. Tais imagens brotam de uma necessidade natural, e esta, por sua vez, é por elas satisfeita. É como se a psique, ao remontar ao estado primitivo, se exprimisse nessas imagens, e assim obtivesse uma possibilidade de funcionar em conjunto com o nosso consciente, que é de natureza diferente, e isso eliminasse – ou melhor, satisfizesse – as exigências da psique que perturbam o consciente. Devo acrescentar, contudo, que a atividade meramente pictórica, em si, não basta. Além dessas representações, é necessário compreender intelectual e emocionalmente as imagens, a fim de integrá-las ao consciente, não só racional, mas também moralmente. Elas também têm que ser submetidas a um trabalho de interpretação sintética. Apesar de ter percorrido esse caminho com muitos pacientes, individualmente,

[111]

até agora ainda não consegui esclarecer e publicar o processo em todas as suas particularidades[13]. Por enquanto, isso só foi feito parcialmente. O terreno que pisamos é totalmente inexplorado, e o que importa, em primeiro lugar, é adquirir suficiente experiência. Por motivos extremamente sérios, quero evitar – por se tratar deste campo precisamente – toda conclusão precipitada. Está em jogo um processo vital, extraconsciente da alma, que aqui temos a oportunidade de observar indiretamente. Ainda não sabemos até que desconhecidas profundezas o nosso olhar pode penetrar nesse processo. Como dei a entender há pouco, parece que se trata de uma espécie de procura do centro. Muitas imagens decisivas – percebidas como tais principalmente pelo próprio paciente – apontam nessa direção. Nesse processo da procura do centro, parece que o que chamamos de eu ocupa uma posição periférica. Ao que parece, essa mudança é provocada pelo afloramento da parte histórica da alma. Por ora, a finalidade desse fenômeno permanece obscura. A única coisa que podemos constatar é seu notável efeito sobre a personalidade consciente. O fato de essa mudança intensificar a sensação de vida e manter a sua fluidez deve levar-nos a concluir que uma função toda especial lhe é inerente. Poderíamos falar de uma nova ilusão. Mas o que é ilusão? De que pontos de vista nos permitem definir algo como ilusório? Será que existe algo dentro da alma que possa ser chamado de "ilusão"? Quem sabe se essa ilusão é para a alma a forma mais importante e indispensável de vida, como o oxigênio para o organismo? Aquilo que chamamos de "ilusão" é, talvez, uma realidade psíquica de suprema importância. A alma, provavelmente, não se importa com as nossas categorias de realidade. Parece que para ela é *real* tudo o que antes de mais nada é *eficaz*. Quem quiser sondar a alma, não pode confundi-la com o seu consciente, senão acabará ocultando o objeto da pesquisa a seus próprios olhos. Muito pelo contrário, ainda temos que descobrir o quanto a alma difere do consciente para sermos capazes de reconhecê-la. Logo, a coisa mais provável é que é para ela realidade o

---

13. Desde então esta falha foi superada. Ver *Zur Empirie des Individuationsprozesses*.

que nós chamamos de ilusão, e, portanto, nada seria mais incomensurável do que medir a realidade anímica pelos nossos padrões conscientes. Para o psicólogo, nada há de mais estúpido do que o ponto de vista do missionário que declara ilusórios os deuses dos pobres pagãos. No entanto, infelizmente, hoje ainda se costuma dogmatizar, como se aquilo que chamamos de realidade também não fosse ilusório. No domínio psíquico, como na experiência em geral, realidade são os fatores eficazes. Não importa quais os nomes que o homem lhes dê. O importante é entender essas realidades como tais, dentro da medida do possível. Não se trata de substituir um nome por outro. Assim sendo, o espírito não deixa de ser espírito para a alma, ainda que o chamemos de sexualidade.

Repito: esses nomes e mudanças de nomes nada têm a ver com a [112] essência do processo descrito. Como todo o estar aí (*Seiende*), ele não se esgota nos conceitos racionais do consciente. Por conseguinte, os meus pacientes têm razão quando preferem as imagens e as interpretações simbólicas, como o que há de mais adequado e eficaz.

É isso, mais ou menos, o que tinha a apresentar, numa exposição [113] como esta, sobre as linhas gerais dos conceitos e intenções da minha terapia. Dou-me por satisfeito, se pôde servir de estímulo. Apenas de estímulo.

4
Tipologia psicológica[14]

[979]   Caráter é a forma individual estável da pessoa. A forma é de natureza corporal e também psíquica, por isso a caracterologia em geral é uma
doutrina das características tanto físicas quanto psíquicas. A enigmáti-
ca unidade da natureza viva traz consigo que a característica corporal
não é simplesmente corporal e a característica psíquica não é simplesmente psíquica, pois a continuidade da natureza não conhece aquelas
incompatibilidades e distinções que a razão humana precisa colocar a
fim de poder entender. A separação entre corpo e alma é uma operação
artificial, uma discriminação que se baseia menos na natureza das coisas do que na peculiaridade da razão que conhece. A intercomunicação
das características corporais e psíquicas é tão íntima que podemos tirar
conclusões não só a partir da constituição do corpo sobre a constituição
da psique, mas também da particularidade psíquica sobre as correspondentes formas corporais dos fenômenos. É verdade que o último processo é bem mais difícil, não porque o corpo é menos influenciado pela
psique do que a psique pelo corpo, mas porque, partindo da psique, temos que concluir do desconhecido para o conhecido, enquanto que no
caso inverso temos a vantagem de começar pelo conhecido, ou seja, pelo
corpo visível. Apesar de toda a psicologia que acreditamos hoje possuir,
a alma continua sendo bem mais obscura do que a superfície visível do
corpo. A psique continua sendo um terreno estranho, pouco explorado,

---

14. Conferência pronunciada no encontro de médicos de doentes mentais, Zurique, 1928.
Cf. *Seelenprobleme der Gegenwart*, p. 101s.

do qual temos notícias apenas por vias indiretas, fornecidas pelas funções da consciência que, por sua vez, estão expostas a possibilidades de erro quase infindas.

O caminho mais seguro parece, portanto, e com razão, ser o que vai de fora para dentro, do conhecido para o desconhecido, do corpo para a alma. Foi por isso que todas as tentativas de caracterologia começaram de fora: a astrologia nos tempos antigos começava no espaço cósmico para chegar às linhas do destino que, segundo Seni de Wallenstein, estão dentro da própria pessoa. O mesmo acontece com a quiromancia, a frenologia de Gall, a fisiognomia de Lavater e, modernamente, com a grafologia, a tipologia fisiológica de Kretschmer e a técnica de Rorschach. Como se vê, não faltam caminhos que vão de fora para dentro, do corporal para o psíquico. [980]

Esta direção de fora para dentro tem que ser trilhada pela pesquisa até que se possam estabelecer, com relativa segurança, certos fatos elementares da psique. Uma vez estabelecidos, o caminho pode ser invertido. Podemos, então, formular a pergunta: quais são as expressões corporais de um fato psíquico determinado? Infelizmente ainda não progredimos o suficiente para formular esta pergunta, pois seu requisito básico, a constatação satisfatória do fato psíquico, está longe de ser atingido. Apenas começamos a ensaiar a composição de um inventário psíquico, e isto com maior ou menor êxito. [981]

A simples constatação que certas pessoas se manifestam dessa ou daquela forma não significa nada, se não nos levar a inferir uma correlação psíquica. Só estaremos satisfeitos quando soubermos o tipo de psique que corresponde a determinada constituição corporal. O corpo nada significa sem a psique, da mesma forma que a psique nada significa sem o corpo. Se nos dispusermos a inferir um correlato psíquico a partir de uma característica física, estaremos concluindo, como já ficou dito, do conhecido para o desconhecido. [982]

Infelizmente devo frisar bem esta parte porque a psicologia é, por assim dizer, a mais nova de todas as ciências e está, portanto, sujeita a [983] muitos preconceitos. O fato de só ter sido descoberta há pouco mostra que levamos muito tempo para separar o psíquico do sujeito de tal forma que pudéssemos transformá-lo em material de conhecimento objetivo. A psicologia como ciência natural é realmente a mais nova aquisição; até há pouco era um produto tão fantástico e arbitrário quanto a ciência natural da Idade Média. Acreditava-se que psicologia podia ser feita por decreto. E este preconceito ainda nos acompanha a olhos vistos. O psíquico é para nós o mais imediato e, por isso, aparentemente, o mais conhecido. Além de sumamente conhecido, ele nos enfada, nos aborrece com a banalidade de sua incessante vulgaridade quotidiana; sofremos, inclusive, com isso e fazemos todo o possível para não termos que pensar nisso. Sendo a psique o próprio imediatismo, e sendo nós mesmos a própria psique, somos quase forçados a aceitar que a conhecemos perfeita, duradoura e inquestionavelmente. É por isso que todos têm não só opinião sobre psicologia, mas também a convicção de que conhecem o assunto melhor do que ninguém. Os psiquiatras, por terem que lidar com o proverbial conhecimento dos parentes e guardiãcs de seus pacientes, foram talvez os primeiros, como grupo profissional, a se defrontarem com o cego preconceito das massas, de que, em matéria de psicologia, cada qual sabe mais de si do que os outros. Isto não impede que o psiquiatra seja aquele que sabe mais e, inclusive, a ponto de confessar: "Nesta cidade só há duas pessoas normais. A outra é o professor X".

[984]   Na psicologia de hoje somos forçados a admitir que o psíquico, na qualidade de mais imediato, é o mais desconhecido, ainda que pareça o mais plenamente conhecido, e que qualquer um outro provavelmente nos conhece melhor do que nós a nós próprios. Sem dúvida, isto seria um princípio heurístico muito útil por onde começar. Mas precisamente por ser a psique tão imediata é que a psicologia foi descoberta tão tarde. E, por estarmos ainda nos inícios de uma ciência, é que nos faltam conceitos e definições para apreender os fatos. Faltam conceitos e definições, mas não faltam fatos. Pelo contrário, somos cercados, quase encobertos pelos fatos, em flagrante contraste com a situação das outras

ciências onde devemos, por assim dizer, procurá-los e cujo grupamento natural, como no caso dos elementos químicos e das famílias de plantas, nos dá um conceito só compreensível *a posteriori*. Bem diferente é a situação com a psique: aqui uma atitude com visão empírica nos mergulha apenas na torrente sem fim de nosso acontecer psíquico subjetivo e, quando surge dessa engrenagem qualquer conceito generalizador, trata-se, na maioria das vezes, de mero sintoma. E, por sermos nós também psique, é quase inevitável que, ao darmos livre-curso ao processo psíquico, sejamos nele confundidos e fiquemos privados de nossa capacidade de reconhecer distinções e fazer comparações.

Esta é uma das dificuldades. A outra é o fato de que, na medida [985] em que nos afastamos dos fenômenos espaciais e nos aproximamos da não espacialidade da psique, perdemos também a possibilidade de uma mensuração exata. Até mesmo a constatação dos fatos se torna difícil. Se desejo, por exemplo, frisar a irrealidade de alguma coisa, digo que apenas a pensei. "Não teria tido esta ideia se não [...] e, aliás, não costumo pensar essas coisas". Observações desse tipo são muito comuns e indicam quão nebulosos são os fatos psíquicos ou, ainda, quão vagos parecem subjetivamente, quando, na realidade, são tão objetivos e determinados como outro conhecimento qualquer. Realmente pensei isto e aquilo, não importando as condições e cláusulas desse processo. Muitas pessoas têm que ir formalmente ao encontro dessa concessão, por assim dizer evidente, e, às vezes, com o maior esforço moral.

Se concluirmos sobre a situação psíquica a partir do conhecido dos [986] fenômenos externos, então encontraremos essas dificuldades.

Meu campo de trabalho específico não é o estudo clínico de carac- [987] terísticas externas, mas a pesquisa e classificação dos dados psíquicos possíveis de estabelecer por conclusões. Desse trabalho resulta, em primeiro lugar, uma fenomenologia psíquica que permite uma correspondente teoria estrutural e, pelo emprego empírico da teoria estrutural, chega-se finalmente a uma tipologia psicológica.

[988]   A fenomenologia clínica é sintomatologia. O passo da sintomatologia para a fenomenologia psíquica é comparável à evolução da pura patologia sintomática para o conhecimento da patologia celular e metabólica, pois a fenomenologia psíquica nos permite a observação dos processos psíquicos subjacentes e que são a base dos sintomas manifestos. Como se sabe, este progresso foi conseguido pelo uso de métodos analíticos. Hoje em dia temos real conhecimento daqueles processos psíquicos que produzem sintomas psicógenos e, dessa forma, está lançada a base de uma fenomenologia psíquica, pois a teoria dos complexos nada mais é do que isto. O que quer que ocorra nos recessos obscuros da psique – e existem várias opiniões acerca disto – uma coisa é certa: são, antes de tudo, conteúdos carregados de afeto, os assim chamados *complexos* que gozam de certa autonomia. Já rejeitamos várias vezes a expressão "complexo autônomo", mas, parece-me, sem razão, porque os conteúdos ativos do inconsciente mostram na realidade um comportamento que eu não saberia qualificar de outra forma que não pela palavra "autônomo". Este termo significa a capacidade dos complexos de resistir às intenções da consciência, de ir e vir a seu bel-prazer. De acordo com tudo que conhecemos deles, os complexos são grandezas psíquicas que escaparam do controle da consciência. Separados dela, levam uma existência à parte na esfera obscura da psique de onde podem, a qualquer hora, impedir ou favorecer atividades conscientes.

[989]   Aprofundamento ulterior da teoria dos complexos leva logicamente ao problema do *surgimento dos complexos.* Também sobre isso existem diversas teorias. Independentemente dessas, mostra a experiência que os complexos sempre contêm algo como um conflito ou, no mínimo, dão origem a ele ou dele provêm. Como quer que seja, as características do conflito, do choque, da consternação, do escrúpulo e da incompatibilidade são próprias dos complexos. São os assim chamados "fantasmas" (wunde Punkte), em francês *bêtes noires,* em inglês *skeletons in the cupboard,* dos quais não gostamos de nos lembrar e, muito menos, que os outros deles nos lembrem, mas que se apresentam à nossa

lembrança sem pedir licença e da forma mais indesejável possível. Sempre trazem consigo recordações, desejos, temores, deveres, necessidades ou introspecções com os quais não sabemos bem o que fazer, e que, portanto, imiscuem-se em nossa vida consciente sempre de maneira perturbadora e perniciosa.

Sem dúvida os complexos são uma espécie de inferioridade no sentido mais amplo; mas quero sublinhar de saída que um complexo ou ter um complexo não significa logo uma inferioridade. Quer dizer apenas que existe algo discordante, não assimilado e conflitivo, um obstáculo talvez, mas também um incentivo para maiores esforços e, com isso, talvez nova possibilidade de sucesso. Neste sentido, os complexos são precisamente focos ou entroncamentos da vida psíquica que não gostaríamos de dispensar, que não *deveriam* faltar, caso contrário a atividade psíquica entraria em estado de paralisação fatal. Eles mostram ao indivíduo os problemas não resolvidos, o lugar onde sofrem, ao menos provisoriamente, uma derrota, onde existe algo que ele não pode esquecer ou superar, enfim o *ponto fraco,* no mais amplo sentido da palavra. [990]

Este caráter do complexo traz muita luz para seu aparecimento. Surge obviamente do choque entre uma necessidade de adaptação e a constituição especial e inadequada do indivíduo para suprir esta necessidade. Visto assim, o complexo é um sintoma valioso para diagnosticar uma disposição individual. [991]

A experiência nos mostra que há uma variedade infinda de complexos, mas uma cuidadosa comparação leva a concluir que há relativamente poucas formas, básicas e típicas, todas elas fundamentando-se nas primeiras vivências da infância. Isto tem que ser assim, pois a disposição individual já se manifesta na infância, uma vez que é inata e não adquirida no decurso da vida. O complexo parental nada mais é, portanto, do que o primeiro choque entre a realidade e a constituição inadequada do indivíduo neste aspecto. A primeira forma de complexo tinha que ser, portanto, um complexo parental, pois os pais são a primeira realidade com a qual a criança pode entrar em conflito. [992]

[993]   A existência de um complexo parental nos diz o mesmo que nada sobre a constituição adequada do indivíduo. A experiência prática logo nos mostra que o essencial não está no fato da existência de um complexo parental, mas no modo especial como o complexo atua no indivíduo. E aqui se verificam as mais diferentes variações que podemos atribuir, apenas em grau ínfimo, à constituição especial da influência dos pais porque, frequentes vezes, mais crianças são expostas concomitantemente à mesma influência e, apesar disso, reagem da maneira mais diversa que se possa imaginar.

[994]   Voltei minha atenção exatamente para essas diferenças achando que por meio delas conseguiria discernir as peculiaridades das disposições individuais. Por que, numa família neurótica, uma criança reage com histeria, outra com neurose compulsiva, uma terceira com psicose e uma quarta talvez com nada disso? Esse problema da "escolha da neurose", com o qual também Freud se defrontou, tira do complexo parental como tal o significado etiológico, pois a questão deriva mais para o indivíduo que reage e para sua disposição específica.

[995]   Ainda que as tentativas de Freud para solucionar este problema me deixem insatisfeito, eu mesmo não estou em condições de responder à questão. Julgo ser prematura a mera formulação do problema da escolha da neurose. Antes de abordarmos este problema sumamente difícil, precisamos saber muito mais sobre *como o* indivíduo reage. A questão é esta: como reagimos a um obstáculo? Exemplo: chegamos à beira de um riacho sobre o qual não há ponte, mas que é largo demais para ser transposto com um simples passo. Temos que dar um salto. Para isso, temos à nossa disposição um sistema funcional bem complicado, isto é, o sistema psicomotor, uma função já pronta, bastando ser ativada. Mas, antes que isto ocorra, verifica-se algo puramente psíquico: a *decisão* sobre o que deve ser feito. E aqui têm lugar os acontecimentos individuais decisivos, mas que, raras vezes ou nunca, são reconhecidos pelo sujeito como característicos, pois, em geral, não se vê a si mesmo ou, apenas, em último caso. Assim como para saltar é colocado habitualmente à

disposição o aparelho psicomotor, também para a decisão sobre o que deve ser feito existe habitualmente (e, por isso, inconscientemente) à disposição um aparelho exclusivamente psíquico.

As opiniões divergem muito sobre a composição desse aparelho; [996] certo é apenas que todo indivíduo tem seu modo costumeiro de tomar decisões e superar dificuldades. Se perguntarmos a um deles, dirá que saltou sobre o rio porque gosta de saltar; um outro dirá que saltou porque não havia outra possibilidade; e um terceiro dirá que todo obstáculo é um estímulo para superá-lo. Um quarto não saltou porque detesta esforços inúteis; e um quinto também não porque não havia maior necessidade de passar para o outro lado.

Escolhi de propósito este exemplo banal para mostrar como parecem irrelevantes tais motivações e, até mesmo, fúteis, a ponto de estarmos propensos a relegá-las em seu todo e substituí-las por nossa própria explicação. Mas são precisamente estas variações que possibilitam a valiosa introspecção no sistema individual de adaptação psíquica. Tomemos o primeiro caso, em que o indivíduo salta sobre o riacho por diversão. Em outras situações da vida, provavelmente notaremos que seu fazer e deixar de fazer se pautam, em grande parte, por este aspecto. O segundo, que saltou porque não havia outra possibilidade, podemos vê-lo passar pela vida cautelosa e apreensivamente, sempre se orientando pela *faute-de-mieux* (falta de coisa melhor) etc. Em todos esses casos estão à disposição sistemas psíquicos especiais aos quais são confiadas as decisões. É fácil supor que essas atitudes são legião. Sua multiplicidade individual é tão inesgotável como as variedades de cristais, mas que fazem parte, sem dúvida, desse ou daquele sistema.

Assim como os cristais apresentam leis fundamentais relativamente [998] simples, também as atitudes mostram certas peculiaridades básicas que as remetem a grupos bem determinados.

As tentativas do espírito humano de construir tipos e, assim, colocar [999] ordem no caos dos indivíduos são antiquíssimas. A tentativa mais antiga neste sentido foi feita pela astrologia do Antigo Oriente nos assim chamados trígonos dos quatro elementos: ar, água, terra e fogo. O trígono do ar consiste, no horóscopo, dos três zodíacos do ar: aquário, gêmeos e libra; o do fogo, dos três zodíacos do fogo: áries, leão e sagitário etc. Segundo esta antiquíssima concepção, quem nascesse nesse trígono teria parte nessa natureza aérea ou fogosa e apresentaria um temperamento e destino correspondentes. Por isso a tipologia *fisiológica* da Antiguidade, ou seja, a divisão em quatro temperamentos humorais, está em íntima conexão com as concepções cosmológicas ainda mais antigas. O que antigamente era representado pelos signos do zodíaco foi, depois, expresso na linguagem fisiológica dos antigos médicos, isto é, pelas palavras *fleumático, sanguíneo, colérico* e *melancólico*, que apenas designam as secreções corporais. Como sabemos, essa tipificação durou, no mínimo, mil e oitocentos anos. No que se refere à tipologia astrológica, para espanto da mentalidade esclarecida, ela permanece intacta e recebe, inclusive, novo florescimento.

[1.000]   Este retrospecto histórico nos tranquiliza quanto ao fato de que nossas tentativas modernas de tipologia não são novas e nem originais, ainda que nossa consciência científica nos permita retomar esses caminhos antigos e intuitivos. Temos que achar nossa própria resposta para o problema, e uma resposta que satisfaça os anseios da ciência.

[1.001]   E aqui se apresenta a dificuldade principal do problema tipológico, isto é, a questão de padrões ou critérios. O critério astrológico era simples: consistia na constelação imperante na hora do nascimento. A questão de saber como o zodíaco e os planetas podiam conter qualidades temperamentais penetra no obscuro nevoeiro da pré-história e fica sem resposta. O critério dos quatro temperamentos psicológicos da Antiguidade era a aparência e o comportamento do indivíduo, exatamente como na tipificação psicológica atual. Mas, qual deve ser o critério de uma tipologia psicológica?

[1.002]   Lembremos o exemplo dos indivíduos que deviam passar por sobre um riacho. Como e segundo que pontos de vista devemos classificar suas motivações habituais? Um deles o faz por diversão, outro porque se não o fizesse seria pior, um terceiro não o faz porque tem outra opinião etc. A série de possibilidades parece infinda e sem maiores perspectivas para o problema.

Não sei como os outros procedem em relação a esta tarefa. Só [1.003] posso dizer como eu tratei o assunto e, quando me objetam que meu modo de resolver o problema é apenas o meu preconceito pessoal, devo concordar. E esta objeção é tão válida que eu não saberia defender-me contra ela. Só me ocorre trazer o exemplo de Colombo que, baseado em suposições subjetivas, em falsa hipótese, e seguindo caminho abandonado pelos navegadores da época, descobriu a América. Aquilo que contemplamos e o modo como o contemplamos sempre o fazemos com nossos próprios olhos. Por isso a ciência não é feita por um só, mas sempre exige o concurso de muitos. O indivíduo pode dar sua contribuição e, neste sentido, ouso falar do *meu* modo de ver as coisas.

Minha profissão obrigou-me desde sempre a levar em considera- [1.004] ção a peculiaridade dos indivíduos e a especial circunstância de que ao longo dos anos – não sei quantos – ter que tratar de inúmeros casais ligados pelo matrimônio e ter que torná-los plausíveis um ao outro, homem e mulher, enfatizou mais ainda a obrigação e necessidade de estabelecer certas verdades médias. Quantas vezes, por exemplo, tive de dizer: "Sua mulher é de constituição tão ativa que não se pode esperar que sua vida toda se resuma a cuidar do lar". Isto já é uma tipificação, uma espécie de verdade estatística. Existem naturezas *ativas* e *passivas*. Mas esta verdade rudimentar não me satisfazia. Minha próxima tentativa foi dizer que havia algo como naturezas *reflexivas* e *irrefletidas*, pois percebera que muitas naturezas aparentemente passivas não eram, na verdade, tão passivas, mas sim *premeditativas*. Essas examinam, primeiro, a situação e só depois agem; e por assim procederem habitualmente, desperdiçam oportunidades onde é preciso agir imediatamente, sem premeditação, dando a impressão de serem passivas. Os irrefletidos sempre me pareciam pessoas que saltavam para dentro de uma situação com os dois pés, para só então pensarem que talvez tivessem entrado num brejo. Podíamos, portanto, designá-los irrefletidos, o que parecia mais adequado do que ativos, pois a premeditação do outro é, às vezes, uma atividade muito importante e um agir muito responsável em vista do fogo de palha impensado de uma simples ocupação. Mas de pronto descobri que a lentidão de um nem sempre era premeditação e o agir rápido de outro também não era irreflexão. A hesitação do primeiro repousa muitas vezes numa timidez habitual ou, ao menos, num retro-ceder instintivo diante de tarefa grande demais; a atividade imediata do outro se torna possível devido a uma autoconfiança quase desmedida em relação ao objeto. Esta observação fez com que eu formulasse a ti-pificação da seguinte maneira: existe toda uma classe de pessoas que, no momento de reagir a uma situação dada, primeiro se retrai, dizendo "não" em voz baixa, e só depois chega a reagir; e outra classe que reage imediatamente diante da mesma situação, aparentando plena confiança de que seu procedimento está correto. A primeira classe seria caracteri-zada por uma certa relação negativa com o objeto e a segunda, por uma relação positiva.

[1.005] Como se pode ver, a primeira classe corresponde à atitude *introvertida* e a segunda à atitude *extrovertida*.

[1.006] Mas esses dois termos significam tão pouco quanto a descoberta de que o "Bourgeois Gentilhomme" de Molièrc usava um linguajar co-mum. Só adquirem sentido e valor quando conhecemos todas as demais características que acompanham o tipo.

[1.007] Ninguém pode ser introvertido sem que o seja em todos os senti-dos. O conceito *introvertido* soa assim: todo o psíquico acontece assim como deve acontecer regularmente no introvertido. Se assim não fosse, a constatação que um certo indivíduo é extrovertido seria tão irrelevan-te quanto afirmar que sua altura é 1,75m, que tem cabelos castanhos ou que é braquicéfalo. Obviamente estas constatações não contêm muito mais do que a realidade que exprimem. Mas a expressão *extrovertido* é incomparavelmente mais exigente. Quer dizer que a consciência e o inconsciente do extrovertido têm que ter determinadas qualidades de forma que seu comportamento geral, seu relacionamento com os outros e, mesmo, o curso de sua vida apresentem certas características típicas.

Introversão e extroversão como tipos de atitudes significam um pre- [1.008] conceito que condiciona todo o processo psíquico, porque estabelecem o modo habitual de reação e, portanto, determinam não apenas o modo de agir, mas também o modo de ser da experiência subjetiva e o modo de ser da compensação pelo inconsciente.

A determinação do hábito de reagir tem que acertar no alvo, pois [1.009] o hábito é de certa forma uma central de comutação a partir da qual é regulado, por um lado, o agir externo, e, por outro, é configurada a experiência específica. Certo modo de agir traz resultados correspondentes e a compreensão subjetiva dos resultados faz surgir experiências que, por sua vez, voltam a influenciar o agir e, dessa forma, traçam o destino individual, segundo o ditado: "Cada qual é o autor de seu destino".

Ainda que não haja dúvida de que o hábito de reação nos leva [1.010] ao ponto central, permanece a delicada questão se a caracterização do hábito de reação foi acertada ou não. Pode-se ter opinião diferente neste assunto, mesmo que se tenha conhecimento profundo desse campo específico. O que pude encontrar em favor de minha concepção eu o reuni em meu livro sobre os tipos, afirmando categoricamente que não pretendia fosse minha tipificação a única verdadeira ou a única possível.

O confronto entre introversão e extroversão é simples, mas infeliz- [1.011] mente formulações simples merecem quase sempre desconfiança. Com demasiada facilidade acobertam as verdadeiras complicações. Falo de experiência própria, pois tendo publicado, há quase vinte anos, a primeira formulação de meus critérios[15], percebi, para meu desgosto, que caíra na esparrela. Algo não estava certo. Havia tentado explicar demais, com meios muito simples, o que acontece à maioria no primeiro prazer da descoberta.

---

15. Cf. § 931s. deste volume.

[1.012]   O que me chamou a atenção agora foi o inegável fato de haver enormes diferenças nos introvertidos entre si e nos extrovertidos entre si. Eram tão grandes essas diferenças que cheguei a duvidar se tinha enxergado bem ou não. A solução dessa dúvida exigiu um trabalho de observação e comparação que durou quase dez anos.

[1.013]   O problema de saber donde provinham as enormes diferenças entre os indivíduos do mesmo tipo enredou-me em dificuldades imprevisíveis que ficaram por muito tempo sem solução. Essas dificuldades não estavam tanto na observação e percepção das diferenças; a raiz era, como antigamente, o problema dos critérios, isto é, a designação adequada das diferenças características. Aqui experimentei com meridiana clareza quão nova é a psicologia. Difere bem pouco de um caos de opiniões teóricas arbitrárias que nasceram, em grande parte, em salas de aula ou em consultórios, por *generatio aequivoca* (por geração espontânea) de um cérebro erudito, isolado e, por isso, semelhante ao de Zeus. Não quero ser irreverente, mas não posso deixar de comparar o professor de psicologia com a psicologia da mulher, dos chineses ou dos aborígines australianos. Nossa psicologia tem que envolver-se na vida, caso contrário ficaremos presos à Idade Média.

[1.014]   Percebi que do caos da psicologia contemporânea não era possível extrair critérios seguros; era preciso criá-los, não a partir da estratosfera, mas com base nos inestimáveis trabalhos já existentes de muitos, cujos nomes a história da psicologia não poderá ignorar.

[1.015]   No âmbito de uma conferência é impossível mencionar todas as observações separadas que me levaram a selecionar *certas funções psíquicas* como *critérios* das diferenças em discussão. Apenas é preciso constatar em geral que as diferenças, na medida em que pude percebê-las até agora, consistem essencialmente em que um introvertido, por exemplo, não apenas se retrai e hesita diante do objeto, mas isto é um modo bem definido de proceder. Também não age como todos os introvertidos, mas sempre de um modo todo próprio seu. Assim como o leão abate seu inimigo ou sua presa com a pata dianteira (e não com a cauda, como o faz o crocodilo), também nosso hábito de reação se caracteriza normalmente por nossa força, isto é, pelo emprego de nossa função mais confiável e mais eficiente, o que não impede que, às vezes, também possamos reagir utilizando nossa fraqueza específica. Tentaremos criar e procurar situações condizentes e evitar outras para, assim, fazermos experiências especificamente nossas e diferentes das dos outros. Uma pessoa inteligente há de adaptar-se ao mundo com sua inteligência e não como um boxeador de sexta categoria, ainda que possa, num acesso de fúria, usar os punhos. Na luta pela existência e pela adaptação, cada qual emprega instintivamente sua *função mais desenvolvida,* que se torna, assim, o critério de seu hábito de reação.

A questão é esta: como reunir todas essas funções em conceitos [1.016] gerais de modo que possam distinguir-se dos simples acontecimentos individuais?

Uma tipificação bruta dessa espécie já foi criada de há muito pela [1.017] vida social nas figuras do camponês, do operário, do artista, do erudito, do lutador etc., ou no elenco de todas as profissões. Mas esta tipificação nada tem a ver com a psicologia, pois, como se expressou certa vez um notável sábio, existem também entre os intelectuais aqueles que são meros "estivadores intelectuais".

O que aqui se pretende é de ordem mais sutil. Não basta, por exem- [1.018] plo, falar de inteligência, pois é um conceito por demais vago e genérico. Pode-se chamar de inteligente praticamente tudo que funciona de modo fluente, rápido, eficiente e finalista; à semelhança da burrice, a inteligência não é função, mas modalidade; nunca diz o quê, mas sempre o como. O mesmo vale dos critérios morais e estéticos. Temos que saber dizer o que funciona primordialmente na reação habitual. E, neste caso, somos forçados a retornar a algo que, à primeira vista, parece a velha psicologia de faculdades do século XVIII; na verdade, porém, só voltamos aos conceitos já inseridos na linguagem quotidiana, acessíveis e compreensíveis a qualquer um. Quando, por exemplo, falo de "pensar", só um filósofo não sabe o que isto significa, mas nenhum leigo há de considerar isto incompreensível. Quase diariamente empregamos esta palavra e sempre significa praticamente a mesma coisa. Mas um leigo entraria em sérios apuros se pedíssemos que nos desse de pronto uma definição inequívoca de pensar. O mesmo vale de "memória" e "sentimento". Esses conceitos psicológicos puros são muito difíceis de definir cientificamente, mas são facílimos de entender na linguagem usual. A linguagem é uma reunião de evidências por excelência; por isso, conceitos muito nebulosos e abstratos não conseguem lançar raízes nela ou facilmente morrem porque têm pouco contato com a realidade. Mas o pensamento ou o sentimento são realidades tão evidentes que qualquer linguagem não muito primitiva tem expressões absolutamente inequívocas para eles. Podemos ter certeza, então, que estas expressões coincidem com situações psíquicas bem determinadas, não importa como sejam cientificamente definidas essas situações complexas. Todos sabem, por exemplo, o que é consciência, mas a ciência ainda o desconhece; ninguém duvida que o conceito *consciência* coincida com uma determinada situação psíquica, mas a ciência não o sabe definir.

[1.019]   Foi por isso que tomei os conceitos leigos contidos na linguagem usual como critérios para as diferenças verificadas num tipo de atitude e com eles designei as funções psíquicas correspondentes. Tomei, por exemplo, o pensamento, como é entendido usualmente, porque me chamou a atenção que muitas pessoas pensam bem mais do que outras e dão a seu pensamento valor bem maior em suas decisões importantes. Também usam seu pensamento para entenderem o mundo e a ele se adaptarem; e tudo que lhes acontece é submetido a uma consideração ou reflexão, ou, no mínimo, a um princípio previamente estabelecido. Outras pessoas relegam o pensamento em favor de fatores emocionais, isto é, do sentimento. Fazem continuamente uma "política do sentimento" e é preciso uma situação extraordinária para levá-las a refletir. Estes se encontram em oposição evidente àqueles, e a diferença é ainda mais gritante quando se trata de sócios ou de marido e mulher. No dar preferência ao pensamento, pode-se perceber se alguém é introvertido ou extrovertido. Mas só o empregará no modo que corresponda a seu tipo.

A predominância de uma ou outra função não explica todas as [1.020] diferenças que ocorrem. O que denomino tipos pensamento ou sentimento são pessoas que têm novamente algo em comum e que eu não saberia designar de outra forma do que pela palavra *racionalidade*. Ninguém negará que o pensamento é essencialmente racional, mas, quando chegamos ao sentimento, levantam-se graves objeções que não gostaria de rejeitar sem mais. Posso garantir que o problema do sentimento me trouxe não pouca dor de cabeça. Não quero, porém, sobrecarregar minha conferência com as opiniões teóricas sobre este conceito, mas trazer apenas rapidamente minha concepção. A dificuldade principal é que a palavra "sentimento" ou "sentir" é suscetível dos mais diferentes usos, especialmente na língua alemã, embora menos na língua inglesa e francesa. Temos que distinguir de antemão esta palavra do conceito de sensação, que é a função dos sentidos. Também é preciso compreender que o sentimento de compaixão, por exemplo, é conceitualmente bem diferente do sentimento de que o tempo vai mudar ou de que as ações do alumínio vão subir. Minha proposta era que se chamasse de sentimento propriamente dito o primeiro sentimento e, quanto aos outros, fosse abolida a palavra "sentir" – ao menos com relação a seu uso psicológico – e substituída pelo conceito de "sensação", enquanto se tratasse de experiência sensorial; ou pelo conceito de "intuição", enquanto se tratasse de uma espécie de percepção que não pode ser atribuída diretamente à experiência dos sentidos. Por isso, defini *sensação* como percepção através da função consciente dos sentidos e *intuição* como percepção através do inconsciente.

Evidentemente é possível discutir sobre a validade dessas de- [1.021] finições até o fim do mundo, mas a discussão prende-se, em última análise, apenas à questão se devemos chamar um certo animal de rinoceronte ou de "com chifre no focinho", pois o que interessa é saber como designar o quê. A psicologia é terra virgem onde a linguagem ainda precisa ser fixada. Podemos medir a temperatura de acordo com Réaumur, Celsius ou Fahrenheit, apenas é preciso explicar que graduação estamos utilizando.

[1.022]   Como se vê, considero o sentimento uma função da índole e dele distingo a sensação e o pressentimento ou intuição. Quem misturar essas funções com o sentimento, em sentido mais estrito, não conseguirá entender a racionalidade do sentimento. Mas, quem as separa, não pode deixar de reconhecer que os valores e julgamentos do sentimento, ou seja, os sentimentos em geral, não apenas são racionais, mas podem ser também lógicos, consequentes e criteriosos como o pensamento. Este fato parece estranho ao tipo pensamento, mas isto se explica facilmente pela circunstância típica de que, na função diferenciada do pensamento, a função sentimento é sempre menos desenvolvida e, por isso, mais primitiva e contaminada com outras funções, principalmente com as irracionais, não lógicas e não judicativas, respectivamente não avaliadoras, isto é, com a sensação e a intuição. Estas duas últimas funções são opostas às funções racionais, e isto devido à sua natureza mais profunda. Quando *pensamos*, a gente o faz com a intenção de chegar a um julgamento ou a uma conclusão: e, quando sentimos, é para chegar a uma avaliação correta. Mas a sensação e a intuição, como funções perceptivas, visam à percepção do que *está acontecendo*, mas não o interpretam e nem o avaliam. Não devem, portanto, proceder seletivamente segundo princípios, mas têm que estar simplesmente abertas ao que acontece. O puro acontecer é, no entanto, essencialmente irracional, pois não há método conclusivo capaz de demonstrar que deve existir tal número de planetas ou tais e tantas espécies de animais de sangue quente. A irracionalidade é um defeito que apelaria para o pensamento e o sentimento; a racionalidade é um defeito onde a sensação e a intuição deveriam ser chamadas.

[1.023]   Há muitas pessoas que baseiam seu hábito principal de reação na irracionalidade e, precisamente, na sensação ou na intuição, nunca nas duas ao mesmo tempo, pois a sensação é tão antagônica à intuição quanto o pensamento ao sentimento. Se eu quiser constatar com meus olhos e ouvidos o que realmente acontece, posso fazer tudo menos perambular com sonhos e fantasias por todos os cantos – o que exatamen-

102

te o intuitivo tem que fazer para garantir o necessário espaço a seu inconsciente ou ao objeto. Compreende-se, pois, que o tipo sensação seja o antípoda do intuitivo. Infelizmente o tempo não me permite abordar as interessantes variações provocadas pela atitude extrovertida e introvertida nos tipos irracionais.

Em vez disso, gostaríamos de acrescentar uma palavra ainda sobre [1.024] as consequências regularmente produzidas quando se dá preferência a uma das funções. É sabido que a pessoa não pode ser tudo ao mesmo tempo nem ser perfeita. Algumas qualidades ela as desenvolve, outras deixa atrofiadas. Nunca alcança a perfeição. O que pode acontecer com aquelas funções que ela não utiliza diariamente de modo consciente e, portanto, não desenvolve pelo exercício? Permanecem em situação mais ou menos primitivo-infantil, apenas meio-conscientes ou totalmente inconscientes. E constituem, assim, para cada tipo, uma inferioridade característica que é parte integrante de seu caráter geral. Ênfase unilateral do pensamento vem sempre acompanhada de inferioridade do sentimento; sensação diferenciada perturba a faculdade intuitiva e vice-versa.

Se uma função é diferenciada ou não, é fácil de perceber por sua [1.025] força, estabilidade, consistência, confiabilidade e ajustamento. Mas sua inferioridade nem sempre é tão fácil de reconhecer e descrever. Um critério bastante seguro é sua falta de autonomia e, portanto, sua dependência das pessoas e das circunstâncias, sua caprichosa suscetibilidade, sua falta de confiabilidade no uso, sua sugestionabilidade e seu caráter nebuloso. Na função inferior, estamos sempre por baixo; não podemos comandá-la, mas somos inclusive suas vítimas.

A intenção dessa conferência é dar um apanhado das ideias básicas [1.026] de uma tipologia psicológica, por isso não devo entrar em descrição detalhada dos tipos psicológicos.

O resultado de meu trabalho até agora é a constatação de dois tipos [1.027] gerais de atitude: a extroversão e a introversão, e de quatro tipos funcionais: os tipos pensamento, sentimento, sensação e intuição. Esses tipos variam segundo a atitude geral e, assim, produzem oito variantes.

[1.028]   Já fui questionado, em tom de censura, pelo fato de admitir quatro funções; não poderiam ser mais ou menos? Cheguei ao número quatro de modo puramente empírico. A explicação a seguir mostra que com quatro se chega a uma certa totalidade.

[1.029]   A sensação constata o que realmente está presente. O pensamento nos permite conhecer o que significa este presente; o sentimento, qual o seu valor; a intuição, finalmente, aponta as possibilidades do "de onde" e do "para onde" que estão contidas neste presente. E, assim, a orientação com referência ao presente é tão completa quanto a localização geográfica pela latitude e longitude. As quatro funções são algo como os quatro pontos cardeais, tão arbitrárias e tão indispensáveis quanto estes. Não importa que os pontos cardeais sejam deslocados alguns graus para a esquerda ou para a direita, ou que recebam outros nomes. É apenas questão de convenção e compreensão.

[1.030]   Mas, uma coisa devo confessar: não gostaria de perder nunca mais esta bússola em minhas viagens de descobertas. Não só devido ao fato muito natural e humano de que cada qual ama suas ideias, mas devido ao fato objetivo de que, com isso, temos um sistema de medida e orientação que torna possível o que nos faltou por muito tempo: uma *psicologia crítica*.

5
As etapas da vida humana[16]

Falar dos problemas das etapas da vida do homem é uma tarefa por [749] demais exigente, pois esta significa nada menos do que traçar um quadro de toda a vida psíquica, desde o berço até à sepultura. No quadro de uma conferência, semelhante tarefa só pode ser levada a efeito em suas linhas gerais – e, naturalmente, não se trata de descrever a psicologia normal das diversas etapas da vida. Pelo contrário, trataremos apenas de certos problemas, isto é, de coisas que são difíceis, questionáveis ou ambíguas; numa palavra: de questões que nos permitem mais de uma resposta – e, além do mais, respostas que nunca são suficientemente seguras e inteiramente claras. Por este motivo, haverá não poucos aspectos que nossa mente terá de abordar com um ponto de interrogação. Pior ainda: haverá algumas coisas que deveremos aceitar com toda a boa-fé; e, ocasionalmente, teremos inclusive de nos entregar a especulações.

Se a vida psíquica fosse constituída de evidências naturais – como [750] acontece ainda no estágio primitivo – poderíamos nos contentar com um empirismo decidido. Mas a vida psíquica do homem civilizado é cheia de problemas, e não pode ser concebida senão em termos de problema. Grande parte de nossos processos psíquicos são constituídos de reflexões, dúvidas, experimentos – coisas que a psique instintiva e inconsciente do homem primitivo desconhece quase inteiramente. É ao crescimento da consciência que devemos a existência de problemas; eles

---

16. Conferência pronunciada no Kulturbund (Federação Cultural) de Viena, em 1931, e publicado pela primeira vez em *Europäische Revue*, vol. VII, 1931, ambas as vezes sob o título de *Die Entschleierung der Seele* (*Tirando os véus da alma*).

105

são o presente de grego da civilização. *É o afastamento do homem em relação aos instintos e sua oposição a eles que cria a consciência.* O instinto é natureza e deseja perpetuar-se com a natureza, ao passo que a consciência só pode querer a civilização ou sua negação. E mesmo quando procuramos voltar à natureza, embalados pelo ideal de Rousseau, nós "cultivamos" a natureza. Enquanto continuarmos identificados com a natureza, seremos inconscientes e viveremos na segurança dos instintos que desconhecem problemas. Tudo aquilo que em nós está ligado ainda à natureza tem pavor de qualquer problema, porque seu nome é *dúvida*, e onde a dúvida impera, aí se enquadra a incerteza e a possibilidade de caminhos divergentes. Mas nos afastamos da guia segura dos instintos e ficamos entregues ao *medo*, quando nos deparamos com a possibilidade de caminhos diferentes, porque a consciência agora é chamada a fazer tudo aquilo que a natureza sempre fez em favor de seus filhos, a saber: tomar decisões seguras, inquestionáveis e inequívocas. E, diante disto, somos acometidos por um temor demasiado humano de que a consciência, nossa conquista prometeana, ao cabo não seja capaz de nos servir tão bem quanto a natureza.

[751]   Os problemas, portanto, nos compelem a um estado de soledade e de orfandade absoluta, onde nos sentimos abandonados inclusive pela natureza e onde somos obrigados a nos tornar conscientes. Não temos outra via de saída, e somos forçados a substituir nossa confiança nos acontecimentos naturais por decisões e soluções conscientes. Cada problema, portanto, implica a possibilidade de ampliar a consciência, mas também a necessidade de nos desprendermos de qualquer traço de infantilismo e de confiança inconsciente na natureza. Esta necessidade é um fato psíquico de tal monta que constitui um dos ensinamentos simbólicos mais essenciais da religião cristã. *É o sacrifício do homem puramente natural*, do ser inconsciente e natural, cuja tragédia começou com o ato de comer a maçã no paraíso. A queda do homem segundo a Bíblia nos apresenta o despontar da consciência como uma maldição. E é assim que vemos qualquer problema que nos obriga a uma consciência maior e nos afasta mais ainda do paraíso de nossa infantilidade

106

inconsciente. Cada um de nós espontaneamente evita encarar seus problemas, enquanto possível; não se deve mencioná-los, ou melhor ainda, nega-se sua existência. Queremos que nossa vida seja simples, segura e tranquila, e por isto os problemas são tabu. Queremos certezas e não dúvidas; queremos resultados e não experimentos, sem entretanto nos darmos conta de que as certezas só podem surgir através da dúvida, e os resultados através do experimento. Assim, a negação artificial dos problemas não gera a convicção; pelo contrário, para obtermos certeza e claridade, precisamos de uma consciência mais ampla e superior.

Esta introdução um tanto longa me pareceu necessária para explicar a natureza de nosso assunto. Quando temos de lidar com problemas, instintivamente nos recusamos a percorrer um caminho que nos conduz através de obscuridades e indeterminações. Queremos ouvir falar somente de resultados inequívocos e nos esquecemos completamente de que os resultados só podem vir depois que atravessamos a obscuridade. Mas, para penetrar na obscuridade, devemos empregar todo o potencial de iluminação que a consciência nos oferece. Como eu já disse, devemos até mesmo nos entregar a especulações, pois, ao tratarmos dos problemas psíquicos, tropeçamos continuamente em questões fundamentais que se tornaram domínio exclusivo dos ramos mais diversificados do conhecimento. Nós inquietamos ou mesmo irritamos o teólogo não menos do que o filósofo, e o médico não menos do que o educador, e tenteamos inclusive no campo específico do biólogo e do historiador. Esta extrapolação não se deve à nossa curiosidade, mas à circunstância de que a psique do homem é uma combinação estranha de fatores que são, ao mesmo tempo, o objeto particular de ciências de âmbito maior. De fato, foi a partir de si próprio e de sua constituição peculiar que o homem produziu suas ciências. Estas são sintomas de sua psique. [752]

Se, por conseguinte, colocarmo-nos a questão inevitável de saber por que motivo o homem tem problemas, em geral, em constraste manifesto com o mundo animal, que não os tem, certamente nos envolveremos no complexo emaranhado de ideias produzidas por milhares [753] de cérebros afiadíssimos no decurso dos séculos. Não farei trabalho de Sísifo nesta obra-prima de confusão, mas tentarei, simplesmente, apresentar minha contribuição para a solução desta questão básica.

[754]   Sem consciência, não existem problemas. Por isto, a questão deve ser formulada de outra maneira. Como surgiu a consciência no homem? Não o sabemos, porque não estávamos presentes quando os primeiros homens se tornaram conscientes. Mas podemos observar o despertar da consciência nas crianças pequenas. Qualquer pai pode vê-lo, se prestar atenção. E o que podemos ver é o seguinte: quando a criança *reconhece* alguém ou alguma coisa, sentimos que a criança tem consciência. Indubitavelmente foi este também o motivo pelo qual a árvore do conhecimento, no paraíso, produziu frutos tão fatais.

[755]   Mas, o que é o conhecimento? Falamos de conhecimento quando conseguimos, por exemplo, ligar uma nova percepção a um contexto já existente, de tal modo que temos na consciência não somente a percepção dos sentidos, mas partes deste conteúdo igualmente. O conhecimento se baseia na percepção dos nexos dos vários conteúdos psíquicos entre si. Não podemos conhecer nenhum conteúdo que não esteja ligado com algum outro, e não podemos nos dar conta de sua existência se a nossa consciência ainda estiver neste nível inicial mais baixo. A primeira forma de consciência acessível à nossa observação e ao nosso conhecimento parece consistir, simplesmente, em perceber a conexão entre dois ou mais conteúdos psíquicos. Neste nível, por conseguinte, a consciência ainda está inteiramente ligada à percepção de algumas conexões e, por isto, é puramente esporádica e seu conteúdo não é mais lembrado posteriormente. É fato comprovado que não existe memória contínua dos primeiros anos de vida. Quando muito, o que existe são *ilhas de consciência*, que são como luzes isoladas ou objetos iluminados dentro da noite imensa. Mas estas ilhas de memórias não são aquelas conexões mais antigas que foram apenas percebidas; elas contêm uma nova série muito importante de conteúdos, isto é, aqueles conteúdos que pertencem ao próprio sujeito percipiente, o chamado ego. Inicialmente

esta série é apenas percebida, como as séries originais de conteúdos, e é por esta razão que a criança, quando começa a falar de si própria, logicamente o faz na terceira pessoa. Só mais tarde, quando a série de conteúdos do eu ou o chamado complexo do eu adquire energia própria – provavelmente como resultado de exercícios – é que surge o sentimento da subjetividade ou da egoicidade. Este é, provavelmente, o momento em que a criança começa a falar de si na primeira pessoa. Provavelmente é nesse estágio que tem início a *continuidade da memória*. Essencialmente ela seria, portanto, uma continuidade das reminiscências do eu.

No estágio infantil da consciência, ainda não há problemas; nada [756] depende do sujeito, porque a própria criança ainda depende inteiramente dos pais. É como se não tivesse nascido ainda inteiramente, mas se achasse mergulhada na atmosfera dos pais. O nascimento psíquico e, com ele, a diferenciação consciente em relação aos pais só ocorrem na puberdade, com a irrupção da sexualidade. A mudança fisiológica é acompanhada também de uma revolução espiritual. Isto é, as várias manifestações corporais acentuam de tal maneira o eu, que este frequentemente se impõe desmedidamente. Daí o nome que se dá a esta fase: "os anos difíceis" da adolescência.

Até este período, a vida psicológica do indivíduo é governada basi- [757] camente pelos instintos e por isto não conhece nenhum problema. Mesmo quando limitações externas se contrapõem aos impulsos subjetivos, estas restrições não provocam uma cisão interior do próprio indivíduo. Este se submete ou as evita, em total harmonia consigo próprio. Ele ainda não conhece o estado de divisão interior, induzido pelos problemas. Este estado só ocorre quando aquilo que é uma limitação exterior torna-se uma limitação interior, isto é, quando um impulso se contrapõe a outro. Em linguagem psicológica, isto quer dizer que o estado problemático, a divisão interior do próprio indivíduo, ocorre quando, ao lado da série dos conteúdos do eu, surge uma segunda série de igual intensidade. Esta segunda série tem uma significação funcional igual à do complexo do eu, e poderíamos chamá-la de segundo eu diferente do anterior, o qual, em dadas circunstâncias, pode até mesmo tomar o comando das mãos do primeiro eu. Isto produz a divisão interior do indivíduo ou seu estado problemático.

[758]   Lancemos um rápido olhar ao que acabamos de expor: a primeira forma de consciência que consiste em um mero conhecer é um estado anárquico ou caótico. O segundo estágio, aquele do complexo do eu desenvolvido, é uma fase monárquica ou monística. O terceiro estágio traz consigo de novo um avanço da consciência, ou seja, a consciência de um estado de divisão ou de dualidade.

[759]   Aqui abordamos o nosso verdadeiro tema – o problema das etapas da vida humana. Trataremos primeiramente dos problemas do período da juventude. Este estágio vai aproximadamente dos anos que se seguem imediatamente à puberdade até o meio da vida, que se situa entre os trinta e cinco e os quarenta anos.

[760]   Algum leitor talvez deseje saber por que começo com a segunda etapa da vida humana, como se a do estágio infantil fosse um estado sem problemas. Normalmente, a criança ainda não tem nenhum problema pessoal, mas sua complexa psique constitui um problema de primeira grandeza para seus pais, educadores e médicos. Só o ser humano adulto é que pode ter dúvidas a seu próprio respeito e discordar de si mesmo.

[761]   Todos nós conhecemos as fontes dos problemas que surgem nesta fase da vida. Para a imensa maioria das pessoas são as exigências da vida que interrompem bruscamente o sonho da meninice. Se o indivíduo estiver suficientemente preparado, a passagem para uma atividade profissional pode efetuar-se de maneira suave. Mas se ele se agarra a ilusões que colidem com a realidade, certamente surgirão problemas. Ninguém pode avançar na vida sem se apoiar em determinados pressupostos. Às vezes estes pressupostos são falsos, isto é, não se coadunam com as condições externas com as quais o indivíduo se depara. Muitas vezes, são expectativas exageradas, subestima das dificuldades externas, injustificado otimismo ou uma atitude negativista. Poderíamos mesmo

organizar toda uma lista de falsos pressupostos que provocam os primeiros problemas conscientes.

Nem sempre é a contradição entre os pressupostos subjetivos e os [762] fatos externos que geram problemas; muitas vezes podem ser também as dificuldades psíquicas internas que existem, mesmo quando exteriormente tudo corre às mil maravilhas. Muitíssimas vezes é a perturbação do equilíbrio psíquico provocada pelo instinto sexual; outras vezes pode ser também o sentimento de inferioridade ocasionado por uma sensibilidade exagerada. Estes conflitos interiores podem existir, mesmo que a adaptação ao mundo exterior tenha sido realizada sem esforço aparente. Tem-se até mesmo a impressão de que os jovens que tiveram de lutar duramente com a vida, foram poupados de problemas internos, ao passo que aqueles que por este ou por aquele motivo não têm dificuldade de adaptar-se, defrontam-se com problemas de sexo ou conflitos provenientes de um sentimento de inferioridade.

As pessoas de temperamento problemático muitas vezes são neu- [763] róticas, mas seria grave equívoco confundir a existência de problemas com neurose, pois a diferença fundamental é que o neurótico é doente porque não tem consciência dos seus problemas, ao passo que o indivíduo problemático sofre com seus próprios problemas conscientes sem ser doente.

Se procurarmos extrair os fatores comuns e essenciais da variedade [764] quase inexaurível dos problemas individuais que encontramos no período da juventude, deparamo-nos com uma característica peculiar a todos os problemas desta fase da vida: um apego mais ou menos claro no nível de consciência infantil, uma resistência às forças fatais existentes dentro e fora de nós e que procuram nos envolver no mundo. Alguma coisa dentro de nós quer permanecer como criança, quer permanecer inconsciente, ou, quando muito, consciente apenas do seu ego; quer rejeitar tudo o que lhe é estranho, ou então sujeitá-lo à sua própria vontade; não quer fazer nada, ou no máximo satisfazer sua ânsia de prazer ou de domínio. Há em tudo isto alguma coisa da inércia da matéria: é a persistência no estado anterior, cuja consciência é menor em seu alcance, mais estreita e mais egoísta do que a consciência da fase dualista, na qual o indivíduo se vê diante da necessidade de reconhecer e aceitar aquilo que é diferente e estranho como parte e como uma espécie de ego.

[765]   A resistência se dirige contra a ampliação do horizonte da vida, que é a característica essencial desta fase. Esta ampliação ou "diástole" – para empregarmos uma expressão de Goethe – começa bem muito antes disto. Começa com o nascimento, quando a criança sai dos estreitos limites do corpo da mãe, e aumenta incessantemente, até atingir o clímax no estado problemático, quando o indivíduo começa a lutar contra ela.

[766]   Que lhe aconteceria, se ele simplesmente se convertesse naquela sua parte estranha e diferente que é também ego, e deixasse simplesmente que o antigo eu se dissolvesse no passado? Este seria um procedimento aparentemente viável. O escopo da educação religiosa – a começar pela exortação a despojar-nos do velho Adão (Cl 3,9), até os ritos de renascimento dos povos primitivos – não é transformar o ser humano no homem novo e futuro, e fazer com que o velho desapareça?

[767]   A Psicologia nos ensina que, em certo sentido, não existe nada que possa realmente se extinguir, e o próprio Paulo continuou com um espinho na carne (2Cor 12,7). Quem se protege contra o que é novo e estranho e regride ao passado está na mesma situação neurótica daquele que se identifica com o novo e foge do passado. A única diferença é que um se alheia do passado e o outro do futuro. Em princípio, os dois fazem a mesma coisa: mantêm a própria consciência dentro de seus estreitos limites, em vez de fazê-la explodir na tensão dos opostos e construir um estado de consciência mais ampla e mais elevada.

[768]   Este resultado seria o ideal se pudesse ser conseguido nesta segunda fase da vida. Na realidade, parece que a natureza não tem a menor preocupação em alcançar um nível superior da consciência; pelo contrário. E a própria sociedade não dá muito valor a tais proezas da psique; ela confere seus prêmios, em primeiro lugar, sempre ao feito, e não à personalidade. Esta última muitas vezes só é recompensada postuma-

112

mente. Estes fatos nos obrigam a uma solução particular, qual seja a de nos limitarmos ao que é possível alcançar e a diferenciar determinadas capacidades, e é aqui onde se revela a verdadeira natureza do indivíduo socialmente eficaz.

A eficiência, a utilidade etc. constituem os ideais que parecem [769] apontar o caminho que nos permite sair da confusão dos estados problemáticos. Elas são as estrelas que nos guiarão na aventura da ampliação e consolidação de nossa existência física; ajudam-nos a fixar nossas raízes neste mundo, mas não podem nos guiar no desenvolvimento da consciência humana, ou seja, daquilo a que damos o nome de cultura ou civilização. No período da juventude, todavia, este é o procedimento normal de decisão e, em quaisquer circunstâncias, é preferível a deixar-se simplesmente ficar mergulhado em problemas.

Esta dificuldade se resolve, portanto, adaptando-se tudo o que nos [770] foi dado pelo passado às possibilidades e exigências do futuro. Limitamo-nos ao que é possível alcançar, e isto significa, psicologicamente falando, renunciar a todas as outras nossas potencialidades psíquicas: um perde uma parte preciosa de seu passado, e outro um pedaço precioso de seu futuro. Todos nós certamente nos recordamos de amigos e colegas de estudos, outrora jovens promissores e idealistas, que, quando os reencontramos anos mais tarde, parecem-nos indivíduos mirrados que cresceram espremidos em moldes estreitos. Estes são exemplos da solução acima indicada.

Os grandes problemas da vida nunca são resolvidos de maneira [771] definitiva e total. E mesmo que aparentemente o tenham sido, tal fato acarreta sempre uma perda. Parece-me que a significação e a finalidade de um problema não estão na sua solução, mas no fato de trabalharmos incessantemente sobre ele. É somente isto que nos preservará da estupidificação e da petrificação. Assim, a solução dos problemas do período da juventude, restrita apenas ao que é possível alcançar, também só é válida temporariamente, e no fundo dura muito pouco. Em qualquer circunstância, conquistar um lugar na sociedade e modificar a própria natureza original, de modo que ela se adapte mais ou menos a esta forma de existência, constitui um fato notável. É uma luta travada dentro e fora de si próprio, e comparável à luta da criança pela existência do eu. Mas essa luta muitas vezes escapa à nossa observação porque se processa na obscuridade; mas quando vemos a obstinação com que certos indivíduos se mantêm apegados a ilusões e pressupostos infantis e a hábitos egoístas etc., podemos ter uma ideia da energia que foi necessária, outrora, para produzi-los. E o mesmo acontece também com os ideais, as convicções, as ideias-mestras, as atitudes etc., que nos introduzem na vida durante o período da juventude e pelas quais lutamos: eles crescem juntamente com o nosso ser, aparentemente nos transformamos nele e, por isto, procuramos perpetuá-los a nosso bel-prazer com a mesma naturalidade com que o jovem afirma seu próprio eu, querendo ou não, diante de si próprio e do mundo.

[772] Quanto mais nos aproximamos do meio da existência e mais conseguimos nos firmar em nossa atitude pessoal e em nossa posição social, mais nos cresce a impressão de havermos descoberto o verdadeiro curso da vida e os verdadeiros princípios e ideais do comportamento. Por isto, é que os consideramos eternamente válidos e transformamos em virtude o propósito de permanecermos imutavelmente presos a eles, esquecendo-nos de que só se alcança o objetivo social com sacrifício da totalidade da personalidade. São muitos – muitíssimos – os aspectos da vida que poderiam ser igualmente vividos, mas jazem no depósito de velharias, em meio a lembranças recobertas de pó; muitas vezes, no entanto, são brasas que continuam acesas por baixo de cinzas amarelecidas.

[773] As estatísticas nos mostram que as depressões mentais nos homens são mais frequentes por volta dos quarenta anos. Nas mulheres, as dificuldades neuróticas começam geralmente um pouco mais cedo. Observamos que nesta fase – precisamente entre os trinta e cinco e os quarenta anos – prepara-se uma mudança muito importante, inicialmente modesta e despercebida; são antes indícios indiretos de mudanças que parecem começar no inconsciente. Muitas vezes é como que uma espé-

cie de mudança lenta do caráter da pessoa; outras vezes são traços desaparecidos desde a infância que voltam à tona; às vezes também antigas inclinações e interesses habituais começam a diminuir e são substituídos por novos. Inversamente – e isto se dá com muita frequência – as convicções e os princípios que os nortearam até então, principalmente os de ordem moral, começam a endurecer-se e enrijecer-se, o que pode levá-los, crescentemente, a uma posição de fanatismo e intolerância, que culmina por volta dos cinquenta anos. É como se a existência destes princípios estivesse ameaçada, e, por esta razão, se tornasse mais necessário ainda enfatizá-los.

O vinho da juventude nem sempre se clarifica com o avançar dos anos; muitas vezes até mesmo se turva. É nos indivíduos de mentalidade unilateral em que melhor se podem observar os fenômenos acima mencionados, muitos dos quais se manifestam ora mais cedo, ora mais tardiamente. Parece-me que o retardamento desta manifestação é ocasionado, frequentemente, pelo fato de os pais dos indivíduos em questão ainda estarem em vida. É como se a fase da juventude se prolongasse indevidamente. Tenho observado isto especialmente em pessoas cujo pai era de idade avançada. A morte do pai provoca então como que um amadurecimento precipitado e, diríamos, quase catastrófico. [774]

Sei de um homem piedoso, que era administrador da igreja e que, a partir mais ou menos dos quarenta anos, assumira uma atitude cada vez mais intolerante, insuportável em matéria de religião e moral. Seu temperamento tornara-se visivelmente cada vez mais sombrio, e, por fim, ele nada mais era do que uma coluna turva no seio da Igreja. Levou a vida assim, até aos cinquenta e cinco anos, quando, certa feita, no meio da noite, sentou-se repentinamente na cama e disse à mulher: "Agora descobri! Sou um verdadeiro patife!" Este reconhecimento da própria situação não deixou de ter suas consequências práticas. Nosso homem passou os últimos anos de sua vida no desregramento, e grande parte de sua fortuna foi esbanjada. Trata-se, evidentemente, de um indivíduo bastante simpático, capaz dos dois extremos! [775]

[776]   Todos os distúrbios neuróticos, bastante frequentes, da idade adulta têm em comum o fato de quererem prolongar a psicologia da fase juvenil para além do limiar da chamada idade do siso. Quem não conhece aqueles comovedores velhinhos que necessitam sempre de reesquentar o prato de seus saudosos tempos de estudante, e só conseguem reavivar um pouco a chama da vida, recordando-se de seus tempos heroicos que se petrificaram num filisteísmo desesperante. Mas quase todos gozam de uma vantagem inestimável: não são neuróticos, mas em geral apenas pessoas tediosas e estereotipadas.

[777]   O neurótico é, antes, alguém que jamais consegue que as coisas corram para ele como gostaria que fossem no momento presente, e, por isto, não é capaz de se alegrar com o passado. Da mesma forma como antigamente ele não se libertou da infância, assim também agora se mostra incapaz de renunciar à juventude. Teme os pensamentos sombrios da velhice que se aproxima, e como a perspectiva do futuro lhe parece insuportável, ele se volta desesperadamente para o passado. Da mesma forma que o indivíduo preso à infância recua apavorado diante da incógnita do mundo e da existência humana, assim também o homem adulto recua assustado diante da segunda metade da vida, como se o aguardassem tarefas desconhecidas e perigosas, ou como se sentisse ameaçado por sacrifícios e perdas que ele não teria condições de assumir, ou ainda como se a existência que ele levara até agora lhe parecesse tão bela e tão preciosa, que ele já não seria capaz de passar sem ela.

[778]   Talvez isto seja, no fundo, o medo da morte? Parece-me pouco provável, porque a morte geralmente ainda está muito longe e, por isto, é um tanto abstrata. A experiência nos mostra, pelo contrário, que a causa fundamental de todas as dificuldades desta fase de transição é uma mudança singular que se processa nas profundezas da alma. Para caracterizá-la, eu gostaria de tomar como termo de comparação o curso diário do Sol. Suponhamos um Sol dotado de sentimentos humanos e de uma consciência humana relativa ao momento presente. De manhã, o Sol se eleva do mar noturno do inconsciente e olha para a vastidão

do mundo colorido que se torna tanto mais amplo quanto mais alto ele ascende no firmamento. O Sol descobrirá sua significação nessa extensão cada vez maior de seu campo de ação produzida pela ascensão e se dará conta de que seu objetivo supremo está em alcançar a maior altura possível e, consequentemente, a mais ampla disseminação possível de suas bênçãos sobre a Terra. Apoiado nesta convicção, ele se encaminha para o zênite imprevisto – imprevisto, porque sua existência individual e única é incapaz de prever o seu ponto culminante. Precisamente ao meio-dia, o Sol começa a declinar e este declínio significa uma inversão de todos os valores e ideais cultivados durante a manhã. O Sol torna-se, então, contraditório consigo mesmo. É como se recolhesse dentro de si seus próprios raios, em vez de emiti-los. A luz e o calor diminuem e por fim se extinguem.

Toda comparação claudica, mas esta, pelo menos, não claudica [779] mais do que as outras. Um aforismo francês resume a sabedoria desta comparação, com cinismo e resignação: *Si jeunesse savait, si vieillesse pouvait* (Se a juventude soubesse, se a velhice pudesse).

Felizmente não somos sóis que nascem e se põem; do contrário, [780] nossos valores culturais andariam mal. Mas há alguma coisa semelhante ao Sol dentro de nós, e falar em manhã de primavera, tarde de outono da vida não é mero palavrório sentimental, mas expressão de verdades psicológicas e até, mais ainda, de fatos fisiológicos, porque a virada do Sol ao meio-dia altera até mesmo certas características corporais. Especialmente entre os povos meridionais observa-se que as mulheres mais idosas adquirem uma voz rouca e profunda, bigodes incipientes, traços faciais duros e outras qualidades masculinas. Por outro lado, o físico masculino se atenua, assumindo traços femininos como a adiposidade e expressões faciais suavizadas.

Há uma notícia interessante na bibliografia etnológica a respeito de [781] um chefe guerreiro índio a quem o Grande Espírito apareceu em sonhos no meio da vida e lhe anunciou que a partir de então ele devia sentar-se entre as mulheres e crianças, usar vestes femininas e alimentar-se com comida de mulher. Ele obedeceu a este sonho, sem perder a reputação e o prestígio. Esta visão é a expressão fiel da revolução psíquica do meio-dia da existência e do começo de seu declínio. Os valores do homem e mesmo seu corpo tendem a converter-se em seus opostos, pelo menos alusivamente.

[782] Poderíamos comparar a masculinidade e a feminilidade e suas componentes psíquicas, por exemplo, com determinada provisão de substâncias utilizadas, por assim dizer, de modo desigual na primeira metade da vida. O homem consome grande quantidade de substância masculina e deixa apenas uma reserva menor de substância feminina, que agora deve ser utilizada. A mulher, pelo contrário, recorre à sua provisão de masculinidade até agora não utilizada.

[783] Esta mudança é mais acentuada ainda no domínio do psíquico do que no físico. Quantas vezes acontece que o homem abandona os seus negócios entre os quarenta e cinco e cinquenta anos, e a mulher veste calças e abre uma pequena loja na qual o homem talvez execute tarefas de simples empregado. Existe um grande número de mulheres que só despertam para a responsabilidade social e para a consciência social depois dos quarenta anos. Na vida moderna de negócios, particularmente na América, o *break down*, o colapso nervoso, é um fato comuníssimo depois dos quarenta anos. Se examinarmos as vítimas, verificaremos que aquilo que entra em colapso é o estilo de vida masculino até então prevalescente e o que resta é um homem feminizado. Inversamente, nestes mesmos círculos se observam casos de mulheres que nessa fase da vida desenvolvem uma masculinidade e uma dureza de inteligência fora do comum, que relegam os sentimentos e o coração a segundo plano. Muitas vezes estas mudanças são acompanhadas de toda sorte de catástrofes matrimoniais, porque não é muito difícil de imaginar o que acontece quando o homem descobre seus sentimentos ternos e a mulher a própria inteligência.

[784] O pior de tudo é que pessoas inteligentes e cultas vivem sua vida sem conhecerem a possibilidade de tais mudanças. Entram inteiramente

despreparadas na segunda metade de suas vidas. Ou existem, porventura, universidades que preparem essas pessoas para sua vida futura e para suas exigências, da mesma forma como há universidades que introduzem os jovens no conhecimento do mundo e da vida? Não! Entramos totalmente despreparados na segunda metade da vida, e, pior do que isto, damos este passo, sob a falsa suposição de que nossas verdades e nossos ideais continuarão como dantes. Não podemos viver a tarde de nossa vida segundo o programa da manhã, porque aquilo que era muito na manhã, será pouco na tarde, e o que era verdadeiro na manhã, será falso no entardecer. Tratei um número muito grande de pessoas idosas e olhei para dentro da câmara secreta de suas almas para não mudar de ideia.

O homem que envelhece deveria saber que sua vida não está em [785] ascensão nem em expansão, mas um processo interior inexorável produz uma contração da vida. Para o jovem constitui quase um pecado ou, pelo menos, um perigo ocupar-se demasiado consigo próprio, mas para o homem que envelhece é um dever e uma necessidade dedicar atenção séria ao seu próprio si-mesmo. Depois de haver esbanjado luz e calor sobre o mundo, o Sol recolhe os seus raios para iluminar-se a si mesmo. Em vez de fazer o mesmo, muitos indivíduos idosos preferem ser hipocondríacos, avarentos, dogmatistas e *laudatores temporis acti* (louvadores do passado) e até mesmo eternos adolescentes, lastimosos sucedâneos da iluminação do si-mesmo, consequência inevitável da ilusão de que a segunda metade da vida deve ser regida pelos princípios da primeira.

Disse há pouco que não temos escolas para os que chegaram aos [786] quarenta anos. Mas isto não é totalmente verdadeiro. Nossas religiões têm sido sempre, ou já foram, estas escolas; mas para quantos de nós elas o são ainda hoje? Quantos dos nossos mais velhos se prepararam realmente nessas escolas para o mistério da segunda metade da vida, para a velhice, para a morte e a eternidade?

O ser humano não chegaria aos setenta ou oitenta anos se esta lon- [787] gevidade não tivesse um significado para a sua espécie. Por isto, a tarde da vida humana deve ter também um significado e uma finalidade próprios, e não pode ser apenas um lastimoso apêndice da manhã da vida. O significado da manhã consiste indubitavelmente no desenvolvimento do indivíduo, em sua fixação e na propagação de sua espécie no mundo exterior, e no cuidado com a prole. É esta a finalidade manifesta da natureza. Mas quando se alcançou – e se alcançou em abundância – este objetivo, a busca do dinheiro, a ampliação das conquistas e a expansão da existência devem continuar incessantemente para além dos limites do razoável e do sensato? Quem estende assim a lei da manhã, isto é, o objetivo da natureza, até à tarde da vida, sem necessidade, deve pagar este procedimento com danos à sua alma, justamente como um jovem que procura estender o seu egoísmo infantil até à idade adulta deve pagar seus erros com fracassos sociais. A preocupação em ganhar dinheiro, a existência social, a família, o cuidado com a prole são meras decorrências da natureza, mas não cultura. Esta situa-se para além da esfera dos objetivos da natureza.

[788]   Nas tribos primitivas observamos, por exemplo, que os anciãos quase sempre são guardiões dos mistérios e das leis, e é através destas, sobretudo, que se exprime a herança cultural da tribo. E como se passam as coisas entre nós, sob este aspecto? Onde está a sabedoria de nossos anciãos? Onde estão os seus segredos e as suas visões? Quase sempre a maioria de nossos anciãos quer competir com os jovens. Na América do Norte o ideal é, praticamente, que o pai seja como o irmão de seus filhos e a mãe, se possível, a irmã mais nova de suas filhas.

[789]   Não sei até onde esta confusão é uma reação contra o exagero da dignidade atribuída aos velhos nem até que ponto é consequência de falsos ideais. Estes ideais existem, sem dúvida alguma, e o objetivo daqueles que os cultivam se situa no passado e não no futuro. Por isto eles procuram sempre voltar atrás. Devemos concordar com estas pessoas que é difícil ver que a segunda metade da vida oferece objetivos diferentes daqueles da primeira metade: expansão da vida, utilidade, eficiência, construção de uma boa imagem na vida social, canal seguro que leva a um bom casamento para seus filhos, e boas posições – não são objetivos

suficientes? Infelizmente não são objetivos suficientes nem têm sentido para muitos que não veem na aproximação da velhice senão uma diminuição da vida e consideram seus ideais anteriores simplesmente como coisas desbotadas e puídas! Se tais pessoas tivessem enchido, já antes, a taça da vida até transbordar, e a tivessem esvaziado até a última gota, certamente seus sentimentos agora seriam outros; não teriam reservado nada para si; tudo o que quisesse pegar fogo estaria consumido, e a quietude da velhice seria bem-vinda para elas. Mas não devemos esquecer que só bem pouquíssimas pessoas são artistas da vida, e que a arte de viver é a mais sublime e a mais rara de todas as artes. Quem jamais conseguiu esvaziar o cálice todo com elegância e beleza? Assim, quantas coisas na vida não foram vividas por muitas pessoas – muitas vezes até mesmo potencialidades que elas não puderam satisfazer, apesar de toda a sua boa vontade – e assim se aproximam do limiar da velhice com aspirações e desejos irrealizados que automaticamente desviam o seu olhar para o passado.

É particularmente fatal para estas pessoas olhar para trás. Para elas, [790] seriam absolutamente necessários uma perspectiva e um objetivo fixado no futuro. É por isto que todas as grandes religiões prometem uma vida no além, um objetivo supramundano que permite ao homem mortal viver a segunda metade da vida com o mesmo empenho com que viveu a primeira. Mas, se a expansão da vida e sua culminação são objetivos plausíveis para o homem de hoje, a ideia de uma continuação da vida depois da morte lhe parece questionável, quando não de todo inacreditável. Mas a cessação da vida só pode ser aceita como um objetivo razoável, se a vida é tão desgraçada, que só temos de nos alegrar quando ela chega ao fim, ou se estamos convencidos de que o Sol procura se pôr "para iluminar outros povos distantes", com a mesma consequência lógica que revela ao ascender para o zênite. Mas acreditar tornou-se uma arte tão difícil, hoje em dia, que está praticamente fora da capacidade da maioria das pessoas e, especialmente, da parte culta da humanidade. Acostumamo-nos demasiado com a ideia de que em relação à imortalidade e a questões semelhantes existe uma infinidade de opiniões contraditórias, mas nenhuma prova convincente. E como a "ciência" é a palavra-chave contemporânea carregada de uma força de persuasão aparentemente absoluta, o que nos interessa são provas "científicas". Mas as pessoas cultas que raciocinam sabem perfeitamente que uma prova desta natureza é uma impossibilidade filosófica. É absolutamente impossível sabermos o que quer que seja a respeito de tais coisas.

[791]   Permitir-me-ei ainda observar que, pelas mesmas razões, não podemos saber se algo se passa ou não depois da morte? Não há resposta, nem afirmativa nem negativa, para esta questão. Não dispomos de nenhum conhecimento científico preciso e claro a este respeito e, por este motivo, estamos na mesma situação em que nos achávamos quando perguntávamos se o planeta Marte era habitado ou não. Os habitantes de Marte (se os há) certamente pouco se preocupam em saber se afirmamos ou negamos sua existência. Eles podem existir ou não. O mesmo acontece com a chamada imortalidade – e, com isto, poderíamos dar por encerrado o problema.

[792]   Mas aqui minha consciência de médico desperta, lembrando-me que tem algo de importante a dizer-nos a respeito desta questão. Com efeito, tenho observado que uma vida orientada para um objetivo em geral é melhor, mais rica e mais saudável do que uma vida sem objetivo, e que é melhor seguir em frente acompanhando o curso do tempo, do que marchar para trás e contra o tempo. Para o psiquiatra, o velho que for incapaz de se separar da vida é tão fraco e tão doentio quanto o jovem que não é capaz de construí-la. Na verdade, em muitos casos trata-se, tanto em relação a um como ao outro, da mesma cupidez infantil, do mesmo medo, da mesma teimosia e obstinação. Como médico, estou convencido de que é mais higiênico – se assim posso dizer – olhar a morte como uma meta para a qual devemos sempre tender, e que voltar-se contra ela é algo de anormal e doentio que priva a segunda metade da vida de seu objetivo e seu sentido. Por isto, acho que todas as religiões, com seu objetivo supramundano, são eminentemente racio-

nais, do ponto de vista de uma higiene psíquica. Quando moro numa casa que eu sei que vai desabar sobre minha cabeça nos próximos dez dias, todas as minhas funções vitais são afetadas por estes pensamentos; mas se me sinto seguro, posso viver nela de maneira normal e confortável. Por isto, do ponto de vista da psiquiatria, seria aconselhável que só pudéssemos pensar na morte como uma transição, como parte de um processo vital cuja extensão e duração escapam inteiramente ao nosso conhecimento.

Embora a imensa maioria das pessoas não saiba o motivo pelo qual o organismo precisa de sal, contudo todas elas o exigem por uma necessidade instintiva. O mesmo acontece com as coisas da psique. A imensa maioria dos homens desde tempos imemoriais sempre sentiu a necessidade da continuação da vida. Esta constatação não nos conduz a um desvio; ela nos põe no centro da grande estrada real percorrida pela humanidade ao longo de sua existência. Por isto, pensamos corretamente em harmonia com a vida, mesmo que não entendamos o que pensamos. [793]

Compreendemos já alguma vez o que pensamos? Só compreendemos aquele tipo de pensamento que seja uma mera equação da qual não se extrai senão o que aí se colocou. É a operação do intelecto. Mas, além deste, há também um pensamento nas imagens primordiais, nos símbolos, que são mais antigos do que o homem histórico e nascidos com ele desde os tempos mais antigos e, eternamente vivos, sobrevivem a todas as gerações e constituem os fundamentos da nossa alma. Só é possível viver a vida em plenitude, quando estamos em harmonia com estes símbolos, e voltar a eles é sabedoria. Na realidade, não se trata nem de fé nem de conhecimento, mas da concordância de nosso pensamento com as imagens primordiais do inconsciente que são as matrizes de qualquer pensamento que nossa consciência seja capaz de cogitar. E um destes pensamentos primordiais é a ideia de uma vida depois da morte. A ciência e estas imagens primordiais são incomensuráveis entre si. Trata-se de dados irracionais, condições *a priori* da imaginação que simplesmente existem e cujos objetivos e justificação a ciência só pode [794] investigar *a posteriori*, como aconteceu, por exemplo, com a função da tiroide, que era considerada como um órgão sem sentido, antes do século XIX. Para mim, as imagens primordiais são como que órgãos psíquicos, que eu trato com o máximo cuidado. Por isto algumas vezes preciso dizer a algum de meus pacientes mais idosos: "Sua imagem de Deus ou sua ideia de imortalidade atrofiou-se, e, consequentemente, o seu metabolismo psíquico caiu fora dos eixos. O antigo φavrmacon a'qanasiva", o remédio da imortalidade, era mais profundo e mais significativo do que imaginávamos".

[795]   Para concluir, eu gostaria de voltar, por um momento, à comparação com o Sol. Os cento e oitenta graus do arco de nossa vida podem ser divididos em quatro partes. O primeiro quarto, situado a leste, é a infância, aquele estado sem problemas conscientes, no qual somos um problema para os outros, mas ainda não temos consciência de nossos próprios problemas. Os problemas conscientes ocupam o segundo e terceiro quartos, enquanto no último quarto, na extrema velhice, mergulhamos naquela situação em que, a despeito do estado de nossa consciência, voltamos a ser uma espécie de problema para os outros. A infância e a extrema velhice são totalmente diferentes entre si, mas têm algo em comum: a imersão no processo psíquico inconsciente. Como a alma da criança se desenvolve a partir do inconsciente, sua vida psíquica, embora não seja facilmente acessível, contudo não é tão difícil analisar quanto a das pessoas muito velhas que mergulham de novo no inconsciente, onde desaparecem progressivamente. A infância e a extrema velhice são estados da vida sem qualquer problema consciente; por esta razão eu não as levei em consideração nesse meu estudo.

6
A divergência entre Freud e Jung[17]

Sobre a diferença entre os pontos de vista de Freud e os meus, deveria, na verdade, escrever alguém que estivesse fora do circuito das ideias que se chamam "Freud" e "Jung". Não sei se mereço que me confiem aquela objetividade que me sobreleva, imparcialmente, acima de minhas próprias ideias. Será que alguém consegue isso? Duvido. Mas se alguém aparentemente conseguir esta façanha digna de um Barão de Münchhausen, então aposto que as ideias não são, em última análise, as suas. [768]

É verdade que ideias amplamente aceitas já não constituem propriedade do autor; ele se torna, antes, um serviçal de suas ideias. Ideias impressionantes, chamadas de ideias verdadeiras, têm algo de peculiar. Elas brotam da intemporalidade, de um sempre estar presente, de uma raiz primitiva materna e psíquica, a partir da qual se desenvolve o espírito efêmero da pessoa individual como a planta que floresce, frutifica, dá sementes e morre. As ideias brotam de algo maior do que da pessoa humana singular. Não as fazemos, elas nos fazem. [769]

Por um lado, ideias são confissão fatal que trazem à luz não apenas o melhor de nós, mas também nossas mais recônditas insuficiências e misérias pessoais. Ideias exclusivamente sobre psicologia! Donde mais poderiam provir que não do mais subjetivo? A experiência do objeto [770]

---

17. Publicado pela primeira vez com o mesmo título em *Kölnische Zeitung*. 9 de maio de 1929, p. 4. Colônia. Incorporado como dissertação III (p. 65-75) em *Seelenprobleme der Gegenwart* – Vorträge und Aufsätz. Zurique: Rascher, 1931 [Psychologische Abhandlungen, III – Reimpressões em 1933, 1939, 1946 e a 5ª edição, completamente revisada, em 1950; edição brochurada com bibliografia e índice de pessoas e assuntos em 1969].

pode nos escudar da parcialidade subjetiva? Toda experiência não é ela, ao menos em sua metade, de caráter subjetivo? O subjetivo, por sua vez, também é um dado objetivo, um pedaço do mundo. Tudo o que dele provém resulta, em última análise, da composição do mundo, como o mais raro e estranho ser vivente é sustentado e nutrido também pela terra, comum a todos nós. São precisamente as ideias subjetivas que estão mais próximas da natureza e da essência e, por isso, pode-se dizer que são as mais verdadeiras. Mas, "o que é a verdade?"

[771]   No tocante à psicologia, acho melhor renunciar à ideia de que estejamos hoje em condições de fazer afirmações "verdadeiras" ou "corretas" sobre a essência da psique. O melhor que conseguimos fazer são *expressões verdadeiras*. Entendo por expressões verdadeiras uma confissão e uma apresentação detalhada do que se observa subjetivamente. Alguém colocará ênfase especial na *forma* do que encontrou e se arvorará em autor do seu achado, outro dará mais importância à *observação* e falará *daquilo que se manifesta*, valorizando sua atitude receptiva. A verdade estará provavelmente entre ambos: *a verdadeira expressão é a que dá forma à observação*.

[772]   Tudo se resolve neste receber e neste proceder, e o psicólogo de hoje, por mais ambiciosa que seja sua pretensão, só disso pode se vangloriar. Nossa psicologia é uma confissão de alguns poucos, formulada de modo mais ou menos feliz; e na medida em que eles integram mais ou menos um tipo, sua confissão pode ser aceita por muitos outros como descrição bastante válida. Podemos concluir também que àqueles que apresentam outro tipo, mas que pertencem ao gênero das pessoas humanas, aplica-se também esta confissão, ainda que em menor proporção. O que Freud tem a dizer sobre a importância da sexualidade, do prazer infantil e de seu conflito com o "princípio da realidade" é, em primeiro lugar, a mais verdadeira expressão de sua psicologia pessoal. É uma formulação feliz daquilo que observou subjetivamente. Não sou um opositor de Freud, ainda que a visão míope dele próprio e de sua escola insistam em me qualificar dessa forma. Nenhum psiquiatra ex-

perimentado pode negar ter vivenciado dúzias de casos cuja psicologia condiz com a de Freud em todos os aspectos essenciais. Por isso Freud contribuiu, exatamente com sua confissão mais subjetiva, para o nascimento de uma grande verdade humana. Ele mesmo é o exemplo clássico de sua psicologia e dedicou sua vida e trabalho à realização dessa tarefa.

Nosso modo de ser condiciona nosso modo de ver. Outras pessoas [773] tendo outra psicologia veem e exprimem outras coisas e de outro modo. Isto o demonstrou logo um dos primeiros discípulos de Freud: Alfred Adler. Ele apresentava o mesmo material empírico de um ponto de vista bem diferente, e sua maneira de ver é, no mínimo, tão convincente quanto a de Freud, porque também Adler representa um tipo de psicologia que encontramos com frequência. Sei que os seguidores de ambas as escolas me consideram, sem mais, no caminho errado, mas a história e os pensadores imparciais me darão razão. Não posso deixar de criticar as duas escolas por interpretarem as pessoas demasiadamente pelo lado patológico e por seus defeitos. Exemplo convincente disso é a impossibilidade de Freud de entender a *vivência religiosa*[18].

Eu prefiro entender as pessoas a partir de sua saúde e gostaria de [774] libertar os doentes daquela psicologia que Freud coloca em cada página de suas obras. Não consigo ver onde Freud consegue ir além de sua própria psicologia e como poderá aliviar o doente de um sofrimento do qual o próprio médico padece. Sua psicologia é a psicologia de um estado neurótico de determinado cunho e, por isso, Freud é verdadeiro e válido, mesmo quando diz uma inverdade, pois também isto faz parte do quadro geral e traz a verdade de uma confissão. Mas não é uma psicologia sã – e isto é sintoma de morbidade – baseada numa cosmovisão acrítica e inconsciente, capaz de estreitar muito o horizonte da visão e da experiência. Foi um grande erro de Freud ter ignorado a filosofia. Jamais critica suas suposições, nunca questiona suas premissas psíquicas. Em minhas preleções anteriores deixei claro que isto é uma necessida-

---

18. *Die Zukunft einer Illusion*. 2. ed. Verlag Leipzig/Viena/Zurique: [s.e.], 1928 [Internationaler Psychoanalytischer].

de; a crítica de seus próprios fundamentos não teria permitido que expusesse de modo tão ingênuo sua psicologia original[19]. Em todos os casos teria experimentado as dificuldades que eu encontro. Nunca recusei a bebida agridoce da filosofia crítica, mas procurei sempre, ao menos por precaução, tomar pequenas doses. Muito pouco, dirão meus adversários. Quase demais, diz minha sensibilidade. A autocrítica envenena facilmente o precioso bem da ingenuidade, aquele dom indispensável a qualquer ser criado. De qualquer modo, a crítica filosófica me ajudou a perceber que toda psicologia – inclusive a minha – tem o caráter de uma confissão subjetiva. Tenho que refrear meu poder de crítica para que não destrua minha criatividade. Sei muito bem que toda palavra que pronuncio traz consigo algo de mim mesmo – do meu eu especial e único, com sua história particular e seu mundo todo próprio. Mesmo ao lidar com dados empíricos, estou falando necessariamente de mim mesmo. Mas, aceitando isto como algo inevitável, posso colaborar para o conhecimento do homem pelo homem – uma causa à qual Freud também quis servir e serviu, apesar de tudo. O conhecimento não reside apenas na verdade, mas também no erro.

[775]   O reconhecimento do caráter subjetivo da psicologia que cada um produz é talvez o ponto que mais me separa de Freud.

[776]   Outro ponto que nos diferencia me parece o fato de que eu me esforço por não ter pressuposições inconscientes e, por isso, não críticas sobre o mundo em geral. Eu disse "eu me esforço", pois quem está absolutamente certo de não ter pressuposições inconscientes? Esforço-me por evitar, ao menos, os preconceitos mais grosseiros e, por isso, estou inclinado a reconhecer todos os deuses possíveis, supondo que eles atuam na psique humana. Não duvido de que os instintos naturais se desdobrem grandemente no campo psíquico, quer seja o eros, quer a vontade de poder; não duvido também de que esses instintos entrem em colisão com o *espírito*, pois sempre estão colidindo com algo, e por que esse algo não pode ser chamado "espírito"? Assim como não sei o

---

19. Cf. FREUD, S. *Die Traumdeutung*. Leipzig/Viena: [s.e.], 1900.

que é o espírito em si, da mesma forma não sei o que são "instintos". Ambos são misteriosos para mim; e não posso explicá-los como se um fosse equívoco do outro. Não é nenhum equívoco que a terra só tenha *uma* lua. Na natureza não há equívocos; estes só existem no campo daquilo que o homem chama "inteligência". Instinto e espírito estão além da minha inteligência; são conceitos que consideramos desconhecidos, mas que são tremendamente operantes.

Minha atitude é, portanto, positiva com relação a todas as *religiões*. [777] No seu conteúdo doutrinário reconheço aquelas imagens que encontrei nos sonhos e fantasias de meus pacientes. Em sua *moral* vejo as mesmas ou semelhantes tentativas que fazem meus pacientes, por intuição ou inspiração próprias, para encontrar o caminho certo de lidar com as forças psíquicas. O *sagrado comércio*, os rituais, as iniciações e a ascese são de grande interesse para mim como técnicas alternativas e formais de testemunhar o caminho certo. Também é positiva minha atitude para com a biologia e para com o empirismo das ciências naturais em geral; nelas vejo uma tentativa hercúlea de entender o íntimo da psique partindo de fora. Num movimento inverso, considero também a gnose religiosa um empreendimento gigantesco do espírito humano que tenta extrair um conhecimento do mundo a partir do interior. Na minha concepção do mundo há um grande exterior e um grande interior; entre esses polos está o homem que se volta ora para um, ora para outro, e, de acordo com seu temperamento e disposição, toma um ou outro como verdade absoluta e, consequentemente, nega e/ou sacrifica um pelo outro.

Esta imagem é uma pressuposição – mas naturalmente uma pres- [778] suposição da qual não gostaria de abrir mão, pois é muito valiosa para mim como hipótese. Eu a considero heurística e empiricamente demonstrada para mim e confirmada pelo consenso dos povos (*consensos gentium*). Esta hipótese que certamente brotou de dentro de mim mesmo, ainda que eu julgue tê-la extraído da experiência, foi a responsável por minha teoria dos tipos e minha reconciliação com pontos de vista tão divergentes como, por exemplo, os de Freud.

[779]   Em tudo o que acontece no mundo, vejo o jogo dos opostos e dessa concepção derivo minha ideia de energia psíquica. Acho que a energia psíquica envolve o jogo dos opostos de modo semelhante como a energia física envolve uma diferença de potencial, isto é, a existência de opostos como calor-frio, alto-baixo etc. Freud começou por considerar como única força propulsora psíquica a sexualidade e, somente após minha ruptura com ele, levou também outros fatores em consideração. Eu, porém, reuni os diversos impulsos ou forças psíquicas – todos constituídos mais ou menos *ad hoc* – sob o conceito de energia a fim de eliminar a arbitrariedade quase inevitável de uma psicologia que lida exclusivamente com a força. Portanto, já não falo de forças ou de impulsos individuais, mas de "intensidades de valores"[20]. Com isso não pretendo negar a importância da sexualidade na vida psíquica, conforme Freud me acusa de fazê-lo. O que pretendo é colocar limites à terminologia avassaladora do sexo que vicia toda discussão da psique humana e, também, colocar a própria sexualidade em seu lugar.

[780]   O bom-senso dirá sempre que a sexualidade é apenas *um* dos instintos biológicos, apenas *uma* das funções psicológicas, ainda que muito abrangente e importante. Mas o que acontecerá se, por exemplo, não conseguirmos mais comer? Sem dúvida está muito conturbada, hoje, a esfera psíquica da sexualidade; é semelhante à situação de um dente que dói e parece que toda a constituição psíquica é pura dor de dente. A espécie de sexualidade que Freud descreve é aquela obsessão sexual inequívoca que se encontra sempre que um paciente chegou ao ponto de ter que ser aliciado ou forçado para fora de uma situação ou atitude errôneas, uma espécie de sexualidade represada que volta às proporções normais logo que esteja desimpedido o caminho para sua expansão. Na maioria das vezes é o atolamento nos ressentimentos familiares e as delongas emocionais do "romance familiar" que levam ao represamento da energia vital, e é este represamento que infalivelmente se manifesta sob a forma da sexualidade que chamamos infantil. Trata-se de uma

---

20. Cf. *Über psychische Energetik und das Wesen der Träume* [OC, 8, 1967].

sexualidade impropriamente dita, de uma descarga de tensões que estariam melhor estabelecidas em outro campo existencial. O que adianta, pois, ficar navegando neste terreno totalmente inundado? É muito mais importante – ao menos é isto que parece à minha compreensão retilínea – abrir canais de descarga, isto é, encontrar uma nova atitude ou novo modo de vida que forneça um declive conveniente para a energia encurralada. Caso contrário, teremos um círculo vicioso, e é isto que me parece a psicologia de Freud. Falta-lhe qualquer possibilidade de contornar o ciclo inexorável dos eventos biológicos. Desesperados, temos que bradar com Paulo: "Homem miserável que sou, quem me salvará do corpo dessa morte?" E o nosso homem espiritual se apresentará, meneando a cabeça, e dirá com Fausto: "Você está consciente de apenas um impulso", ou seja, do laço carnal que leva de volta ao pai e à mãe ou para adiante, para os filhos que nasceram de nossa carne, um "incesto" com o passado e um "incesto" com o futuro, o pecado original da perpetuação do "romance familiar". Nada nos liberta disso, a não ser o espírito que é o outro polo do acontecer no mundo; não são os filhos da carne, mas os "filhos de Deus" que experimentarão a liberdade. Na tragédia de Ernst Barlach, *O dia mortal*, diz o demônio materno ao final do romance familiar: "Estranho é apenas que o homem não queira aprender que seu pai é Deus". E é isto que Freud nunca quis aprender e contra o que voltam todos os seus adeptos ou, ao menos, não encontram para isso a chave. A teologia não vem ao encontro do pesquisador porque ela exige fé, e esta é um carisma autêntico e verdadeiro que ninguém pode fabricar. *Nós modernos estamos predestinados a viver novamente o espírito, isto é, a fazer uma experiência primitiva.* Esta é a única possibilidade de romper o círculo vicioso dos eventos biológicos.

Este ponto de vista é a terceira característica que diferencia minhas [781] concepções das de Freud. E por isso me acusam de misticismo. Contudo, não sou responsável pelo fato de o homem espontaneamente ter desenvolvido, sempre e em toda parte, uma função religiosa e que, por isso, a psique humana está imbuída e trançada de sentimentos e ideias religiosos desde os tempos imemoriais. Quem não enxerga este aspecto da psique humana é cego, e quem quiser recusá-lo ou explicá-lo racionalmente não tem senso de realidade. Ou será que, por exemplo, o complexo de pai que perpassa toda a escola de Freud, desde seu fundador até o último membro, trouxe alguma libertação notável dessa fatalidade do romance familiar? Este complexo de pai, com sua rigidez e hipersensibilidade fanáticas, é uma função religiosa malcompreendida, um misticismo que se apoderou do biológico e do familiar. Com seu conceito de "superego", Freud tenta introduzir furtivamente sua antiga imagem de Jeová na teoria psicológica. Essas coisas, a gente as diz bem claramente. Prefiro dar às coisas os nomes que sempre tiveram.

[782]   A roda da história não deve ser tocada para trás e o passo do homem para o espiritual, que já começou com os ritos de iniciação primitivos, não deve ser negado. É óbvio que a ciência não só pode, mas deve selecionar campos de atuação com hipóteses bem definidas; mas a psique é uma totalidade superior à consciência, é a mãe e pressuposição da consciência e, por isso, a ciência é apenas uma de suas funções que jamais esgotará a plenitude de sua vida. O psicoterapeuta não deve se refugiar no ângulo patológico e recusar terminantemente a ideia de que a psique doente é uma psique humana que, apesar de sua doença, participa do todo da vida psíquica da humanidade. Ele tem que admitir, inclusive, que o eu está doente porque foi cortado do todo e porque perdeu sua conexão com a humanidade e com o espírito. O eu é realmente o "lugar do medo", como diz acertadamente Freud[21], mas só enquanto isto não se referir ao pai ou à mãe. Freud sucumbe diante da pergunta de Nicodemos: "Pode alguém voltar ao ventre da mãe e nascer de novo?" A história se repete – se for permitido comparar grandes com pequenas coisas – na briga doméstica da psicologia moderna.

[783]   Desde séculos incontáveis, os ritos de iniciação falam do nascimento a partir do espírito, e estranhamente o homem esquece sempre

___

21. "Das Ich und das Es". Leipzig/Viena/Zurique: [s.e.], 1923 [Internationaler Psychoanalytischer Verlag].

de novo como entender a geração divina. Isto não demonstra uma força especial do espírito, mas as consequências da incompreensão se manifestam como perturbações neuróticas, amargura, estreitamento e avidez. É fácil expulsar o espírito, mas na sopa falta o sal, "o sal da terra". O espírito comprova sua força no fato de a doutrina essencial das antigas iniciações ter sido transmitida de geração em geração. Sempre houve pessoas que entenderam o que significava ser Deus o seu pai. O equilíbrio entre carne e espírito é conservado nesta esfera.

A oposição entre Freud e eu repousa essencialmente na diferença [784] de pressupostos básicos. Pressupostos são inevitáveis e porque são inevitáveis não se deve dar a impressão de que não os tenhamos. Por isso eu trouxe à luz sobretudo os aspectos fundamentais; a partir deles é possível entender melhor as várias diferenças, inclusive em seus detalhes, entre a concepção de Freud e a minha.

7
O homem arcaico[22]

[104]   Arcaico significa primitivo, original. Falar algo importante sobre o homem civilizado de hoje é uma das tarefas mais difíceis e ingratas que se possa imaginar, pois quem se propõe a fazê-lo está limitado pelas mesmas hipóteses e é cegado pelos mesmos preconceitos daqueles sobre os quais deveria fazer afirmações importantes. Tratando-se do homem arcaico, parece que a situação é mais favorável. Estamos bem distantes, no tempo, de seu mundo; nossa diferenciação psíquica é superior à dele, de modo que podemos contemplar de um mirante mais elevado seu mundo e seu sentido.

[105]   Com esta afirmação já estabeleci os limites do tema de minha conferência. Sem esta delimitação seria impossível apresentar um quadro bem abrangente dos fenômenos psíquicos do homem arcaico. Quero limitar-me exclusivamente a este quadro, omitindo nessas minhas reflexões a antropologia do homem primitivo. Quando falamos do homem em geral, não visamos logo sua anatomia, sua conformação craniana ou a cor da pele, mas pensamos antes em seu mundo psíquico-humano, em sua consciência e seu modo de viver. Tudo isto é objeto da psicologia. Temos, portanto, que ocupar-nos essencialmente com a psicologia arcaica, isto é, a psicologia primitiva. Apesar dessa limitação, acabamos estendendo nosso tema, pois a psicologia arcaica não só é psicologia do

---

22. Conferência pronunciada no Círculo de Leitura de Hottingen, em Zurique, outubro de 1930. Publicado em *Europäische Revue*, VII/3, 1931, p. 182-203. Berlim. Reelaborado sob o mesmo título em *Seelenprobleme der Gegenwart* (Psychologische Abhandlungen, III), Zurique: [s.e.], 1931. Reedições em 1933, 1939, 1946, 1950, brochura em 1969.

primitivo, mas também do homem moderno civilizado. E não só de alguns poucos fenômenos atávicos da sociedade moderna, mas sobretudo de cada homem civilizado que, independentemente de seu elevado grau de consciência, continua sendo um homem arcaico nas camadas mais profundas de sua psique. Da mesma forma que nosso corpo continua sendo o corpo de um mamífero, com toda uma série de vestígios de estágios mais primitivos da evolução que remetem a animais de sangue frio, também nossa psique é produto de um processo evolutivo que, se remontarmos às origens, manifesta inúmeros traços arcaicos.

Quando entramos pela primeira vez em contato com os povos [106] primitivos, ou quando estudamos obras científicas que tratam da psicologia primitiva, ficamos impressionados com o caráter insólito do homem arcaico. O próprio Lévy-Bruhl, autoridade no campo da psicologia primitiva, não se cansa de enfatizar a extraordinária diferença entre os "estados pré-lógicos" e nossa consciência. Como homem civilizado, parece-lhe inexplicável que o primitivo não se dê conta das óbvias ligações da experiência, negue diretamente as causas mais tangíveis e considere suas "representações coletivas" como válidas e o *ipso*, ao invés de explicá-las simplesmente pelo acaso ou por uma causalidade racional. Por "representações coletivas" Lévy-Bruhl entende ideias difundidas em geral, cuja veracidade é de caráter apriorístico, como espíritos, bruxarias, poderes de curandeiros e feiticeiros etc. Para nós é simplesmente óbvio, por exemplo, que pessoas de idade avançada morram naturalmente ou em consequência de doenças reconhecidas como fatais; mas para o primitivo não. Na opinião dele, ninguém morre de velhice e argumenta que já houve pessoas que alcançaram idade bem mais avançada. Assim também ninguém morre de doença, pois pessoas que tiveram a mesma doença ficaram curadas ou jamais a contraíram. Para ele, a verdadeira explicação sempre é mágica: ou foi um espírito que matou o homem, ou ele morreu em consequência de bruxaria. Muitas tribos primitivas só admitem que a morte seja natural em caso de batalha. Outras ainda consideram também a morte na batalha como artificial, seja porque o adversário era feiticeiro, ou porque dispunha de arma enfeitiçada. Essa ideia grotesca pode, conforme o caso, tomar forma bem mais surpreendente. Foi o que aconteceu quando, certa vez, um europeu matou um crocodilo e encontrou no estômago dele dois anéis de tornozelo. Os indígenas reconheceram que tais anéis pertenciam a duas mulheres que haviam sido devoradas algum tempo antes por um crocodilo. Apelou-se imediatamente para a bruxaria. Uma ocorrência tão natural, que jamais levantaria num europeu qualquer suspeita, foi interpretada de maneira totalmente inesperada, à luz de um dos pressupostos psíquicos que Lévy-Bruhl chama de "representações coletivas" dos primitivos. Um feiticeiro desconhecido teria ordenado ao crocodilo que pegasse as mulheres e as trouxesse a ele. O crocodilo teria obedecido à ordem. Como explicar então os dois anéis em seu estômago? Os crocodilos – disseram – jamais devoram pessoas sem serem intimados. O crocodilo teria recebido os anéis do feiticeiro como recompensa.

[107]   Este interessante episódio é um perfeito exemplo da maneira arbitrária de explicar as coisas, característica do estágio "pré-lógico". Dizemos que é pré-lógico porque a explicação nos parece totalmente absurda e ilógica. Mas só nos parece assim porque partimos de pressupostos totalmente diferentes dos do homem primitivo. Se estivéssemos tão persuadidos quanto ele da existência da feitiçaria ou de outros poderes misteriosos, ao invés de acreditar nas assim chamadas causas naturais, as conclusões dele nos pareceriam perfeitamente lógicas. De fato, o primitivo não é nem mais lógico nem mais ilógico do que nós. O que é diferente são os pressupostos de que parte. É isso que o distingue de nós. O primitivo pensa e vive de acordo com hipóteses completamente diferentes das nossas. Tudo que não está dentro da ordem geral e pode, por conseguinte, perturbá-lo, assustá-lo ou surpreendê-lo, ele o atribui ao que chamamos de sobrenatural. Para ele o sobrenatural não existe. Tudo faz parte do seu mundo de experiência. Para nós é natural dizer: esta casa foi incendiada por um raio. Para o primitivo o natural seria

dizer: um feiticeiro se serviu do raio para incendiar precisamente esta casa. Não há absolutamente nada no mundo do primitivo que não possa, em princípio, ser explicado desta forma, quer se trate de algo simplesmente incomum ou de algo muito impressionante. Sendo assim, ele age exatamente como nós: não reflete sobre suas hipóteses. Para ele é *a priori* certo que a doença ou outros eventos foram provocados por espíritos ou por bruxaria, enquanto para nós é evidente que a doença provém de uma causa natural. Nós pensamos tão pouco em bruxaria quanto ele em causas naturais. Em si, seu funcionamento mental não difere basicamente do nosso. Como já disse, a diferença está simplesmente nos pressupostos.

Também se supôs que o primitivo tivesse sentimentos diferentes [108] dos nossos, outro tipo de moral, uma índole por assim dizer "pré-lógica". Evidentemente sua moral difere da nossa. Perguntado acerca da diferença entre o bem e o mal, um chefe negro deu esta resposta: "Se eu roubar a mulher de um inimigo meu, isso é bom; mas se ele roubar a minha, isso é mau". Em muitos lugares é um terrível insulto andar sobre a sombra de alguém, e em outros é um pecado imperdoável raspar o couro da foca com uma faca de aço ao invés de usar uma pedra de fogo. Mas sejamos honestos: entre nós também não é pecado comer o peixe com a faca? Guardar o chapéu no quarto? Cumprimentar uma dama com o cigarro na boca? Esses gestos, tanto entre nós como entre os primitivos, nada têm a ver com o *ethos*. Existem caçadores de cabeças que são gentis e leais, e há outros que praticam pia e conscientemente ritos de crueldade, ou cometem homicídios por convicção sagrada; e tudo que admiramos como atitude ética, no fundo o primitivo também admira. Seu bem não é menos bem que o nosso, como seu mal tanto é mal quanto o nosso. Só variam as formas. A função ética é a mesma.

Também se admitiu que o primitivo tivesse sentidos mais aguçados [109] que os nossos, ou que fossem um tanto diferentes. O que ele possui é uma diferenciação profissional do sentido de orientação, ou do ouvido ou da vista. Quando tem que confrontar-se com coisas que escapam de seu domínio, ele é extremamente lerdo e desajeitado. Uma vez mostrei a alguns caçadores nativos, que tinham verdadeiros olhos de gavião, jornais ilustrados cujas figuras humanas qualquer criança das nossas teria imediatamente reconhecido. Mas os caçadores viraram e reviraram as ilustrações e finalmente um deles exclamou, contornando a figura com o dedo: "São homens brancos". O fato foi festejado por todos como uma grande descoberta.

[110]   O sentido de direção, incrivelmente desenvolvido em muitos primitivos, é essencialmente profissional, e se explica pela absoluta necessidade de orientar-se no meio das florestas e savanas. O próprio europeu consegue, em pouco tempo – por medo de perder-se fatalmente no meio da selva, apesar de usar a bússola – perceber coisas que antes nem sonhava.

[111]   Em princípio, nada indica que o primitivo pense, sinta ou perceba de modo diferente do nosso. A função psíquica é essencialmente a mesma, embora sejam diferentes os postulados. Além disso, é relativamente irrelevante que ele tenha ou pareça ter uma consciência mais limitada que a nossa, ou que ele tenha pouca ou quase nenhuma capacidade de concentrar-se numa atividade mental. Esta constatação até parece estranha ao europeu. Por exemplo, jamais pude prolongar minha conversa com eles além de duas horas porque, passado esse tempo, já se mostravam cansados e achavam difícil concentrar-se, apesar de eu só fazer perguntas bem fáceis, numa conversa bem informal. Mas essas mesmas pessoas eram capazes de mostrar uma impressionante concentração e resistência numa caçada ou numa jornada. Meu carteiro, por exemplo, podia correr cerca de 120 quilômetros sem parar; vi também uma mulher grávida de seis meses carregando uma criança nas costas e fumando um longo cachimbo dançar quase uma noite inteira, num calor de 34 graus, em volta de uma fogueira, sem cair de cansaço. Por conseguinte, não se pode negar que os primitivos sejam capazes de concentrar-se em coisas que lhes interessam. Quando somos obrigados a concentrar-nos em coisas que não nos interessam, podemos imediatamente perceber

como diminui nosso poder de concentração. Somos tão dependentes de nossos impulsos emocionais quanto os primitivos.

É certo que os primitivos são mais simples e mais infantis que nós – [112] tanto no bem quanto no mal. Em si, isto não é de estranhar. No entanto, quando penetramos no mundo do homem arcaico, parece que sentimos algo extremamente estranho. Este sentimento, tanto quanto pude analisá-lo, procede sobretudo do fato de serem essencialmente diferentes dos nossos os pressupostos do homem arcaico, ou seja, o primitivo vive por assim dizer num mundo diferente do nosso. Enquanto não compreendermos seus pressupostos, ele continuará sendo um enigma para nós, enigma difícil de solucionar, mas que se tornará relativamente fácil a partir do momento em que chegarmos a compreendê-lo. Poderíamos dizer isto também desta maneira: o primitivo deixa de ser um enigma para nós desde que conheçamos *nossos* próprios pressupostos.

Nosso pressuposto racional é que tudo tem uma causa natural [113] e perceptível. Estamos convencidos disto *a priori*. A causalidade é um dos nossos dogmas mais sagrados. No nosso mundo não há lugar legítimo para forças invisíveis e arbitrárias ou os assim chamados poderes sobrenaturais, a menos que penetremos, com os modernos físicos, no mundo incógnito e infinitamente pequeno do núcleo atômico onde, ao que parece, acontecem coisas estranhas. Mas estamos longe disto. Invade-nos um sentimento estranho diante de poderes invisíveis e arbitrários, pois não faz muito tempo que conseguimos escapar do temível mundo dos sonhos e superstições, construindo para nós uma imagem do mundo à altura de nossa consciência racional – a mais recente e maior conquista do homem. Estamos num universo que obedece a leis racionais. É verdade que ainda estamos longe de conhecer as causas de tudo que acontece, mas serão descobertas com o tempo, satisfazendo as nossas expectativas racionais. Esta continua sendo a nossa esperança. Existem também acasos, mas são meramente acidentais e certamente têm uma causalidade própria. Os acasos se opõem a uma consciência que ama a ordem, pois perturbam o curso regular do mundo de maneira ridícula e, por isso, irritante. Contra esses acasos sentimos a mesma repugnância que sentimos pelas forças invisíveis e arbitrárias que nos lembram demais os diabretes ou os caprichos de um *deus ex machina*. São os piores inimigos de nossos cálculos minuciosos e permanente ameaça a todos os nossos empreendimentos. Admitamos que sejam contrários à razão, que mereçam todas as injúrias, mas nem por isso podemos deixar de dar-lhes atenção. Neste sentido, o árabe é mais respeitoso. Escreve em cada uma de suas cartas: *Insha'allah*, se Deus quiser, a carta chegará a seu destino. Apesar de nosso sentimento e não obstante os fatos ocorrerem segundo as leis gerais, não se pode negar que estamos sempre e em toda parte expostos aos acasos mais imprevisíveis. Será que existe algo mais imprevisível e mais caprichoso do que o acaso? O que poderia ser mais inevitável e mais fatal?

[114]   Em última análise, poderíamos dizer que a conexão causal dos fatos, de acordo com a lei geral, é uma teoria que se confirma, na prática, em cinquenta por cento dos casos. Os outros cinquenta por cento ficam por conta da arbitrariedade do demônio chamado acaso. É claro que os acasos também têm suas causas naturais, cuja banalidade infelizmente temos que constatar na maioria das vezes. Facilmente renunciaríamos a esta causalidade, pois o que nos incomoda no acaso é bem outra coisa: é que ele precisa acontecer exatamente *aqui e agora* ou, em outras palavras, que é, por assim dizer, arbitrário. Pelo menos atua assim e às vezes até o mais absoluto racionalista é levado a amaldiçoá-lo. Mas, seja qual for a interpretação do acaso, nada pode mudar a realidade de seu poder. Quanto mais regulares forem as condições da existência, mais se excluirá o acaso e menor será a necessidade de proteger-se contra ele. De qualquer forma, na prática, cada um toma precauções contra os acasos, ou neles coloca sua esperança, embora o credo oficial não contenha nenhuma cláusula a respeito deles.

[115]   Nossa hipótese é esta: estamos positivamente convictos de que tudo, pelo menos tudo que é teoricamente perceptível, tem uma causa natural. Mas a hipótese do homem primitivo é o contrário: tudo tem

sua origem num poder arbitrário, invisível. Em outras palavras, tudo é acaso, embora ele não fale de acaso e sim de intencionalidade. A causalidade natural é simplesmente aparência e não vale a pena falar dela. Vejamos este exemplo: Três mulheres vão ao rio buscar água. Um crocodilo avança na mulher que está no meio e some com ela dentro da água. Na nossa concepção, diríamos que se trata de simples azar o fato de o crocodilo ter avançado exatamente na mulher do meio. E o fato de ser devorada pelo crocodilo é completamente natural, uma vez que crocodilos devoram ocasionalmente pessoas humanas.

Esta explicação confunde por inteiro a situação. Nada esclarece da comovente história. O homem arcaico acha superficial e até absurda essa nossa explicação e, com razão, pois, pensando assim, o acidente poderia não ter acontecido, e a mesma explicação também seria válida. O europeu não consegue perceber quanto sua explicação é falha. Este é seu preconceito. [116]

O primitivo é muito mais exigente. Para ele, o que chamamos de acaso, é arbítrio. Por conseguinte, a intenção do crocodilo era exatamente pegar a mulher do meio – como qualquer um pôde observar. Se ele não tivesse esta intenção, poderia ter avançado numa das outras. Mas, onde foi o crocodilo buscar esta intenção? Comumente o crocodilo não devora seres humanos. Isso é correto, tão correto quanto a constatação de que geralmente não chove no Saara. Os crocodilos são animais medrosos que se assustam com muita facilidade. Em comparação com o grande número de crocodilos, o número de pessoas devoradas por eles é ínfimo. Portanto é um acontecimento inesperado e não natural que uma pessoa seja devorada por eles. Tal evento merece uma explicação. Donde recebeu este crocodilo a ordem de matar? Por sua própria natureza, normalmente não o faz. [117]

O primitivo se baseia muito nas realidades de seu mundo ambiente e se espanta – com toda razão – diante de algo inesperado, e quer saber as causas específicas. Até aqui ele se comporta exatamente como nós. Mas vai mais longe, pois dispõe de uma ou mais teorias sobre o poder [118] arbitrário do acaso. Nós dizemos que foi por azar e ele diz que houve uma intenção por trás disso. Coloca o acento principal nos outros cinquenta por cento dos acontecimentos do mundo e não nas simples conexões causais das ciências naturais, mas no intercruzamento perturbador e confuso dos elos causais a que chamamos acaso. Ele já se adaptou há muito tempo às leis gerais da natureza e é por isso que teme o poder do imprevisível acaso como agente arbitrário e desconcertante. Também aqui ele tem razão. Compreende-se então perfeitamente que qualquer ocorrência incomum o assuste. Nas regiões ao sul do Elgon, onde permaneci por mais tempo, há grande quantidade de tamanduás. O tamanduá é um animal noturno, muito esquivo, que raramente aparece. Mas se acontecer que um deles seja visto de dia, será um fato extraordinário, não natural, cujo efeito será tão espantoso quanto a descoberta de um riacho cujas águas de repente comecem a correr morro acima. De fato, se conhecêssemos casos em que a água tomasse rumo contrário à força da gravidade, seria uma descoberta capaz de despertar terrível inquietação. Sabemos das grandes correntes de água que nos cercam e não é difícil imaginar o que aconteceria se, de repente, a água começasse a correr contrariamente às suas leis. É quase assim que se sente o primitivo. Ele conhece exatamente os hábitos do tamanduá, mas desconhece sua esfera de ação quando transgride de repente a ordem natural das coisas. O homem primitivo está de tal forma sob o domínio do que existe que a ruptura da ordem de seu universo produz efeitos de imprevisíveis dimensões. É um *portentum* (prodígio), um presságio, comparável à passagem de um cometa ou a um eclipse solar. Como o aparecimento do tamanduá de dia não é coisa natural e portanto não encontra aos olhos dele qualquer causa natural, deve atribuir-se a um poder arbitrário invisível. A espantosa manifestação de um poder arbitrário, capaz de transgredir a ordem do mundo exige, naturalmente, medidas extraordinárias para afugentá-lo ou aplacá-lo. São convocados os povoados vizinhos e o tamanduá será desentocado com grande esforço conjunto para ser morto. Em seguida, o tio materno mais velho do homem que viu o tamanduá deverá sacrificar um touro. O homem desce à cova e recebe o primeiro pedaço da carne do animal. Depois o tio e os outros participantes da cerimônia também comem. É assim que o perigoso poder arbitrário da natureza é desagravado.

Sem dúvida nosso espanto seria enorme se a água de repente co- [119] meçasse a correr morro acima, mas não haveria espanto se víssemos um tamanduá em pleno dia, ou se nascesse um albino ou ocorresse um eclipse do sol. Conhecemos o sentido desses acontecimentos e sua esfera de ação, mas o primitivo os ignora. Os acontecimentos ordinários constituem para ele um todo solidamente coerente, no qual está envolvido com todas as outras criaturas. Por isso ele é extremamente conservador e faz as coisas que sempre foram feitas. Mas se acontecer algo em algum lugar que quebre a harmonia deste conjunto, é como se fosse um furo na ordem estabelecida. Pode acontecer então sabe Deus o quê. Todo fato incomum é imediatamente relacionado a este contexto. Por exemplo, um missionário erigiu diante de sua casa um mastro para içar, aos domingos, a *Union-Jack*. Mas esta inocente iniciativa custou-lhe bem caro, porque algum tempo depois de seu ato revolucionário desencadeou-se um temporal devastador que foi naturalmente associado ao mastro. Foi o bastante para provocar uma revolta geral contra o missionário.

É a regularidade dos acontecimentos ordinários que dá ao primitivo [120] a sensação de segurança em seu mundo. Qualquer exceção parece-lhe um ato perigoso de arbítrio que deve ser convenientemente propiciado, pois não se trata apenas de uma ruptura momentânea do costumeiro, mas ao mesmo tempo de um presságio de outros acontecimentos adversos. Isso nos parece absurdo, mas esquecemos completamente como nossos avós e bisavós ainda sentiam o mundo: nasceu um bezerro de duas cabeças e cinco patas; no povoado vizinho um galo botou um ovo; uma velhinha teve um sonho; um cometa apareceu no céu; houve um grande incêndio na aldeia vizinha; no ano seguinte explodiu uma guerra. Era assim que vinha narrada a História desde a Antiguidade mais remota até o século XVIII. Esta concatenação dos fatos, tão insensata aos nossos olhos, faz sentido para o primitvo e é capaz de convencer. E – *o que não esperávamos – ele tem razão*. Seu modo de observar é fidedigno. Sabe, baseado na experiência dos mais velhos, que tais relações existem de fato. O que nos parece um amontoado de acasos individuais, totalmente sem sentido – porque só prestamos atenção no sentido e na causalidade própria do evento singular – é para o primitivo uma sequência perfeitamente lógica de agouros e dos fatos que anuncia. É uma irrupção fatal, mas absolutamente consequente, de um arbítrio demoníaco.

[121]   O bezerro de duas cabeças e a guerra são uma e a mesma coisa, pois o bezerro foi simplesmente a antecipação, o presságio da guerra. Esta conexão parece tão persuasiva e segura ao primitivo porque, para ele, o poder arbitrário do acaso é um fator incomparavelmente mais importante do que a regularidade dos acontecimentos do mundo e sua conformidade à lei, e também porque, observando atentamente o extraordinário, descobriu, bem antes de nós, a lei da formação de grupos ou séries de acasos. Todos os médicos clínicos entre nós conhecem muito bem a lei da duplicidade de casos. Um antigo professor de psiquiatria tinha o hábito de dizer diante de um caso clínico, especialmente raro: "Senhores, este é um caso único no gênero. Amanhã teremos outro". Também pude observar frequentemente a mesma coisa durante meus oito anos de prática num asilo de pessoas dementes. Certa vez aconteceu um caso de estado crepuscular bem raro – o primeiro deste tipo que vi. Dentro de dois dias, aconteceu outro caso semelhante, e foi o último. "Duplicidade de casos" é uma palavra chistosa entre nós clínicos, mas é objeto primordial da ciência primitiva. Um recente pesquisador cunhou a seguinte frase: *Magic is the science of the jungle* (A magia é a ciência da selva). A astrologia e outros métodos de adivinhação foram certamente a ciência da Antiguidade.

[122]   O que acontece com regularidade, facilmente é observável, porque estamos preparados para isto. Saber e arte são indispensáveis em situações em que o obscuro arbítrio perturba o curso dos acontecimentos. Em geral se confia a um dos homens mais inteligentes e astutos do clã – o curandeiro ou feiticeiro – a tarefa de observar a meteorologia

144

dos acontecimentos. Seu conhecimento deve ser capaz de explicar todas as ocorrências não usuais; e sua arte, de combatê-las. Ele é o sábio, o especialista, o *expert* do acaso, e ao mesmo tempo o guardião dos arquivos da sábia tradição tribal. Cercado de respeito e temor, goza da maior autoridade. Mas sua autoridade não chega a tal ponto que seu clã não esteja secretamente persuadido que o clã vizinho tenha um curandeiro mais potente que o deles. O melhor feiticeiro não está à mão, mas se mantém o mais longe possível. Apesar do excessivo temor diante de seu feiticeiro, o clã no qual vivi durante certo tempo só recorria a ele em casos de doenças benignas do gado e das pessoas. Em casos mais graves se consultava uma autoridade estrangeira, um *M'ganga* (feiticeiro) que era trazido a alto preço da Uganda – como se faz também entre nós.

De preferência os acasos acontecem em séries ou grupos maiores e [123] menores. Uma antiga regra de vaticinar o tempo diz que, se choveu por vários dias, também choverá amanhã. Diz o provérbio: "Uma desgraça nunca vem sozinha", ou "O que se pode duplicar, também se pode triplicar". A sabedoria proverbial é ciência primitiva: bastante crida e temida ainda pelo povo, ridicularizada pelos letrados pressupondo-se que nada de especial lhes tenha ocorrido. Preciso agora contar uma história desagradável: Uma senhora, conhecida minha, foi despertada de manhã às sete horas por um barulho estranho na mesa de jantar. Após breve busca, encontrou a causa: a borda superior de seu copo d'água se havia partido e desprendido, formando um círculo de aproximadamente um centímetro de largura. Isto lhe pareceu estranho. Pediu outro copo. Depois de cinco minutos, o mesmo ruído e novamente a parte superior se desprendeu. Agora, já temerosa, mandou vir um terceiro copo. Vinte minutos depois, o mesmo ruído com o desprendimento da parte superior do copo. Três casos, em sucessão imediata, foram demais para a cabeça dela. Abandonou imediatamente sua crença nas causas naturais e buscou em sua *représentation collective* a certeza da existência de um poder arbitrário. Acontece o mesmo com muitas pessoas modernas, se não forem teimosas, quando se defrontam com acontecimentos que a causalidade natural não consegue explicar. Eis por que negamos estes fatos. São desagradáveis – e nisto se confirma nossa primitividade ainda viva – porque rompem nosso ordenamento do mundo. E, daí, o que mais não é possível?

[124]   Com sua crença no poder arbitrário, o primitivo não estava nas nuvens, como se acreditava até agora, mas se baseava na experiência. A repetição de acasos justifica o que chamamos de superstição, pois é provável que coisas extraordinárias coincidam no tempo e no espaço. Não esqueçamos que neste caso a experiência pode nos deixar na mão. Nossa observação é inadequada porque temos outra disposição de espírito. Jamais levaríamos a sério, por exemplo, que a seguinte série de fatos estivesse relacionada entre si: de manhã entra um pássaro no quarto; pouco depois, somos testemunhas de um acidente na rua; por volta do meio-dia, morre um parente próximo; ao entardecer a cozinheira deixa cair a sopeira e, à noite, ao voltar tarde para casa, descobrimos que perdemos a chave da casa. Ao primitivo, porém, não teria passado despercebido o menor detalhe dessa cadeia de acontecimentos. Cada novo elo da corrente teria confirmado suas expectativas; e tem razão, muito mais razão do que podemos admitir. Sua expectativa temerosa é plenamente justificada e visa a um fim. É um dia de mau agouro em que nada deve ser feito. Em nosso mundo, isto seria uma lamentável superstição, mas no mundo do primitivo é inteligência altamente pertinente, pois ele está mais exposto ao acaso do que nós em nosso mundo protegido e bem regulamentado. Não se pode correr o risco de muitos acasos quando se está na selva. Também o europeu consegue perceber isto.

[125]   Quando um *pueblo* não se sente interiormente bem, não comparece à assembleia dos homens. Quando um antigo romano, ao sair de casa, tropeçava ao transpor o limiar da porta, desistia de seus planos. Isso nos parece absurdo, mas, dentro da visão primitiva, esse presságio exigia no mínimo certa cautela. Quando não me sinto intimamente bem comigo mesmo, meus movimentos se alteram ligeiramente, minha atenção fica

perturbada e fico um tanto alienado. Por isso dou de encontro com as coisas e pessoas, tropeço, deixo cair os objetos e esqueço isso ou aquilo. Dentro da visão dos civilizados, tudo isso são futilidades, mas para a vida selvagem representa perigo mortal. Tropeçar significa para os primitivos: escorregar no tronco de árvore que ficou liso por causa da chuva e que serve de ponte, a cinco metros de altura, a um rio cheio de crocodilos. Perdi minha bússola no meio da floresta fechada. Esqueci de carregar a espingarda e encontro a pista de um rinoceronte no meio da selva. Estou interiormente preocupado e piso em cima de uma cobra. A noite esqueço de colocar a tempo minha proteção contra os mosquitos e onze dias depois acabo morrendo ao primeiro ataque de malária tropical. Além disso, basta esquecer de manter a boca fechada ao tomar banho para ser atacado por uma disenteria mortal. Para nós, acasos deste tipo têm uma causa natural reconhecível num estado psicológico um tanto alterado. Mas, para o primitivo, são presságios objetivamente condicionados ou bruxaria.

Mas também pode ser de outro modo. Na região de Kitoshi, ao [126] sul do Ergon, eu fazia uma excursão na floresta virgem de Kabras. No espesso capim quase pisei numa víbora. Ainda consegui saltar por cima dela a tempo. Após o meio-dia, meu companheiro voltou da caça à perdiz, pálido como um defunto e tremendo dos pés à cabeça. Escapara de ser mordido por uma cobra *mamba*, de sete pés de comprimento, que o atacou por trás, saindo de um formigueiro. Certamente teria morrido se não conseguisse, no útimo momento, ferir o animal a poucos passos dele. Às nove horas da noite, nosso acampamento foi invadido por um bando de hienas famintas que, no dia anterior, havia avançado sobre um homem que dormia, estraçalhando-o. Apesar do fogo, penetraram na cabana do nosso cozinheiro que, aos gritos, se salvou saltando por cima do muro. Durante todo o resto da viagem nada mais aconteceu de anormal. Um dia como estes foi um prato cheio para os meus negros. Para nós, tratava-se de simples acúmulo de eventualidades. Mas para eles seria o cumprimento de um presságio que ocorreu no primeiro dia de nossa viagem pela selva. De fato, naquele dia nosso carro Ford despencou com ponte e tudo num riacho que tentávamos atravessar. Meus *boys* entreolharam-se naquele momento como se quisessem dizer: "Já está começando bem!...". Além disso, desabou um temporal tropical que nos deixou literalmente molhados até os ossos e que me deixou prostrado com febre por vários dias. À noite daquele dia nós, brancos, olhávamos um para o outro e não pude deixar de dizer ao meu amigo, o caçador: "Tenho a impressão de que já começou mais cedo do que esperávamos. Você se lembra do sonho que me contou ainda em Zurique, pouco antes de nossa partida?" Trata-se de um impressionante pesadelo que ele teve. Estava na África caçando e foi bruscamente atacado por uma gigantesca mamba. Acordou gritando de terror. O sonho lhe causara forte impressão e me confessou que havia pensado que esse sonho pressagiava a morte de um de nós. Naturalmente ele pensou na minha morte, pois o bom camarada, como esperamos, é sempre o outro. Mas foi ele que, mais tarde, foi acometido de uma grave malária que quase o levou ao túmulo.

[127]   Falar disto tudo num lugar em que nem existem cobras mambas ou mosquitos anófeles parece totalmente irrisório. Mas, imaginem o azul aveludado de uma noite tropical e o manto escuro formado por gigantescas árvores da floresta intocada pairando sobre vocês, as misteriosas vozes dos espaços noturnos, um fogo solitário ao redor do qual estão fincados fuzis carregados, os mosquiteiros, a água do pântano fervida para beber e, coroando tudo isso, a convicção que um velho africano, muito experiente, condensa nestas palavras: "Vocês sabem, este não é um país dos homens, mas de Deus"[23]. Aqui o rei não é o homem, mas a natureza, os animais, as plantas, os micróbios. É esta a atmosfera deste lugar e pode-se então compreender o sentido que está por trás de conexões que antes nos fariam rir. É um mundo de irrestritos poderes arbitrários com o qual o primitivo tem que lidar cada dia. E ele não brinca com o insólito, mas tira suas conclusões: "este não é um bom lugar";

---

23. *You know, this isn't man's – it's God's country.*

"o dia não é favorável" – e quem sabe quantos perigos pode evitar por causa dessa precaução?

"A magia é a ciência da selva". O *portentum* provoca uma alteração [128] imediata na ação em curso, o abandono de projetos já elaborados e a modificação da atitude psicológica. É claro que tudo isso são medidas da maior eficácia, tendo em vista que os acasos tendem a agrupar-se e a total ignorância do primitivo a respeito da causalidade psíquica. Graças à ênfase unilateral atribuída às assim chamadas causas naturais, aprendemos a distinguir o subjetivo-psíquico do objetivo-natural. O primitivo, ao contrário, tem sua psique fora, nos objetos. Não é ele que se surpreende, mas o objeto que é *mana*, ou seja, dotado de poder mágico. Por conseguinte, toda ação invisível que consideramos como sugestão ou força imaginária, vem, para ele, de fora. Seu território não é geográfico, nem geológico ou político. Contém sua mitologia e sua religião, todo o seu pensamento e sentimentos, na medida em que tudo isso lhe é inconsciente. Seu medo se localiza em certos lugares que "não são bons". Naquela floresta habitam os espíritos dos que já partiram; aquela gruta abriga o diabo que estrangula os que nela entram. Em tal montanha mora a grande serpente; naquela colina se encontra o túmulo do legendário rei; perto daquela fonte, daquele rochedo ou daquela árvore, todas as mulheres engravidam; aquele vau é vigiado por demônios-serpentes; aquela imensa árvore tem uma voz capaz de chamar certas pessoas. O homem primitivo não tem psicologia. O psíquico é objetivo e se desenrola no exterior, no lado de fora. Mesmo seus sonhos são realidades. Do contrário, não lhes daria a menor atenção. As pessoas dos Elgonyi, por exemplo, afirmam com toda seriedade que jamais sonham e que só o feiticeiro teve alguns sonhos. Quando perguntei ao feiticeiro sobre isso, falou que não tivera mais sonhos desde que os ingleses se instalaram no país. Seu pai, sim, ainda tivera grandes sonhos, sabia para onde haviam emigrado os rebanhos, onde se achavam as vacas com seus bezerros, quando haveria guerra ou peste. Agora, quem sabe tudo é o comissário do Distrito e ninguém mais. Estava resignado como certos papuas que acreditam ter grande parte dos crocodilos aderido à administração inglesa. Quando um nativo condenado pelos ingleses, ao tentar fugir das autoridade atravessando um rio, foi gravemente mutilado por um crocodilo, eles concluíram que devia tratar-se de um crocodilo policial. Hoje em dia, Deus fala com os ingleses através de sonhos, mas não com o curandeiro dos Elgonyi, porque são os ingleses que detêm o poder. A função de sonhar emigrou. Também suas almas saem às vezes e o feiticeiro tem que capturá-las como se fossem pássaros e colocá-las na gaiola. Ou almas estranhas chegam e provocam doenças.

[129]   Esta *projeção do psiquismo* cria, naturalmente, certas relações entre os homens e entre homens, animais e coisas, relações que nos parecem inconcebíveis. Um caçador branco, por exemplo, atira num crocodilo e o mata. Imediatamente depois chega muita gente correndo da aldeia vizinha e extremamente irritados exigem compensação. Explicam que o crocodilo era uma certa mulher idosa da aldeia que morreu no exato momento do tiro. O crocodilo era evidentemente sua "alma silvestre". Um outro homem matou um leopardo que ameaçava seu gado. No mesmo instante morreu uma mulher numa aldeia vizinha. Ela era uma só coisa com o leopardo.

[130]   Lévy-Bruhl usou para essas estranhas relações a expressão *participation mystique*. A palavra *mystique* não me parece boa escolha, pois, para o primitivo, não se trata de nada místico, mas de algo perfeitamente natural. Só a nós nos parece estranho tudo isso, porque aparentemente nada sabemos dessas dissociações psíquicas. Na realidade, estes fenômenos também ocorrem entre nós, não porém sob esta forma ingênua e sim sob forma mais civilizada. Por exemplo, é praticamente normal que emprestemos ao outro nossa própria psicologia, isto é, achamos que a psicologia do outro é igual à nossa: o que nos agrada, agradaria também ao outro; o que achamos mau ou desagradável, também o seria para o outro. Nossos tribunais, por exemplo, só admitiram recentemente um relativismo psicológico do julgamento. A sentença *quod licet Jovi, non licet bovi* sempre provoca a cólera em pessoas de mentalidade simples.

A igualdade perante a lei sempre é considerada uma conquista preciosa. E tudo que é mau e inferior, que não queremos reconhecer em nós mesmos, é exatamente isso que atribuímos aos outros. Também sempre estamos prontos a criticar e atacar os outros. No fundo, o que se passa é o seguinte: uma "alma" inferior transmigrou de uma pessoa para outra. O mundo ainda está cheio destas *bêtes noires* e destes "bodes expiatórios", exatamente como fervilhava de bruxas e de lobisomens tempos atrás.

A projeção psicológica ou a *participation mystique* de Lévy- [131] Bruhl – que teve o grande mérito de sublinhar que ela é uma propriedade particularmente característica do homem primitivo – é um fenômeno psíquico dos mais comuns, apenas que lhe damos outros nomes e em geral não queremos admiti-lo como verdadeiro. Tudo o que em nós é inconsciente, acabamos descobrindo em nosso vizinho e o tratamos de acordo. Não mais o submetemos à prova do veneno; não mais o queimamos ou apertamos como se fosse um parafuso. Mas, em compensação, fazemo-lo sofrer moralmente emitindo juízos sobre ele com a mais profunda convicção. O que combatemos nele é, em geral, nossa própria inferioridade.

Devido à indiferenciação de sua consciência e à total falta de au- [132] tocrítica que a acompanha, o primitivo é mais dado à projeção do que nós. Como tudo para ele é absolutamente objetivo, também sua linguagem é drástica. Com certo toque de humor, podemos imaginar o que seja uma mulher-leopardo ou o que seja a pessoa que comparamos a um ganso, uma vaca, uma galinha, uma cobra, um boi, um burro, um camelo etc., formas correntemente usadas como *epitheta ornantia* (epítetos ornamentais), tão familiares a nós. Só falta à "alma silvestre" do primitivo esse esquisito sabor moralizante com seu veneno. O homem arcaico é muito naturalista; vive muito mais sob a impressão do que está acontecendo e é muito menos propenso a fazer julgamentos do que nós. Os *pueblos* me explicaram com a maior objetividade possível que eu pertencia ao totem do urso, isto é, que eu era um urso, porque não conseguia descer uma escada ficando normalmente em pé como as pessoas, mas, pelo contrário, descia de costas usando as quatro patas, como o urso. Se na Europa alguém me chamasse de urso, a coisa não seria muito diferente, só um pouco mais nuançada. O motivo da "alma silvestre", que nos parece tão estranha no primitivo, tornou-se entre nós figura de linguagem, como tantas outras coisas. Se traduzirmos concretamente a metáfora, chegaremos ao ponto de vista primitivo. Tomemos, por exemplo, a expressão "tratamento médico" (estar nas mãos do médico): na concepção do primitivo isto seria exatamente "colocar as mãos sobre", ou "trabalhar com as mãos". É exatamente isto que o curandeiro faz com seus pacientes.

[133]   Achamos difícil entender a "alma silvestre" porque nos causa perplexidade a concepção concreta de uma alma absolutamente separada, vivendo num animal selvagem. Quando chamamos alguma pessoa de camelo, não queremos dizer que, sob todos os aspectos, seja um quadrúpede deste tipo, mas simplesmente que se parece de alguma forma com ele. Separamos uma parte de sua personalidade ou psique e é esta parte que personificamos como camelo. Também a mulher-leopardo é uma pessoa, só que sua "alma silvestre" é um leopardo. Como toda a vida psíquica inconsciente é concreta para o primitivo, o apelidado de leopardo possui uma alma de leopardo, ou, numa dissociação ainda mais profunda, a alma de leopardo vive sob a forma de verdadeiro leopardo na selva.

[134]   Esta identificação que resulta da projeção cria um mundo em que o homem está preso, tanto física quanto psiquicamente. De certa forma, confunde-se com ele. Não é o senhor deste mundo, mas simplesmente um fragmento dele. Por isso, os primitivos estão bem longe do particularismo humano. Não sonham ser os donos da criação. Sua classificação zoológica não culmina no *homo sapiens*, mas no elefante como o ser mais elevado, seguindo-se o leão, depois a boa ou o crocodilo e, por fim, o homem e os seres inferiores. O homem está simplesmente encaixado na natureza, faz parte do todo e não pensa que pode dominá-la. Todos os seus esforços se destinam a proteger-se contra os perigosos acasos. O

homem civilizado, ao contrário, procura dominar a natureza e coloca todo seu esforço na descoberta das causas naturais que podem oferecer-lhe a chave do laboratório secreto da natureza. Por isso também a ideia de poderes arbitrários e da possibilidade de sua existência lhe repugna ao extremo, pois nela pressente, afinal, que a tentativa de dominar a natureza é de todo inútil.

Em resumo poderíamos dizer que o principal traço do homem arcaico é sua atitude diante do poder arbitrário do acaso, pois este fator dos acontecimentos é muito mais importante para ele do que as causas naturais. O poder arbitrário do acaso consiste, por um lado, na visível tendência dos acasos de se agruparem; e, por outro, na projeção da psique inconsciente, a assim chamada *participation mystique*. Para o homem arcaico é claro que esta dimensão não existe, porque o psíquico é projetado de tal forma que não se distingue dos eventos físicos, objetivos e intencionais. Não percebe que o extraordinário o impressiona tão profundamente só porque lhe empresta a força de seu espanto ou pavor. Entramos aqui num terreno bem perigoso. Será que uma coisa é bela só porque lhe atribuo beleza? Ou será que devemos admitir a beleza objetiva das coisas? Como sabemos, grandes espíritos se defrontaram com o problema de saber se é o glorioso sol que ilumina o mundo, ou se o sol é um produto do olho humano. O homem arcaico acredita no sol. O homem civilizado acredita no olho humano – se não sofrer do mal dos poetas ou não se entregar a grandes reflexões. Ele precisa desespiritualizar a natureza para poder dominá-la, o que significa retomar todas as projeções arcaicas, pelo menos quando procura ser objetivo. [135]

No mundo arcaico tudo tem alma – alma do homem, ou melhor, da humanidade, o inconsciente coletivo, porque o indivíduo como tal ainda não possui alma. Não devemos esquecer que a exigência do sacramento cristão do batismo é um ponto decisivo da mais alta importância no desenvolvimento espiritual da humanidade. É o batismo que outorga a alma essencial; não o rito batismal como ação singular e mágica, mas a ideia do batismo que arranca o homem de sua identificação arcaica com [136] o mundo e o transforma num ser que se coloca acima dele. O fato de a humanidade ter chegado ao nível dessa ideia isto é batismo, no sentido mais profundo, e nascimento do homem espiritual e não natural.

[137]   A psicologia do inconsciente é regida por um axioma segundo o qual cada parte relativamente independente da psique possui o caráter de personalidade, isto é, ele se personifica tão logo se lhe ofereça a ocasião de expressar-se com autonomia. Os exemplos mais claros disto podemos encontrá-los nas alucinações dos doentes mentais e nas comunicações mediúnicas. Quando uma parte autônoma da psique é projetada, nasce uma pessoa invisível. É assim que surgem os espíritos no espiritismo mais comum, como também entre os primitivos. Se uma importante parte psíquica é projetada sobre uma pessoa, ela se tornará *mana*, quer dizer, adquire uma eficácia extraordinária, podendo tornar-se feiticeiro, bruxa, lobisomem etc. A primitiva ideia de que o feiticeiro prende na gaiola, como pássaros, as partes da alma que vagueiam pela noite, ilustra bem o que acabamos de dizer. São essas projeções que fazem do feiticeiro *mana*, e são elas que fazem com que animais, árvores e até pedras possam falar, e exigem – precisamente porque são partes da alma – obediência absoluta do indivíduo. Por esta razão, um doente mental está definitivamente à mercê de suas vozes, pois as projeções são simplesmente sua própria atividade psíquica da qual é sujeito consciente tanto quanto o é de seu ouvir, ver e obedecer.

[138]   Do ponto de vista psicológico, a teoria primitiva de que o poder arbitrário do acaso seja um eflúvio das intenções de espíritos e mágicos, é a mais natural e também inevitável. Mas não convém iludir-nos a este respeito. Se expuséssemos a um primitivo inteligente nossa teoria científica, ele nos acusaria da mais ridícula superstição e de uma abominável falta de lógica, porque acredita que é o sol que ilumina o mundo e não o olho humano. Nem eu mesmo escapei de levar uma vergonhosa "chamada de atenção" do meu amigo "Lago da Montanha", um chefe *pueblo*, quando ousei insinuar o argumento agostiniano *"Nosso senhor não é o*

sol, mas quem o fez"[24]. Com grande indignação, ele exclamou, apontando para o sol: "Aquele que vai ali é nosso pai. Tu podes vê-lo. É dele que vem toda luz, toda vida. Não há nada que ele não tenha feito". Estava tão agitado que até lhe faltavam as palavras e acabou incisivamente: "Mesmo o homem na montanha, que vai sozinho, não pode fazer seu fogo sem a ajuda dele". Difícil seria caracterizar melhor o ponto de vista do homem arcaico do que com essas palavras. Todo poder está localizado fora e só graças a ele podemos viver. Pode-se ver, sem mais, como em nosso tempo sem deuses o pensamento religioso ainda mantém vivo o ponto de vista espiritual arcaico. Milhões e milhões de pessoas continuam a pensar assim.

Quando falei anteriormente desta atitude primitiva fundamental em relação ao poder arbitrário do acaso, coloquei-me num ponto de vista segundo o qual esta atitude visa a uma finalidade e, por conseguinte, tem um sentido. Será que, ao menos por um momento, teríamos a coragem de aventurar a hipótese de que a primitiva crença nos poderes arbitrários é justificada não só do ponto de vista psicológico, mas também pelos fatos? Não gostaria de ser grosseiro para convencer meus leitores que a bruxaria realmente existe. Quero apenas refletir com os senhores sobre as conclusões a que chegaríamos se admitíssemos, como os primitivos, que toda luz vem do sol, que as coisas são belas, que uma parte da alma humana é um leopardo – numa palavra, que a teoria do *mana* é correta. Segundo esta teoria, é a beleza que nos atinge e não somos nós que criamos a beleza. Alguém é um diabo; não fomos nós que projetamos nele nosso próprio mal para que se tornasse diabo. Há pessoas humanas que impressionam – as chamadas personalidades *mana* – por si mesmas e não graças à nossa imaginação. A teoria do *mana* afirma que existe algo como um poder amplamente disseminado que produz objetivamente todos os efeitos extraordinários. Tudo o que existe atua, caso contrário não existiria. Isso só pode ser graças à sua energia. O

[139]

---

24. *Non est hic sol dominus noster, sed qui illum fecit.*

existente é um campo de forças. A antiga ideia do *mana* – como se pode ver – é uma espécie de introdução à energética.

[140]   Até aqui podemos facilmente seguir a concepção primitiva. Mas se esta concepção em si consequente prosseguir, invertendo as projeções psíquicas de que falamos acima e afirmar: Não é minha imaginação ou minha emoção que transformam o curandeiro em feiticeiro, ao contrário, ele é um feiticeiro e projeta seu poder mágico em mim; não tenho alucinações de espíritos, são eles que me aparecem espontaneamente – quando se fazem afirmações como estas que, certamente, são inferências lógicas do *mana*, começamos então a hesitar e voltamos os olhos para as nossas belas teorias de projeção psíquica. Trata-se simplesmente de perguntar: será que a função psíquica – a alma, o espírito ou o inconsciente – tem sua origem em *mim*, ou será que a psique, nos inícios da formação da consciência, está realmente do lado de fora, sob a forma de intenções e poderes arbitrários, e acaba tomando lugar, gradativamente, dentro da pessoa, no decorrer do desenvolvimento psíquico? Será que aquilo que chamamos de partes separadas da alma já foram outrora partes de uma alma individual total, ou foram antes unidades psíquicas existentes por si mesmas, no sentido primitivo: espíritos, almas dos ancestrais ou algo semelhante, que, no curso da evolução, se encarnaram nas pessoas, de modo a constituir pouco a pouco esse mundo que agora chamamos psique?

[141]   Esta conclusão nos parece um tanto paradoxal. Mas, no fundo, não é totalmente inconcebível. Não apenas a concepção religiosa, mas às vezes também a concepção pedagógica, admitem que possamos implantar no homem algo de psíquico, algo que não trazia dentro de si antes. O poder da sugestão e da influência é um fato e o behaviorismo mais moderno tem expectativas bem extravagantes a este respeito. A ideia de um complexo crescimento da psique como um todo se expressa naturalmente sob formas variadas no pensamento primitivo, por exemplo, na ampla crença da possessão, na encarnação das almas dos ancestrais, na transmigração das almas etc. Ainda hoje quando alguém espirra, temos

o hábito de exclamar: "Saúde!" Com isto queremos dizer: "Faço votos que esta nova alma não lhe faça mal". Quando percebemos, no decurso do nosso próprio desenvolvimento, que estamos chegando, pouco a pouco, a uma unidade de nossa personalidade, a partir de uma multiplicidade cheia de contrastes, parece que está se operando um complexo crescimento como um todo. Nosso corpo é formado hereditariamente de uma multiplicidade de unidades mendelianas e não parece impossível que nossa psique tenha um destino análogo.

As concepções materialistas de nossa época têm convicção seme- [142] lhante à tendência arcaica e desembocam na mesma conclusão: o indivíduo é mero resultado da confluência de causas naturais, no primeiro caso; e, no segundo, nasceu da arbitrariedade do acaso. Em ambos os casos, a individualidade humana parece ser produto fortuito e sem importância das substâncias ativas do meio ambiente. Esta concepção se coaduna perfeitamente com a imagem arcaica do mundo, na qual o indivíduo comum, isolado, não é essencial, mas perfeitamente substituível e transitório. O materialismo, depois de desviar-se para o mais estrito causalismo, acabou voltando à concepção primitiva. Mas o materialista é mais radical que o primitivo por ser mais sistemático. O homem arcaico tem a vantagem de ser inconsequente: abre uma exceção para a personalidade *mana*. No curso do desenvolvimento histórico, esta personalidade *mana* foi elevada à dignidade de figura divina de heróis e reis divinos que, comendo dos eternos manjares dos deuses, tornava-se participante da imortalidade. Essa ideia da imortalidade do indivíduo e, portanto, de seu valor imperecível, já pode ser encontrada em níveis arcaicos mais remotos, principalmente na crença nos espíritos; e, depois, nos mitos do tempo, quando não havia ainda entrado no mundo a morte, pois ela só apareceu devido a um estúpido mal-entendido ou negligência.

O primitivo não se deu conta desta contradição em suas concep- [143] ções. Meus negros me garantiam que ignoravam totalmente o que poderia acontecer-lhes depois da morte. Segundo eles, o homem simplesmente morre, para de respirar e o corpo é levado para a floresta onde é devorado pelas hienas. É o que pensam de dia. De noite é diferente: espíritos dos mortos fervilham trazendo doenças ao gado e às pessoas ou atacando e estrangulando viajantes noturnos etc. Estas e outras contradições que parecem formigar no espírito do primitivo seriam capazes de fazer o europeu sair do sério. Mas ele esquece que no nosso mundo civilizado acontece ainda a mesma coisa. Há universidades que declaram indiscutível a ideia de uma intervenção divina e até erigem faculdades de teologia junto às demais. Um pesquisador materialista das ciências naturais que acha obsceno atribuir a um ato de arbitrariedade divina as mínimas variações de uma espécie animal tem, num outro compartimento, uma religião cristã perfeitamente desenvolvida e que se manifesta abertamente, se possível, cada domingo. Por que então irritar-nos tanto com a inconsequência do primitivo?

[144]   É impossível inferir qualquer sistema filosófico a partir do pensamento primitivo da humanidade. Podemos, isto sim, inferir uma quantidade de antinomias que constituem, em todas as épocas e em todas as culturas, o inesgotável fundamento de toda problemática espiritual. Será que as "representações coletivas" do homem arcaico são profundas, ou simplesmente parecem ser? Já havia sentido no começo ou foi criado mais tarde pelos homens? Não encontro respostas para estas difíceis questões, mas, para terminar, gostaria de narrar uma investigação que fiz junto aos montanheses da tribo dos Elgonyi. Pus-me a pesquisar e perscrutar de todos os modos para ver se encontrava algum vestígio de ideias e cerimônias religiosas. Depois de semanas de procura, absolutamente nada encontrei. Os nativos me deixaram ver tudo e de boa vontade me davam todas as informações. Pude falar diretamente com eles, sem recorrer a intérpretes nativos, porque muitos dos mais velhos falavam o *swahili*. A princípio, mostraram-se um tanto reservados, mas o gelo foi quebrado e passaram a tratar-me como amigo. Eles não tinham qualquer costume religioso. Mas não desisti e, certo dia, ao final de muitas conversas inúteis, um velho de repente exclamou: "Pela manhã, ao

nascer do sol, saímos de nossas cabanas, cuspimos nas mãos, voltando-
-as para o sol". Pedi-lhes então que fizessem uma demonstração exata da
cerimônia. Eles cuspiram ou sopraram fortemente nas mãos colocadas
diante da boca e depois voltaram a palma da mão para o sol. Perguntei
o que isso significava, por que agiam assim, por que cuspiam ou sopra-
vam nas mãos. Tudo em vão. "Sempre foi assim que fizemos" – era o
que diziam. Foi impossível obter uma explicação e ficou bem claro para
mim que eles só sabem o que fazem, mas não sabem por que o fazem.
Não veem qualquer sentido neste ato. Também saúdam a lua nova com
o mesmo gesto.

Vamos agora supor que eu seja um estrangeiro que está chegan-   [145]
do a esta cidade para estudar os costumes deste lugar. Primeiro trato
de instalar-me nos arredores do Zürichberg e entrar em contato com
os moradores vizinhos. Pergunto então aos srs. Müller e Meyer: "Por
favor, será que vocês poderiam contar-me algo sobre seus costumes religiosos?" Ambos ficam estupefatos. Nunca vão à igreja, nada sabem e
negam enfaticamente observar tais costumes religiosos. É primavera e a
Páscoa está se aproximando. Certa manhã surpreendo o sr. Müller em
estranha atividade. Anda apressado no jardim, escondendo ovos colori-
dos e colocando ídolos-coelhos bem típicos. Peguei-o em flagrante: "Por
que você me ocultou esta cerimônia tão interessante?" – perguntei-lhe.
"Que cerimônia?" – retrucou ele. "Isso não é nada. Fazemos isto sempre
na Páscoa". Indaguei: "Qual é então o sentido desses ovos, desses ídolos
e do ato de esconder?" O sr. Müller ficou embasbacado. Nem ele sabe,
como também não sabe o que significa a árvore de Natal. Todavia continua fazendo essas coisas, exatamente como o primitivo. Será que os
antepassados dos primitivos sabiam melhor o que faziam? É totalmente
improvável. O homem arcaico simplesmente o faz, só o civilizado sabe
o que está fazendo.

O que significa então a cerimônia dos montanheses de Elgonyi,   [146]
de que falamos há pouco? É evidente que se trata de uma oferenda ao
sol que é, para eles, no momento do nascer do sol e só neste momen-

to, *mungu*, isto é, *mana*, divino. A saliva é a substância que, segundo a concepção primitiva, contém o mana pessoal, a força que cura, a força mágica, a força da vida. O sopro é o vento, o espírito: é *zoho*; *ruch* em árabe; *ruah* em hebraico; *pneuma* em grego. O ato significa: eu ofereço a Deus minha alma viva. Trata-se de uma oração sem palavras, feita através de um gesto, que poderia soar assim: "Senhor, em tuas mãos entrego meu espírito".

[147]   Será que isto simplesmente acontece assim, ou esta ideia já foi pensada e desejada antes que o homem existisse? Com esta pergunta sem resposta, gostaria de encerrar minha exposição.

8
Psicologia e literatura[25]

É certo e até mesmo evidente que a psicologia, ciência dos proces- [133]
sos anímicos, pode relacionar-se com o campo da literatura. A alma é
ao mesmo tempo mãe de toda ciência e vaso matricial da criação artística. Assim, pois, seria lícito esperar das ciências da alma que, por um
lado, pudessem ajudar no tocante ao estudo da estrutura psicológica de
uma obra de arte e, por outro, explicar as circunstâncias psicológicas do
homem criador. Notemos, entretanto, que essas duas tarefas são essencialmente diferentes.

O estudo de uma obra de arte é o fruto "intencional" de atividades [134]
anímicas complexas. Estudar as circunstâncias psicológicas do homem
criador equivale a estudar o próprio aparelho psíquico. No primeiro
caso, o objeto da análise e interpretação psicológicas é a obra de arte concreta; no segundo, trata-se da abordagem do ser humano criador, como
personalidade única e singular. Ainda que a obra de arte e o homem
criador estejam ligados entre si por uma profunda relação, numa interação recíproca, não é menos verdade que não se explicam mutuamente.
Certamente é possível tirar de um deduções válidas no que concerne ao

---

25. [Tradução de Dora Ferreira da Silva e Ruben Siqueira Bianchi]. Apareceu pela primeira
vez in Emil Ermatinger, *Philosophie der Literaturwissenschaft*, Berlim, 1930. Foi levemente
elaborada, com algumas mudanças e acréscimos, in: JUNG C.G., *Gestaltungen des Unbewussten* (cf. Referências). O manuscrito do prefácio foi encontrado posteriormente e é aqui
publicado pela primeira vez. Seu teor indica nitidamente que se trata de uma conferência,
mas não há maiores detalhes a respeito.

outro, mas tais deduções nunca são concludentes. No melhor dos casos, exprimem probabilidades e interpretações felizes, e não passam disso. Quando Fausto exclama: "As mães, as mães, isto soa tão estranho!", o que sabemos da relação particular de Goethe com sua mãe deixa transparecer alguma coisa. Mas isto não nos permite compreender o modo pelo qual uma fixação materna pode engendrar um *Fausto*, mesmo que uma intuição profunda nos leve a pensar que os laços maternos desempenharam no homem que foi Goethe um papel significativo, deixando particularmente no *Fausto* traços reveladores. Por outro lado, é impossível, a partir do *Anel* dos *Nibelungos*, perceber ou deduzir com segurança o fato de que Wagner se sentia atraído por homens travestis; mas a partir daí podemos discernir os caminhos secretos que vão dos traços heroicos dos Nibelungos ao que havia de morbidamente feminino no homem que foi Wagner. A psicologia pessoal do criador revela certos traços em sua obra, mas não a explica. E mesmo supondo que a explicasse, e com sucesso, seria necessário admitir que aquilo que a obra contém de pretensamente criador não passaria de um mero sintoma e isto não seria vantajoso nem glorioso para a obra.

[135]   O estado atual da ciência psicológica, a qual, seja dito de passagem, é a mais jovem das ciências, não permite de forma alguma estabelecer no campo dos trabalhos literários encadeamentos exatos de causa e efeito; no entanto, é isto que esperaríamos dela, como ciência. A psicologia, porém, só revela encadeamentos causais estritos no domínio semipsicológico dos instintos e dos reflexos. Mas quando começa a vida anímica, isto é, quando abordamos os complexos, a psicologia deve contentar-se em fornecer descrições pormenorizadas dos acontecimentos, oferecendo imagens matizadas de tramas cuja sutileza é quase sobre-humana; deve, entretanto, renunciar à pretensão de impor um só desses elementos como "necessário". Caso contrário, se a psicologia pudesse exibir causalidades indubitáveis no tocante à obra de arte ou à criação artística, todo o âmbito da especulação sobre a arte seria reduzido a um apêndice da psicologia. Mesmo que esta última nunca deva renunci

à pesquisa da causalidade eventual dos processos complexos, é óbvio que sua expectativa jamais será satisfeita, pois os elementos criadores irracionais que se expressam nitidamente na arte desafiarão todas as tentativas racionalizantes. A totalidade dos processos psíquicos que se dão no quadro do consciente pode ser explicada de maneira causal; no entanto, o momento criador, cujas raízes mergulham na imensidão do inconsciente, permanecerá para sempre fechado ao conhecimento humano. Poderemos somente descrevê-lo em suas manifestações, pressenti-lo, mas nunca será possível apressá-lo. Assim, pois, a crítica de arte e a psicologia sempre serão interdependentes, mas o princípio de uma jamais suprimirá o da outra. O princípio da psicologia é o de mostrar o material psíquico como algo decorrente de premissas causais. O princípio da crítica artística é o de considerar a psique apenas como um ente, quer se trate da obra ou do artista. Ambos os princípios são válidos apesar de sua relatividade.

1. A obra

A perspectiva psicológica da obra de arte distingue-se, por suas [136] colocações específicas, da perspectiva literária. Os valores e fatos que são determinantes para esta última podem ser desprovidos de qualquer interesse para a primeira; assim, obras de valor literário extremamente duvidoso podem muitas vezes parecer particularmente interessantes para o psicólogo. O assim chamado romance psicológico, por exemplo, não o interessa, não lhe oferecendo o que nele a perspectiva literária pretende encontrar. Tal romance, considerado como um todo que tem sua razão de ser em si mesmo, explica-se a si próprio; tem por assim dizer sua própria psicologia, que o psicólogo poderia, no máximo, completar ou criticar. Neste caso, porém, seria importante perguntar por que esse autor concebeu tal obra, resposta que o texto em questão não oferece. Cuidaremos deste último problema na segunda parte desta exposição.

[137]   Inversamente, o romance não psicológico oferece, em geral, à elucidação do psicólogo melhores possibilidades. O autor não tem intenções psicológicas, não antecipa a psicologia particular de seus personagens; por isso, não só deixa espaço à análise e à interpretação, como as solicita, pela objetividade de suas descrições. Bons exemplos disto são os romances de Benoit e as *fiction stories* inglesas, no gênero de Rider Haggard, que se encaminharam, através de Conan Doyle, para o tipo literário mais apreciado pelas massas: o romance policial. Lembremos aqui o maior romance americano de Melville, o *Moby Dick*. A descrição palpitante dos fatos, ainda que aparentemente alheia a qualquer intenção psicológica, é do maior interesse para o psicólogo, pois toda a narração se edifica sobre um pano de fundo psicológico inexpresso; o olhar crítico irá distingui-lo com tanto maior pureza e clareza quanto mais o autor estiver inconsciente de seus pressupostos. No romance psicológico, pelo contrário, o autor tenta alçar a matéria-prima de sua obra além dos simples acontecimentos, à esfera da discussão e elucidação psicológicas. Por este motivo, o pano de fundo anímico é muitas vezes totalmente obscurecido. O leigo retira muitas vezes suas noções de "psicologia" dos romances desta espécie; quanto aos romances do primeiro tipo, só a psicologia pode conferir seu sentido mais profundo.

[138]   O que aqui comentamos, baseados no romance, constitui um princípio psicológico que ultrapassa consideravelmente os limites deste gênero literário. Ele é válido também para a poesia e no *Fausto* distingue a primeira da segunda parte. A tragédia amorosa explica-se por si mesma, enquanto a segunda parte exige um trabalho de interpretação. À primeira parte o psicólogo nada tem a acrescentar que o poeta já não o tenha dito, e muito melhor. A segunda parte, pelo contrário, apresenta uma fenomenologia de tal modo prodigiosa, que o poder criador do poeta é como que consumido e até ultrapassado; nela, nada se explica por si mesmo e cada novo verso pede a interpretação do leitor. O *Fausto* caracteriza da melhor maneira possível os dois polos extremos entre os quais, do ponto de vista psicológico, pode mover-se uma obra-prima literária.

Para maior clareza, chamemos ao primeiro, o modo psicológico de [139] criar; e ao segundo, o modo visionário. O modo psicológico tem como tema os conteúdos que se movem nos limites da consciência humana; assim, por exemplo, uma experiência de vida, uma comoção, uma vivência passional; enfim, um destino humano que a consciência genérica conhece, ou pelo menos pode pressentir. Esse tema, captado pela alma do poeta, é elevado a partir de uma vivência banal, à altura de sua vivência interior e de tal modo transformado que aquilo que até então parecia trivial, ou que se sentia confusa e penosamente, é colocado, por sua nova expressão, no primeiro plano da consciência do leitor. Assim, o poeta lhe confere um grau superior de clareza e de humanidade. O tema originário, ao qual empresta forma, provém em sua essência da esfera dos homens, de suas alegrias e dores, suscetíveis de renovarem-se indefinidamente. Em sua configuração poética, esse tema será esclarecido e transformado. Dessa maneira o poeta livrou o psicólogo de todo e qualquer trabalho. Ou deveria o psicólogo explicar por que Fausto se apaixona por Margarida, ou por que Margarida comete um infanticídio? Nisso tudo não há mais do que destino humano, que se repete milhares de vezes na monotonia cinzenta dos tribunais de justiça e do código civil; nada permanece na sombra, tudo se explica por si mesmo, de modo convincente.

É nesta linha que devem ser situadas inúmeras produções literá- [140] rias, o romance de *milieu*, o romance social, o romance de família, o romance policial, os poemas didáticos, a maioria dos poemas líricos, as tragédias e as comédias. Qualquer que seja, em cada caso, sua forma artística, os conteúdos do modo psicológico de criar provêm sempre do domínio da experiência humana, do primeiro plano de suas vivências anímicas mais fortes. Se chamo tal criação artística de "psicológica" é pelo fato de ela mover-se sempre nos limites do que é psicologicamente compreensível e assimilável. Da vivência à sua formulação artística, todo o essencial se desenvolve no domínio da psicologia imediata. O próprio tema psíquico da vivência nada tem em si de estranho; pelo contrário, é-nos sobejamente conhecido. Trata-se da paixão e de suas vicissitudes, dos destinos e de seus sofrimentos, da natureza eterna, seus horrores e belezas.

[141]   O abismo entre o primeiro e o segundo *Fausto* também separa o modo *psicológico* do modo *visionário* da criação artística. Neste segundo modo, tudo se inverte: o tema ou a vivência que se torna conteúdo da elaboração artística é-nos desconhecido. Sua essência, estranha, de natureza profunda, parece provir de abismos de uma época arcaica, ou de mundos de sombra e de luz sobre-humanos. Esse tema constitui uma vivência originária que ameaça a natureza, ferindo-a em sua fragilidade e incapacidade de compreensão. O valor e o choque emotivo são acionados pela terribilidade da vivência, a qual emerge do fundo das idades, de modo frio e estranho ou sublime e significativo. Ora a manifestação é demoníaca, grotesca e desarmônica, destruindo valores humanos e formas consagradas, como uma sequência angustiosa do eterno caos, crime de lesa-majestade do homem, usando a expressão de Nietzsche, ora irrompe como uma manifestação cujos altos e baixos a intuição humana não pode sondar, ou como uma beleza que seria vão tentar apreender com palavras. O desconcertante encontro de acontecimentos tão poderosos, que ultrapassam a extensão da sensibilidade e compreensão humanas, exige da criação artística algo diverso das experiências banais, hauridas no primeiro plano da vida cotidiana. Estas últimas nunca rasgam a cortina cósmica, nunca explodem os limites das possibilidades humanas; por isso mesmo, ainda que provocando uma profunda comoção no indivíduo, inserem-se facilmente nas formas da criação artística do homem. A forma visionária, à qual já nos referimos, rasga de alto a baixo a cortina na qual estão pintadas as imagens cósmicas, permitindo uma visão das profundezas incompreensíveis daquilo que ainda não se formou. Trata-se de outros mundos? Ou de um obscurecimento do espírito? Ou das fontes originárias da alma humana? Ou ainda do futuro das gerações vindouras? Não podemos responder a essas questões nem pela afirmativa, nem pela negativa.

Configurar e reconfigurar: eterno prazer do sentido eterno.

Encontramos uma visão originária desse tipo no *Poimandres*, no [142] *Pastor de Hermas*, em Dante, na segunda parte do *Fausto*, nas vivências dionisíacas de Nietzsche[26], nas obras de Wagner (*o Anel dos Nibelungos, Tristão, Parsifal*), na *Primavera olímpica* de Spitteler, nos desenhos e poemas de William Blake, na *Hipnerotomaquia* do monge Francesco Colonna[27], no balbuciar filosófico-poético de Jacob Boehme[28] e também nas imagens ora magníficas, ora grotescas do *Jarro de ouro* de E.T.A. Hoffmann[29]. De forma mais breve e concisa, uma experiência dessa natureza constitui o conteúdo essencial das obras de Rider Haggard em torno de *Ela, a feiticeira*; citemos também Benoit (principalmente em *Atlântida*), Kubin (em *O outro lado*), Meyrink (principalmente em *A face verde* que não deve ser subestimada), Goetz (em *O reino sem espaço*), Barlach (*O dia morto*) etc.

Quando nos defrontamos com o tema da obra de arte psicológi- [143] ca nunca sentimos a necessidade de inquirir em que consiste e o que significa. Mas no tocante às experiências visionárias, essas questões se impõem por si mesmas. Há uma exigência óbvia de comentários, explicações; sentimo-nos surpreendidos, desconcertados, confusos, desconfiados ou, o que é pior, chegamos a experimentar repugnância[30]. Elas nada evocam do que lembra a vida cotidiana, mas tornam vivos os sonhos, as angústias noturnas, os pressentimentos inquietantes que despertam nos recantos obscuros da alma. O público, em sua grande maioria, recusa-se a tais temas, a não ser que respondam às sensações

---

26. Cf. *Aufsätze zur Zeitgeschichte*, p. 6s.

27. Agora, baseado nos princípios da psicologia complexa, foi reelaborado por Linda Fierz--David em: *Der Liebestraum des Poliphilo*.

28. Certas provas de Boehme podem ser encontradas em meu artigo: *Zur Empirie des Individuationsprozesses* [posteriormente, em *Psychologie und Alchemie*].

29. Cf. os alentados estudos de Aniela Jaffé: *Bilder und Symbole aus E.T.A. Hoffmanns Maerchen "Der Goldne Topf"*.

30. Pensemos aqui em obras tais como o *Ulisses* de James Joyce, a qual, apesar de sua desintegração niilista e talvez justamente devido a ela, possui uma profundidade significativa [Cf. o capítulo VIII deste volume].

mais grosseiras; o próprio crítico literário sente-se, às vezes, embaraçado diante desses temas. Dante e Wagner parecem ter facilitado a tarefa dos críticos. No primeiro, a experiência originária revestiu-se de historicidade e, no segundo, de acontecimentos míticos, o que permite, por um mal-entendido, confundi-los com o tema originário. Em ambos, porém, a dinâmica e o sentido profundo não residem nem no material histórico, nem no mítico, e sim nas visões originárias neles expressas. Quanto a Rider Haggard, que é geralmente considerado, de modo compreensível, um escritor de *fiction stories*, seu fio de Ariadne é um mero recurso – que às vezes se emaranha de maneira inquietante – a fim de captar um conteúdo significativo e transcendente.

[144]   É curioso constatar que, inversamente ao que se passa em relação à criação psicológica, uma obscuridade profunda cerca a origem dos temas visionários, obscuridade que muitas vezes nos parece premeditada. Com efeito, somos levados a supor – especialmente hoje, sob a influência da psicologia freudiana – que através dessas obscuridades, ora grotescas, ora repletas de pressentimentos profundos, devem figurar experiências pessoais, a partir das quais seria possível explicar a visão singular do caos do artista e também através das quais se confirmaria a impressão de que o poeta teria tentado dissimular suas vivências pessoais. Desta tendência explicativa à suposição de que poderia tratar-se de uma criação mórbida e neurótica não vai um passo. Isto seria justificável se o tema visionário se ativesse a particularidades observáveis nas fantasias dos doentes mentais. Por outro lado, os materiais fornecidos pelos psicóticos são ricos e de um alcance significativo que apenas poderemos encontrar nas produções dos gênios. Somos naturalmente tentados a considerar esse fenômeno sob o ponto de vista da patologia e a interpretar as imagens singulares da experiência visionária como substitutivos e tentativas de camuflagem. Supõe-se, neste caso, que uma experiência íntima precedeu o que eu chamo de "visão originária", experiência caracterizada por uma "incompatibilidade", isto é, por seu caráter inconciliável com certas categorias morais. Imagina-se, por exem-

plo, que aquela experiência foi um acontecimento amoroso, cujo caráter moral ou estético era incompatível com a personalidade total do artista, ou pelo menos com a ficção do consciente. Por este motivo, o eu do poeta teria tentado reprimir e tornar invisível (isto é, inconsciente), a referida experiência, ou pelo menos seus aspectos essenciais. Nesse sentido, mobilizaria todo o arsenal de uma fantasia patológica; mas como essa tentativa consiste num processo de substituição sendo, portanto, insatisfatória, deve repetir-se, numa série quase inesgotável de figurações. Desse modo, nasceria a riqueza pululante de imagens monstruosas, demoníacas, grotescas e perversas, de um lado, como substitutivo da experiência "não aceita", e, de outro, a fim de camuflá-la.

Essa tentativa de uma psicologia do homem criador suscitou uma onda de interesse considerável, e constitui até agora a única tentativa teórica de explicar "cientificamente" a origem dos materiais visionários, assim como a psicologia dessas obras de arte singulares. Dizendo isto, faço abstração de minha própria posição, supondo que ela é menos conhecida e menos compreendida do que a concepção que acabo de esboçar. [145]

Ora, a redução de uma vivência visionária a uma experiência pessoal a transforma em algo de inadequado, um mero "substitutivo". Com isso, o conteúdo visionário perde seu "caráter originário", a visão originária é reduzida a um simples sintoma e o caos degenera a ponto de não ser mais do que uma perturbação psíquica. Tal explicação enquadra-se tranquilamente nos limites do cosmos bem ordenado, cuja razão prática nunca pretendeu ser algo de perfeito. Suas imperfeições inevitáveis são anomalias e doenças que também fazem parte da natureza humana e esta é uma suposição básica. A visão perturbadora dos abismos existentes além do humano então se revela como pura ilusão e, o poeta, um enganador enganado. Sua vivência originária era "humana, demasiado humana", de tal forma que ele nem mesmo pôde enfrentá-la, escondendo-a de si mesmo. [146]

Será bom encarar as consequências inevitáveis dessa *redução à anamnese pessoal*, o que faria perder de vista a meta desta atitude expli- [147]

cativa: ela se desvia da psicologia da obra de arte para concentrar-se na psicologia do poeta. Esta última não pode ser negada. Mas a primeira também tem seu lugar, não podendo ser eliminada por um simples *tour de passepasse*, que consiste em querer fazê-la uma simples expressão de um complexo pessoal. Não nos interessa indagar aqui para que a obra de arte serve ao poeta; se serve de prestidigitação, de camuflagem, ou se representa para ele um sofrimento ou uma ação. Nossa tarefa é explicar psicologicamente a obra de arte. Para isso, é necessário encarar com atenção o seu embasamento, ou seja, a vivência originária, já que a ninguém ocorreria questionar a realidade e seriedade do tema sobre o qual é erigida a obra de caráter psicológico. Sem dúvida, no caso da visão originária, é muito mais difícil fazer a profissão de fé requerida, porquanto nesta última se apresenta algo que não tem correspondência na experiência corrente. Ela remete fatalmente a uma metafísica obscura, a ponto da razão, ainda que benevolente, não desejar intervir. Conclui-se então que tais coisas não podem ser levadas muito a sério, pois de outro modo o mundo poderia recair na supcrstição e no obscurantismo. Quem não tiver uma vocação especificamente "ocultista" encarará a vivência originária como uma "imaginação rica", ou como "caprichos e licenças poéticas". Certos poetas reforçam esta atitude, mantendo em relação à sua obra uma distância salutar. Spitteler, por exemplo, sugere que, em lugar de *Primavera olímpica*, poderia muito bem dizer: "o mês de maio chegou". Poetas também são homens e o que um poeta diz de sua obra frequentemente não é o que de melhor pode ser dito sobre ela. O importante é defender a seriedade da vivência originária, mesmo contra as resistências do poeta.

[148]   O *Pastor de Hermas*, a *Divina comédia* e o *Fausto* são entretecidos de ecos e ressonâncias de vivências amorosas da juventude; mas sua consumação e coroamento são-lhes outorgados por uma vivência originária. Não temos qualquer motivo para supor que a vivência normal do primeiro *Fausto* seja negada ou camuflada no segundo. Da mesma forma, não há razão alguma que nos leve a acreditar que ao escrever a primeira parte do *Fausto* ele estivesse num estado normal, e neuróti-

co, ao escrever a segunda. Na grande sequência que vai de Hermas a Goethe, passando por Dante, ao longo de quase 2.000 anos, encontramos sempre a experiência amorosa pessoal, não somente acrescentada, como também subordinada a uma grande experiência visionária. Tais testemunhos são significativos, pois comprovam que, abstração feita da psicologia pessoal do poeta, a visão constitui, no âmago da obra de arte, uma vivência mais profunda do que a paixão humana. No que diz respeito à obra de arte, a qual nunca deve ser confundida com aquilo que o poeta tem de pessoal, é indubitável que a visão é uma vivência originária autêntica, apesar das restrições do racionalismo. Ela não é algo de derivado, nem de secundário, e muito menos um sintoma; é um *símbolo real*, a *expressão de uma essencialidade desconhecida*. Assim como a vivência amorosa representa a experiência de um fato real, o mesmo se dá com a visão. Pouco nos importa se seu conteúdo é de natureza física, anímica ou metafísica. Ela constitui uma realidade psíquica, que tem pelo menos a mesma dignidade que a realidade física. A vivência da paixão humana encontra-se dentro dos limites da consciência, ao passo que o objeto da visão é vivido fora desse quadro. No sentimento, vivenciamos coisas conhecidas; a intuição, no entanto, conduz-nos a áreas desconhecidas e ocultas, a coisas que, por sua natureza, são secretas. Ao se tornarem conscientes, são intencionalmente veladas e dissimuladas; por isso, desde tempos imemoriais, são associadas àquilo que é secreto, inquietante e dúbio. Elas se escondem ao olhar do homem e este delas se esconde por um temor supersticioso, protegendo-se com o escudo da ciência e da razão. O cosmos é sua crença diurna, que deve preservá-lo da angústia noturna do caos – o século das luzes frente à crença na noite! Pois como poderia haver algo de vivo e atuante além do mundo humano diurno? Necessidades e inelutabilidades perigosas? Coisas dotadas de maior intencionalidade do que os elétrons? Seria mera presunção imaginar que possuímos e dominamos a nossa própria alma se o que a ciência chama de "psique" é apenas um ponto de interrogação fechado na calota craniana? E se for enfim uma porta aberta, pela qual entra o desconhecido, o que atua em segredo, proveniente de um mundo meta-humano, capaz de arrancar o homem de sua humanidade, nas asas da noite, conduzindo-o a uma servidão e destino transpessoais? Às vezes parece que a experiência sentimental tem apenas uma ação desencadeante; em certos casos parece até mesmo que é "arranjada" para um determinado fim, e o aspecto humano e pessoal não passariam de mero prelúdio à "divina comédia", a única essencial.

[149]   A obra de arte desta espécie não é a única que provém da esfera noturna; os visionários e profetas dela se aproximam, como diz com muito acerto Santo Agostinho: "E subíamos ainda, cogitando interiormente, conversando e admirando as tuas obras; e entramos em nossas mentes e as transcendemos, atingindo a região da fecundidade que não falha, onde alimentas eternamente Israel com o alimento da verdade e onde a vida é sabedoria [...]"[31] também nesta esfera que incorrem os grandes malfeitores e os grandes destruidores que obscurecem a face de uma época e também os dementes que se aproximam demasiadamente do fogo... "Quem de vós poderia habitar junto a um fogo devorador"? Quem de vós, junto ao ardor eterno?"[32] Diz-se com toda a razão: "Deus começa por tornar louco a quem quer perder"[33]. Por mais obscura e inconsciente que seja esta esfera não se pode julgá-la desconhecida, pois sempre se manifestou em todos os tempos e lugares. Para o primitivo, é um elemento natural e constitutivo de seu mundo e da imagem que tem dele. Apenas nós a excluímos por temor à superstição e afastando a metafísica, a fim de construir um mundo de consciência seguro e manejável, dentro do qual reinam as leis da natureza, da mesma forma que as leis humanas reinam num Estado bem ordenado. Mas o poeta discerne, às vezes, as imagens do mundo noturno, os espíritos, os demônios e deuses, os emaranhados secretos do destino, assim como a inten-

---

31. *Confessiones*, lib. IX, cap. X: "Et adhuc ascendebamus interius cogitando, et loquendo, et mirando opera tua; et venimus in mentes nostras, et transcendimus eas, ut attingeremus regionem ubertatis indeficientis, ubi pascis Israel in aetermum veritatis pabulo, et ubi vita sapientia est..."

32. Is 33,14: "Quis poterit habitare de vobis cum igne devorante? Quis habitabit ex vobis cum ardoribus sempiternis?"

33. "Quem Deus vult perdere prius dementat".

cionalidade supra-humana e as coisas indizíveis que se desenrolam no *pleroma*. Discerne, às vezes, algo do mundo psíquico, que é ao mesmo tempo o terror e a esperança do primitivo. Seria interessante pesquisar se a reserva relativa à superstição que se estabeleceu nos tempos modernos e a explicação materialista do mundo não representam derivados e uma espécie de continuação da magia e do medo primitivos dos espíritos. Em todo caso, a fascinação que a psicologia das profundezas exerce, bem como as violentas resistências que contra ela se levantam, entrariam neste capítulo.

Desde os primórdios da sociedade humana encontramos vestígios [150] dos esforços psíquicos para encontrar formas propiciatórias e exorcismos próprios para invocar ou expulsar realidades obscuramente pressentidas. Já em antiquíssimos desenhos rodesianos da Idade da Pedra distinguimos, ao lado da representação fiel dos animais, um desenho abstrato, uma cruz de oito ramos inscrita num círculo; ela se encontra sob esta forma em todas as culturas, não só, por exemplo, nas igrejas cristãs, como também nos mosteiros tibetanos. Esse desenho, denominado a roda solar, que provém de épocas e civilizações que não conheciam a roda, só em parte parece ter resultado de uma experiência exterior. Ela é principalmente um símbolo, uma experiência interior, e provavelmente foi reproduzida com tanta fidelidade quanto o célebre rinoceronte dos pássaros! Não há cultura primitiva que não tenha possuído um sistema frequentemente bastante desenvolvido de doutrinas iniciáticas secretas; estas, por um lado, referem-se a coisas obscuras que ultrapassam o mundo humano e diurno e suas lembranças e, por outro lado, dizem respeito à sabedoria que deve reger a ação dos homens[34]. As tribos e os clãs totêmicos conservam esse saber, que era veiculado nas iniciações masculinas. Os antigos fizeram o mesmo em seus mistérios e sua rica mitologia é uma relíquia dos primeiros estágios de experiências semelhantes.

---

34. As *Stammeslehren der Dschagga* de Bruno Gutmann correspondem a três volumes, com nada menos de 1.975 páginas.

[151]   Por este motivo, é perfeitamente válido e legítimo que o poeta se apodere novamente de figuras mitológicas para criar as expressões de sua experiência íntima. Nada seria mais falso do que supor que se recorre, nesse caso, a um tema tradicional. Ele cria a partir da vivência originária, cuja natureza obscura necessita das figuras mitológicas, e, por isso, o artista busca avidamente as que lhe são afins para exprimir-se através delas. A vivência originária é carente de palavra e imagem, tal como uma visão num "espelho que não reflete". A vivência originária é um pressentimento poderoso que quer expressar-se, um turbilhão que se apodera de tudo o que se lhe oferece, imprimindo-lhe uma forma visível. Mas como a expressão nunca atinge a plenitude da visão, nunca esgotando o que ela tem de inabarcável, o poeta muitas vezes necessita de materiais quase monstruosos, ainda que para reproduzir apenas aproximativamente o que pressentiu. Não pode, pois, prescindir da expressão contraditória e rebelde se quiser revelar o paradoxo inquietante de sua visão. Dante estende sua vivência, fazendo apelo a todas as imagens que vão do inferno, até o purgatório e o céu. Goethe precisa do monte das bruxas e do mundo telúrico da Grécia; Wagner, de toda a mitologia nórdica e da riqueza da lenda do Parsifal; Nietzsche recorre ao estilo sagrado dos ditirambos e dos visionários da Antiguidade; Blake recorre às fantasmagorias da Índia, ao mundo de imagens da Bíblia e do Apocalipse, e Spitteler empresta velhos nomes a novas figuras, que jorram numa multiplicidade quase aterradora da cornucópia de abundância de sua poesia. E nada falta na escala que vai do incompreensível e sublime até o perverso e grotesco.

[152]   A psicologia contribui para elucidar a essência dessa manifestação múltipla, principalmente através da terminologia e de materiais comparativos. O que aparece na visão, com efeito, é uma imagem do *inconsciente coletivo*, a saber, da estrutura inata e peculiar dessa psique que constitui a matriz e a condição prévia da consciência. De acordo com a lei filogenética, a estrutura psíquica, da mesma forma que a anatômica, deve conter os degraus percorridos pela linhagem ancestral. No que concerne ao inconsciente, isto de fato se verifica. Durante o eclipse

da consciência, nos sonhos ou nas doenças mentais vêm à superfície conteúdos que apresentam todas as características da condição anímica primitiva, não só pela forma como também pelo sentido; assim, muitas vezes somos tentados a supor que tais conteúdos constituem fragmentos de antigas doutrinas esotéricas. São numerosos os motivos mitológicos que emergem, embora dissimulados na linguagem moderna das imagens. Não se trata da águia de Zeus ou do Pássaro Roca, mas de um avião. O combate dos dragões é substituído por uma colisão ferroviária. O herói que mata o dragão é encarnado por um tenor, interpretando figuras heroicas, no Teatro Municipal, a mãe ctônica é figurada por uma gorda vendedora de legumes; Plutão raptando Prosérpina é um motorista perigoso etc. O mais importante, porém, especialmente para a crítica literária é o fato de as manifestações do inconsciente coletivo possuírem um caráter compensatório em relação à situação consciente; dessa forma uma vida inconsciente unilateral, desadaptada ou até mesmo perigosa, tende a ser resposta e equilíbrio. A mesma função compensatória também aparece na sintomatologia das neuroses e nas ideias delirantes dos doentes mentais; nestas, as manifestações compensatórias são, com frequência, bastante evidentes. Assim, por exemplo, indivíduos que se fecham temerosos a toda influência exterior supõem de repente que todos conhecem e comentam seus segredos mais íntimos. Naturalmente nem todas as compensações têm o caráter tão evidente. As de caráter neurótico são de uma natureza muito mais sutil; as que se manifestam nos sonhos em geral e, em particular, no próprio sonho, de início parecem impenetráveis, não somente aos leigos como também aos especialistas, por mais claras que depois se revelem mediante a compreensão. Mas é bem sabido que as coisas mais simples são, às vezes, as mais difíceis e eu prefiro remeter meus leitores aos trabalhos já publicados.

Se renunciarmos a ver no *Fausto*, por exemplo, apenas a expressão [153] de uma compensação pessoal à situação consciente de Goethe, devemos indagar como se relaciona tal obra com a *consciência da época* e se essa relação também não deve ser encarada como uma compensação. Creio que seria negligenciar o essencial pretender reduzir ao domínio pessoal esse monumento poético que se alicerça na alma da humanidade. Sempre que o inconsciente coletivo se encarna na vivência e se casa com a *consciência da época*, ocorre um ato criador que concerne a toda a época; a obra é, então, no sentindo mais profundo, uma mensagem dirigida a todos os contemporâneos. Eis por que o *Fausto* faz vibrar algo na alma de todo alemão (como já observou Jacob Burckhardt)[35], e por que a glória de Dante é imortal. Eis por que, também, o *Pastor de Hermas* é um livro quase canônico. Todas as épocas têm sua unilateralidade, seus preconceitos e males psíquicos. Cada época pode ser comparada à alma de um indivíduo: apresenta uma situação consciente específica e restrita, necessitando por esse motivo de uma compensação. O inconsciente coletivo pode proporcionar-lhe tal instrumento, mediante o subterfúgio de um poeta ou de um visionário, quando este exprime o inexprimível de uma época, ou quando suscita pela imagem ou pela ação o que a necessidade negligenciada de todos está almejando; isto, tanto para o bem quanto para o mal, para a salvação, ou para destruição dessa época.

[154]   É perigoso falar do tempo em que vivemos, pois é enorme a extensão daquilo que hoje está em jogo[36]. Contentemo-nos com algumas alusões. A obra de Francesco Colonna é uma apoteose do amor na forma de um sonho literário; não se trata da história de uma paixão, mas da representação de uma relação com a *anima*, isto é, com a imago negativa do feminino encarnado na figura fictícia de Polia. A relação desenrola-se numa forma arcaica e pagã, o que é digno de nota, pois o autor, segundo pouco que dele sabemos, teria sido um monge. Sua obra põe em confronto com a face cristão-medieval o mundo simultaneamente mais antigo e mais novo que surge do Hades, este que é ao mesmo tempo túmulo e mãe geradora[37]. No plano mais alto, Goethe tece nos dédalos multicores do *Fausto*, com fio vermelho, o motivo de Margarida – Helena – Mater Gloriosa – Eterno Feminino. Nietzsche anuncia a

---

35. Cartas a Albert Brenner (*Basler Jahrbuch* 1901, p. 91s.).
36. Escrevi isto em 1929.
37. Cf. os estudos de Linda Fierz-David, Op. cit., p. 239s.

morte de Deus e em Spitteler o desabrochar e fenecimento dos deuses como que se torna um mito das estações do ano. Esses poetas falam por milhares e dezenas de milhares de seres humanos, proclamando de antemão as metamorfoses da consciência de sua época. Linda Fierz diz que a *Hipnerotomaquia* de Polifilo "é o símbolo do processo evolutivo vivo que, invisível e incompreensível, consumou-se entre os homens de seu tempo, gerando o Renascimento e o início dos tempos modernos"[38]. Já na época de Colonna se preparava, por um lado, o enfraquecimento da Igreja através do cisma e, por outro, a época das grandes viagens e das grandes descobertas científicas. Um mundo terminava e a aurora de um novo éon surgia, antecipado pela figura paradoxal e rica de contrastes de Polia, a alma moderna do monge Francesco. Três séculos depois do cisma religioso e da descoberta científica do mundo, Goethe traça o retrato do homem fáustico, e hipertrofiado a ponto de aproximar-se das proporções divinas e tenta, sentindo a inumanidade de tal figura, uni-lo ao eterno feminino da Sofia maternal. Esta última aparece como uma forma suprema da *anima*, despojada da crueldade pagã da ninfa Polia. Esta tentativa de compensação não teve efeito durável, pois Nietzsche apoderou-se de novo do super-homem, que se precipitou em sua própria perdição. Compare-se o *Prometeu* de Spitteler[39] com o drama contemporâneo que vivemos e compreender-se-á o que pretendo dizer quando falo do significado profético das grandes obras de arte[40].

2. O poeta

O segredo do mistério criador, assim como o do livre-arbítrio, é [155] um problema transcendente e não compete à psicologia respondê-lo. Ela pode apenas descrevê-lo. Do mesmo modo, o homem criador também constitui um enigma, cuja solução pode ser proposta de várias maneiras, mas sempre em vão. Não há dúvida de que a psicologia moder-

---

38. Op. cit., p. 38.

39. Eu me refiro à primeira versão em prosa.

40. Cf. *Psychologische Typen* (Tipos psicológicos), 5. ed., 1950, p. 257s. [Ges. Werke VI].

na se ocupou, às vezes, com o problema do artista. Freud acreditou ter encontrado a chave que lhe permitiria penetrar na obra de arte, a partir da esfera das vivências pessoais do artista[41]. Encontramos aqui certas possibilidades; acaso não seria lícito fazer derivar a obra de arte dos "complexos", como, por exemplo, numa neurose? De fato, a grande descoberta de Freud foi a de que as neuroses possuem uma etiologia anímica bem definida, isto é, derivam de causas emocionais e de vivências da primeira infância, quer sejam estas de natureza fantástica ou real. Alguns de seus discípulos, particularmente Rank e Stekel, trabalharam sobre bases semelhantes, alcançando também resultados semelhantes. Não se pode negar que a psicologia pessoal do poeta eventualmente se encontra nas raízes e mesmo nas ramificações mais tênues de sua obra. Esta concepção, de que o mundo pessoal do poeta influencia sob muitos aspectos a escolha e a forma de sua temática, não tem em si nada de muito original; mas é indubitavelmente um mérito da escola freudiana haver demonstrado a extensão da influência do mundo pessoal do poeta em sua própria obra, e ter revelado os modos singulares e as analogias mediante os quais ela se produz.

[156] A neurose é, para Freud, uma satisfação substitutiva. É também algo de inadequado, um erro, um pretexto, uma espécie de desculpa, um modo de não querer encarar as coisas; em resumo, é alguma coisa de essencialmente negativa, que seria melhor não existir. Mal se pode ousar dizer. Uma palavra a favor da neurose, que parece uma perturbação inoportuna e desprovida de qualquer sentido. A obra de arte, aparentemente passível de ser analisada como uma neurose, e à base dos recalques pessoais do poeta, de fato se insere na vizinhança problemática da neurose; mas nem por isso fica em má companhia, uma vez que Freud coloca a religião, a filosofia etc., na mesma situação. Se nos ativermos apenas a esse modo de considerar a questão, ressaltando explicitamente os condicionamentos pessoais que nunca deixam de comparecer, não haveria qualquer objeção a fazer. Mas se pretendermos, mediante essa

---

41. Cf. FREUD. *Der Wahn und die Träume in W. Jensens "Gradiva"* e *Leonardo da Vinci.*

análise, esclarecer a essência mesma da obra de arte, então é preciso rejeitar categoricamente tal pretensão. A essência da obra de arte não é constituída pelas particularidades pessoais que pesam sobre ela – quanto mais numerosas forem, menos se tratará de arte; pelo contrário, sua essência consiste em elevar-se muito acima do aspecto pessoal. Provinda do espírito e do coração, fala ao espírito e ao coração da humanidade. Os elementos pessoais constituem uma limitação, e mesmo um vício da arte. Uma "arte" que fosse única ou essencialmente pessoal mereceria ser tratada como uma neurose. Quando a escola freudiana pretende que todo artista possua uma personalidade restrita, infantil e autoerótica, tal julgamento poderá ser válido para o artista enquanto pessoa, mas não para o criador que há nele. Este último não é nem autoerótico, nem heteroerótico e nem mesmo erótico, mas constitui em supremo grau uma realidade impessoal e até mesmo inumana ou sobre-humana, pois enquanto artista ele é sua obra, e não um ser humano.

Todo ser criador é uma dualidade ou uma síntese de qualidades [157] paradoxais. *Por um lado, ele é uma personalidade humana, e, por outro, um processo criador, impessoal.* Enquanto homem, pode ser saudável ou doentio; sua psicologia pessoal pode e deve ser explicada de um modo pessoal. Mas enquanto artista, ele não poderá ser compreendido a não ser a partir de seu ato criador. Assim, por exemplo, seria um equívoco grosseiro tentar explicar mediante uma etiologia pessoal as maneiras de um *gentleman* inglês, as de um oficial prussiano, ou as de um cardeal. O *gentleman*, o oficial e o prelado representam papéis objetivos e impessoais, que implicam uma psicologia objetiva inerente aos mesmos. Ainda que o artista se situe nos antípodas da oficialidade, mesmo assim não deixa de existir uma analogia secreta entre eles, na medida em que a psicologia específica do artista constitui um assunto coletivo e não pessoal. Isto, porque a arte, nele, é inata como um instinto que dele se apodera, fazendo-o seu instrumento. Em última instância, o que nele quer não é ele mesmo enquanto homem pessoal, mas a obra de arte. Enquanto pessoa, tem seus humores, caprichos e metas egoístas; mas

179

enquanto artista ele é, no mais alto sentido, "homem", e *homem coletivo*, portador e plasmador da alma inconsciente e ativa da humanidade. É esse o seu ofício, cuja exigência às vezes predomina a ponto de pedir-lhe o sacrifício da felicidade humana e de tudo aquilo que torna valiosa a vida do homem comum. C.G. Carus diz:

> Aquele a quem chamamos de gênio se caracteriza por sua maneira especial de manifestar-se; um tal espírito, superiormente dotado, é marcado pelo fato de que, por plenas que sejam sua liberdade e a clareza de sua vida, é determinado e conduzido em tudo pelo inconsciente, esse deus misterioso que o habita; assim, visões dele brotam, sem que ele saiba de onde vieram; é impelido a agir e a criar, sem saber para que fim; dominado por um impulso que o leva ao devir e ao desenvolvimento, ele mesmo não sabe por quê[42].

[158]   Nessas circunstâncias não é de admirar-se que precisamente o artista – tomado em sua totalidade – proporcione um rico material para um tipo de psicologia analítica de caráter crítico. Sua vida é necessariamente cheia de conflitos, uma vez que dois poderes lutam dentro dele. Por um lado, o homem comum, com suas exigências legítimas de felicidade, satisfação e segurança vital e, por outro, a paixão criadora e intransigente, que acaba pondo por terra todos os desejos pessoais. Por isso, o destino pessoal de tantos artistas é, na maior parte das vezes, tão insatisfatório e mesmo trágico e, isto, não devido a um sombrio desígnio da sorte, mas sim a uma inferioridade ou a uma faculdade deficiente de adaptação de sua personalidade humana. São raros os homens criadores que não pagam caro a centelha divina de sua capacidade genial. É como se cada ser humano nascesse com um capital limitado de energia vital. A dominante do artista, isto é, seu impulso criador, arrebatará a maior parte dessa energia, se verdadeiramente for um artista; e para o restante sobrará muito pouco, o que não permite que outro valor possa desenvolver-se. O lado humano é tantas vezes de tal modo sangrado em benefício do lado criador, que ao primeiro não

---

42. *Psyche*, p. 158.

cabe senão vegetar num nível primitivo e insuficiente. Tal fenômeno se exprime frequentemente como puerilidade e negligência, ou como um egoísmo ingênuo e intransigente (o assim chamado "autoerotismo"), como vaidade e outras fraquezas. Essas inferioridades são significativas, pois devido a elas poderá ser encaminhada para o eu uma quantidade suficiente de energia vital. O eu necessita dessas formas vitais inferiores, porque senão sucumbiria a uma privação total. O autoerotismo pessoal de certos artistas pode ser comparado ao de certos filhos ilegítimos ou negligenciados, que precisaram defender-se precocemente contra o efeito destruidor de um ambiente desprovido de afeição, desenvolvendo em si mesmos traços negativos. Tais crianças, com efeito, tornam-se muitas vezes abusivamente egocêntricas, quer passivamente, permanecendo infantis e frágeis durante toda a vida, quer ativamente, revoltando-se contra a moral vigente e as leis. É evidente que o artista deve ser explicado a partir de sua arte, e não através das insuficiências de sua natureza e de seus conflitos pessoais. Estes não são, muitas vezes, senão as consequências lamentáveis do fato de ser ele um artista, isto é, um homem ao qual coube um fardo mais pesado do que aquele que é levado pelos demais. Quando os dons são maiores exigem um maior dispêndio de energia; por isso, o balanço positivo de um lado é acompanhado pelo balanço negativo do outro.

Quer pense o poeta que sua obra nele se cria, germina e amadurece, quer imagine que deliberadamente dá forma a uma invenção pessoal, isto em nada altera o fato de que na realidade a obra nasce de seu criador, tal como uma criança, de sua mãe. A psicologia da criação artística é uma psicologia especificamente feminina, pois a obra criadora jorra das profundezas inconscientes, que são justamente o domínio das mães. Se os dons criadores prevalecem, prevalece o inconsciente como força plasmadora de vida e destino, diante da vontade consciente; neste caso, a consciência será muitas vezes arrastada pela força impetuosa da torrente subterrânea, tal como uma testemunha desamparada dos acontecimentos. A obra em crescimento é o destino do poeta e é ela que determina sua psicologia. Não é Goethe quem faz o *Fausto*, mas sim a componente anímica *Fausto* quem faz Goethe[43]. E afinal, o que é *Fausto*? É um *símbolo*, e não apenas uma indicação semiótica ou uma alegoria de algo há muito conhecido, a expressão de um dado antigo, vivo e atuante na alma alemã, que Goethe devia dar à luz. É concebível que um escritor não alemão tivesse podido escrever um *Fausto*, ou um *Assim falava Zaratustra*? Essas duas obras aludem a um mesmo elemento que vibra na alma alemã, a uma "imagem originária", como disse certa vez Jacob Burckhardt, imagem que corresponde à figura de um médico e professor, que é também um feiticeiro sombrio: o arquétipo do sábio que, por um lado, é portador de auxílio e salvação e, por outro, é um mágico, ilusionista, sedutor e também o diabo. Esta imagem está enterrada no inconsciente, desde os tempos primordiais, onde dormita até que a graça ou a desgraça de uma época a desperte, em geral, no momento em que um grave erro desvia o povo do reto caminho. Quando ocorre este descaminho, deve apelar-se a *Führers*, a "Mestres", e mesmo ao médico. O falso caminho de sedução atua como um veneno, que também poderia ser um remédio, e a sombra do salvador é representada como um destruidor diabólico. Esta força dos opostos se expressa anteriormente no médico mítico: o médico que cura feridas tem, ele mesmo, uma ferida. Chiron é o exemplo clássico[44]. No domínio cristão, a ferida no flanco de Cristo, o maior dos médicos, é a expressão deste fato. Mas Fausto – e isto é bem característico – não é um homem ferido, nem é afetado pelo problema moral. Pode-se, com o risco de cindir a própria personalidade, manter ao mesmo tempo uma alta altitude moral e ser diabólico; só nesta situação pode alguém sentir-se "a seis mil pés além do bem e do mal". Mefisto foi aparentemente privado da indenização à qual tinha

---

43. O sonho de Eckermann, no qual o par Fausto e Mefisto cai sobre a terra como um meteoro duplo, lembra o motivo dos Dióscuros (cf. minhas conferências "Über Wiedergeburt" e o motivo do par de amigos em *Gestaltungen des Unbewussten*) que simboliza uma particularidade essencial da psique goetheana. A observação de Eckermann de que a figura alada e levemente cornuda de Mefisto lembra a de Mercúrio, é de uma sutileza particular. Esta observação concorda inteiramente com a natureza alquímica e com a essência da obra-prima de Goethe (Agradeço essa lembrança em relação aos colóquios de Eckermann a uma observação amigável de meu colega W. Kranefeldt).

44. Em relação a este motivo, cf. KERÉNYI, *Der göttliche Arzt*, p. 84s.

direito; mas eis que ela reaparece cem anos depois sob a forma de uma dívida sangrenta. Mas quem acredita seriamente que o poeta exprime a verdade de todos? E se fosse esse o caso, em que quadro se deveria considerar a obra de arte?

Um arquétipo em si mesmo não é bom, nem mau. É um *numen* [160] moralmente indiferente. Só através de sua confrontação com o consciente torna-se uma coisa ou outra, ou então uma dualidade de opostos. Esta inflexão para o bem ou para o mal é determinada consciente ou inconscientemente pela atitude humana do sujeito. São numerosas as imagens primordiais desta espécie. Por muito tempo não se manifestam, nem nos sonhos dos indivíduos, nem nas obras de arte, até serem provocadas e ativadas pelos extravios da consciência que se afastou demasiadamente do caminho do meio. Quando a consciência se extravia numa atitude unilateral e, portanto, falsa, esses "instintos" são vivificados e delegam suas imagens aos sonhos dos indivíduos e às visões dos artistas e visionários, restabelecendo assim novamente o equilíbrio anímico.

Desse modo, as necessidades anímicas de um povo são satisfeitas [161] na obra do poeta e por este motivo ela significa verdadeiramente para seu autor, saiba ele ou não, mais do que seu próprio destino pessoal. Ele é, no sentido mais profundo, um instrumento de sua obra, estando por isso abaixo dela. Não podemos esperar jamais que o poeta seja o intérprete de sua própria obra. Configurá-la foi sua tarefa suprema. A interpretação deve ser deixada aos outros e ao futuro. Uma obra-prima é como um sonho que apesar de todas as suas evidências nunca se interpreta a si mesmo e também nunca é unívoco. Nenhum sonho diz: "Você deve", ou "esta é a verdade"; ele apenas propõe uma imagem, tal como a natureza que faz uma planta crescer. Compete a nós mesmos tirar as conclusões. Quando alguém tem um pesadelo, isto significa que é demasiadamente medroso, ou que não tem medo algum; assim, quando sonhamos com um mestre sábio, isto quer dizer que precisamos de um mestre, ou, inversamente, que nossa atitude é excessivamente escolar. Sutilmente, porém, as duas coisas se ligam, acontecendo o mesmo no tocante à obra de arte; mas só o percebe quem se aproxima da obra de arte, deixando que esta atue sobre ele, tal como ela agiu sobre o poeta. Para compreender seu sentido, é preciso permitir que ela nos modele, do mesmo modo que modelou o poeta. Compreenderemos então qual foi a vivência originária deste último. Ele tocou as regiões profundas da alma, salutares e libertadoras, onde o indivíduo não se segregou ainda na solidão da consciência, seguindo um caminho falso e doloroso. Tocou as regiões profundas, onde todos os seres vibram em uníssono e onde, portanto, a sensibilidade e a ação do indivíduo abarcam toda a humanidade.

[162]   O segredo da criação artística e de sua atuação consiste nessa possibilidade de reimergir na condição originária da *participation mystique*, pois nesse plano não é o indivíduo, mas o povo que vibra com as vivências; não se trata mais aí das alegrias e dores do indivíduo, mas da vida de toda a humanidade. Por isso, a obra-prima é ao mesmo tempo objetiva e impessoal, tocando nosso ser mais profundo. É por esse motivo também que a personalidade do poeta só pode ser considerada como algo de propício ou desfavorável, mas nunca é essencial relativamente à sua arte. Sua biografia pessoal pode ser a de um filisteu, de um homem bom, de um neurótico, de um louco ou criminoso; interessante ou não, é secundária em relação ao que o poeta representa como ser criador.

9

O problema fundamental da psicologia contemporânea[45]

Enquanto a Idade Média, a Antiguidade Clássica e mesmo a humanidade inteira desde seus primórdios acreditavam na existência de uma alma substancial, a segunda metade do século XIX viu surgir uma psicologia "sem alma". Sob a influência do materialismo científico, tudo o que não podia ser visto com os olhos nem apalpado com as mãos foi posto em dúvida, ou pior, ridicularizado, porque era suspeito de metafísica. Só era "científico" e, por conseguinte, aceito como verdadeiro, o que era reconhecidamente material ou podia ser deduzido a partir de causas acessíveis aos sentidos. Esta mudança radical não começou com o materialismo científico, mas foi preparada desde longa data. Quando a idade gótica, com seu impulso em direção às alturas, mas com uma base geográfica e uma concepção do mundo muito limitadas, ruiu, aluída pela catástrofe espiritual que foi a Reforma, a linha horizontal em que se desenvolve a consciência moderna interferiu na linha vertical do espírito europeu. A consciência deixou de se desenvolver para o alto, mas ampliou-se horizontalmente, tanto do ponto de vista geográfico como do filosófico. Foi a época das grandes viagens de descobrimento e da ampliação empírica de nossas concepções relativas ao mundo. A crença na substancialidade da alma foi substituída pouco a pouco pela convic-

[649]

---

45. Conferência pronunciada no Kulturbund (Federação Cultural) de Viena, em 1931, e publicado pela primeira vez em *Europäische Revue*, vol. VII, 1931, ambas as vezes sob o título de *Die Entschleierung der Seele* (Tirando os véus da alma).

ção cada vez mais intransigente quanto à substancialidade do mundo material, até que, por fim, após quatro séculos, os expoentes da consciência europeia, os pensadores e pesquisadores vissem o espírito em uma dependência total em relação à matéria e às causas materiais.

[650]   Seria, certamente, injusto atribuir à Filosofia ou às ciências naturais a responsabilidade por esta reviravolta total. Entretanto, houve sempre um número considerável de filósofos e homens de ciência inteligentes que não assistiram, sem protestar – por uma suprema intuição e com toda a profundidade de seu pensamento – a essa inversão irracional dos pontos de vista; alguns chegaram mesmo a se opor a ela, mas não encontraram seguidores, e sua resistência mostrou-se impotente face à onda irracional da preferência sentimental e universal pelo mundo físico. Não se pense que uma mudança tão radical no seio da concepção das coisas possa ser o fruto de reflexões racionais, pois não há especulação racional capaz de provar ou de negar tanto o espírito quanto a matéria. Estes dois conceitos – como qualquer pessoa inteligente de hoje poderá deduzir por si mesma – nada mais são do que símbolos usados para expressar fatores desconhecidos cuja existência é postulada ou negada ao sabor dos temperamentos individuais ou da onda do espírito da época. Nada impede a especulação intelectual de ver na psique um fenômeno bioquímico complexo, reduzindo-a, assim, em última análise, a um jogo de elétrons, ou, pelo contrário, de declarar que a presente ausência de regras que impera no interior do átomo é uma vida espiritual.

[651]   O fato de a metafísica do espírito ter sido suplantada no curso do século XIX por uma metafísica da matéria é, intelectualmente falando, uma mera prestidigitação, mas, do ponto de vista psicológico, é uma revolução inaudita da visão do mundo. Tudo o que é extramundano se converte em realidades imediatas; o fundamento das coisas, a fixação de qualquer objetivo e mesmo o significado final das coisas não podem ultrapassar as fronteiras empíricas. A impressão que a mente ingênua tem é a de que qualquer interioridade invisível se torna exterioridade visível, e que todo valor se fundamenta exclusivamente sobre a pretensa realidade dos fatos.

Qualquer tentativa de abordar esta mudança irracional de opinião [652] sob o ponto de vista da Filosofia está fadada ao insucesso. Melhor é desistir, porque, se em nossos dias alguém sustentar que os fenômenos intelectuais e psíquicos se devem à atividade glandular, pode estar certo de que terá o aplauso e a veneração de seu auditório, ao passo que, se um outro pretendesse explicar o processo de decomposição atômica da matéria estelar como sendo uma emanação do espírito criador do mundo, este mesmo público simplesmente deploraria a anomalia intelectual do conferencista. E, no entanto, ambas as explicações são igualmente lógicas, metafísicas, arbitrárias e simbólicas. Do ponto de vista epistemológico é tão válido afirmar que o homem descende de uma espécie animal quanto as espécies animais do homem. Mas, como se sabe, este pecado contra o espírito da época produziu consequências desastrosas para a carreira acadêmica de Dacqué[46]. Não se deve brincar com o espírito da época, porque ele é uma religião, ou melhor ainda, é uma crença ou um credo cuja irracionalidade nada deixa a desejar, e que, ainda por cima, possui a desagradável qualidade de querer que o considerem o critério supremo de toda a verdade e tem a pretensão de ser o detentor único da racionalidade.

O espírito da época não se enquadra nas categorias da razão humana. [653] É uma propensão, uma tendência sentimental, que, por motivos inconscientes, age com soberana força de sugestão sobre todos os espíritos mais fracos de nossa época e os arrasta atrás de si. Pensar diferentemente do que, em geral, atualmente se pensa, tem sempre o ressaibo de ilegitimidade e de algo perturbador; é considerado mesmo como algo de indecente, doentio ou blasfemo e, por isso mesmo, socialmente perigoso para o indivíduo que deste modo nada estupidamente contra a

---

46. O autor se refere a Edgard Viktor August Dacqué, paleontólogo e filósofo nascido em 1878 e falecido em 1945, o qual reformulou a teoria evolucionista de Darwin, ensinando que o homem estaria fundamentalmente presente sob uma forma metafísica original ao longo de toda a evolução, desde o estágio do réptil, anterior à Era Glaciária, até seu aparecimento como mamífero na Idade Terciária. Desta "forma original" humana teriam surgido diversas espécies animais. A forma atual do homem seria o termo de um processo de refinamento daquela forma humana inicial, o que contraria a tese de Darwin [N.T].

corrente. Da mesma forma como, no passado, era um pressuposto inquestionável que tudo o que existia devia a existência à vontade criadora de um Deus espiritual, assim também o século XIX descobriu a verdade, também inquestionável, de que tudo provém de causas materiais. Hoje não é a força da alma que constrói para si um corpo; ao contrário, é a matéria que, com seu quimismo, engendra uma alma. Esta mudança radical na maneira de ver as coisas seria para rir, se não constituísse uma das verdades cardeais do espírito da época. É popular e, portanto, decente, racional, científico e normal pensar assim. O espírito deve ser concebido como um epifenômeno. Tudo nos leva a esta conclusão, mesmo quando, em vez de "espírito", fale-se do "psique", e em vez de "matéria", usem-se os termos "cérebros", "hormônios" ou "instintos" e "pulsões". Repugna ao espírito da época atribuir uma substancialidade à alma, porque, a seus olhos, isto equivaleria a uma heresia.

[654]   Descobrimos agora que era uma presunção intelectual de nossos antepassados supor que o homem possui uma alma substancial, de natureza divina e, por conseguinte, imortal; que uma força própria da alma constrói o corpo, sustenta a vida, cura suas enfermidades, tornando a alma capaz de levar uma existência independente do corpo; que existem espíritos incorpóreos com os quais a alma tem intercâmbio, e um mundo espiritual para além de nosso presente empírico, do qual a alma extrai uma ciência das coisas espirituais cujas origens não podem ser procuradas no mundo visível. Mas nossa consciência mediana ainda não descobriu que é tão fantástico quanto presunçoso admitir que a matéria produz a alma; que os macacos geraram o homem; que foi de uma mistura harmoniosa de fome, de amor e de poder que nasceu a *Crítica da razão pura* (*Kritik der reinen Vernunft*) de Kant; que as células cerebrais fabricam pensamentos, e que tudo isto não pode ser de outro modo.

[655]   O que é, afinal, esta matéria todo-poderosa? É ainda um Deus criador, que, desta vez, despojou-se de seus antropomorfismos e assumiu a forma de um conceito universal cujo significado todos pretendem conhecer? A consciência geral se desenvolveu enormemente, tanto em ex-

tensão como em largura, mas, infelizmente, apenas em sentido espacial e não da duração; do contrário teríamos um sentido muito mais vivo da história. Se nossa consciência geral não fosse puramente efêmera, mas tivesse o sentido da continuidade histórica, saberíamos que na época da filosofia grega houve transformações análogas nos deuses, que poderiam nos levar a alguma crítica, em relação à nossa filosofia contemporânea. Mas o espírito da época se opõe drasticamente a estas reflexões. A história para ele nada mais é do que um arsenal de argumentos adequados que nos permitem dizer, por exemplo, que o velho Aristóteles já sabia que... etc. Esta situação nos obriga a perguntar de onde provém o poder inquietante do espírito da época. Trata-se, sem dúvida alguma, de um fenômeno de importância capital, de um preconceito, em qualquer hipótese tão essencial, que não poderíamos abordar o problema da alma sem que lhe tenhamos dado a devida atenção.

Como disse anteriormente, a tendência incoercível a buscar explicações de preferência na ordem física corresponde ao desenvolvimento horizontal da consciência no decurso dos últimos quatro séculos. Esta tendência horizontal é uma reação à verticalidade exclusiva da era gótica. É um fenômeno da psicologia dos povos que, enquanto tal, desenvolve-se à margem da consciência individual. Exatamente da mesma maneira que os primitivos, agimos primeiramente de maneira totalmente inconsciente e somente muito mais tarde descobrimos por que é que agimos desta maneira. Entrementes, nos contentamos com toda espécie de racionalizações, todas elas inadequadas. [656]

Se tivéssemos consciência do espírito da época, reconheceríamos nossa tendência a buscar explicações de preferência no âmbito físico, pela razão de que no passado se recorreu abusivamente ao espírito como fonte de explicação. Este conhecimento despertaria nosso sentido crítico com relação a esta nossa tendência. Diríamos: muito provavelmente cometemos agora exatamente o erro inverso que, no fundo, é o mesmo. Superestimamos as causas materiais, e somente agora acreditamos haver encontrado a explicação correta, movidos pela ilusão de que conhe- [657]

189

cemos melhor a matéria do que um espírito "metafísico". Mas a matéria nos é tão desconhecida quanto o espírito. Nada sabemos a respeito das últimas coisas. Somente esta constatação é capaz de nos restituir o equilíbrio. Mas isto não quer dizer que neguemos a estreita vinculação que existe entre a psique e a fisiologia do cérebro, das glândulas e do corpo em geral. Continuamos com a profunda convicção de que os conteúdos de nossa consciência são altamente determinados por nossas percepções sensoriais, e não podemos negar que a hereditariedade inconsciente imprime em nós traços imutáveis de caráter tanto físicos quanto psíquicos, e que fomos marcados indelevelmente pelo poder dos instintos que entrava ou favorece ou modifica de maneira diversa os conteúdos mais espirituais. Temos até mesmo de confessar que a alma humana, sob qualquer aspecto que a abordemos, apresenta-se, antes e acima de tudo, como uma cópia fiel de tudo o que chamamos matéria, empirismo, este nosso mundo, tanto em suas causas como em seus fins e em seu sentido. E, finalmente, depois de todas estas concessões, perguntamo-nos a nós mesmos se a alma, no fundo, não seria uma manifestação secundária, uma espécie de epifenômeno, e totalmente dependente do substrato físico. Tudo o que em nós é razão prática e participação nas coisas deste mundo responde em sentido afirmativo, e só nossas dúvidas quanto à onipotência da matéria é que nos poderiam levar a considerar, com um olhar crítico, este quadro científico da psique humana.

[658]   Esta concepção já foi acusada de assimilar a atividade psíquica a uma secreção glandular: o pensamento seria apenas uma secreção cerebral, e com isto temos uma "Psicologia sem alma". Nesta concepção, a alma não é um *ens per se*, uma entidade subsistente por si mesma, mas uma simples expressão de processos do substrato físico. Que estes processos tenham a qualidade de consciência é, segundo este ponto de vista, um fato que não se pode negar, porque, se assim não fosse (continua a argumentação), não poderíamos falar de psique em geral: não se poderia falar de nada, porque a própria linguagem deixaria de existir. A consciência, portanto, é considerada a condição *sine qua non* da

vida psíquica; é a própria alma. Por isto, todas as "psicologias sem alma" modernas são psicologias da consciência para as quais não existe vida psíquica inconsciente.

Há, com efeito, não apenas *uma*, mas numerosas psicologias. Isto é [659] curioso, porque, na realidade, há apenas *uma* matemática, apenas *uma* geologia, apenas *uma* zoologia, apenas *uma* botânica etc., ao passo que existem tantas psicologias, que uma universidade americana é capaz de publicar anualmente um grosso volume intitulado *Psychologies of 1930* etc. Creio que há tantas psicologias quantas filosofias, porque não existe apenas uma, mas numerosas filosofias. Digo isto porque entre a Filosofia e a Psicologia reina uma conexão indissolúvel, conexão esta que se deve à inter-relação de seus objetos; em resumo: o objeto da Psicologia é a alma, e o objeto da Filosofia é o mundo. Até recentemente, a Psicologia era um ramo da Filosofia, mas agora se esboça uma ascensão da Psicologia, que, como predisse Nietzsche, ameaça tragar a Filosofia. A semelhança interior das duas disciplinas provém de que ambas consistem em uma formação sistemática de opiniões a respeito de objetos que se subtraem aos passos de uma experiência completa e, por isto, não podem ser adequadamente apreendidos pela razão empírica. Por isso elas incitam a razão especulativa a elaborar conceitos e opiniões, em tal variedade e profusão, que, tanto na Filosofia como na Psicologia, seriam necessários numerosos e grossos volumes para caber todas elas. Nenhuma dessas duas disciplinas pode subsistir sem a outra, e uma fornece invariavelmente à outra as premissas tácitas e muitas vezes também inconscientes.

A convicção moderna do primado da explicação física das coisas [660] conduziu, em última análise, a uma "psicologia sem alma", isto é, a uma psicologia onde a atividade psíquica nada mais é do que um produto bioquímico. Aliás, não existe uma psicologia moderna, científica, cujo sistema explicativo se baseie exclusivamente no espírito. Ninguém, atualmente, poderia ousar fundar uma psicologia científica sobre o postulado de uma alma autônoma e independente do corpo. A ideia de um espírito subsistente em si mesmo, de um sistema cósmico fechado, que seria a premissa necessária à existência de almas individuais autônomas, é extremamente impopular, pelo menos entre nós. Na verdade, devo acrescentar que, ainda em 1914, no decorrer de uma Joint Session da Aristotelian Society, da Mind Association e da British Psychological Society, assisti no Bedford College de Londres a um simpósio cujo tema era: "Are individual minds contained in God or not?" As almas individuais estão contidas ou não em Deus? Se alguém, na Inglaterra, duvidasse do caráter científico dessas sociedades que abrigam a nata da intelectualidade inglesa, não encontraria nenhum benévolo ouvinte para escutá-lo. Na realidade, eu era talvez o único dos assistentes a me espantar com um debate onde se recorria a argumentos mais próprios do século XIII. Este fato nos mostra, porventura, que a ideia de um espírito autônomo cuja existência é um postulado axiomático, ainda não desapareceu, de todo, da intelectualidade europeia e se cristalizou no estado de fóssil medieval.

[661]   Esta recordação talvez nos encoraje a considerar a possibilidade de uma "psicologia com alma", isto é, de uma teoria da alma baseada no postulado de um espírito anônimo. A impopularidade de semelhante empreendimento não deve nos assustar, porque a hipótese do espírito não é mais fantástica do que a da matéria. Não possuindo a mínima ideia de como o psíquico possa emanar do físico, e sendo o psíquico um fato inegável da experiência, temos a liberdade de inverter as hipóteses, ao menos neste caso, e supor que a psique provém de um princípio espiritual tão inacessível quanto a matéria. Na verdade, semelhante psicologia não poderá ser moderna, porque moderno é negar esta possibilidade. Por isto, quer queiramos quer não, devemos remontar à doutrina de nossos ancestrais sobre a alma porque foram eles que conceberam semelhantes hipóteses.

[662]   Segundo a velha concepção, a alma era essencialmente a vida do corpo, o sopro de vida, uma espécie de força vital que entrava na ordem física, espacial, durante a gravidez, o nascimento ou a concepção,

192

e de novo abandonava o corpo moribundo com o último suspiro. A alma em si era um ser que não participava do espaço e, sendo anterior e posterior à realidade corporal, situava-se à margem do tempo, gozava praticamente da imortalidade. Esta concepção, evidentemente, vista sob o ângulo da psicologia científica moderna é pura ilusão. Como não é nossa intenção aqui fazer "metafísica", nem mesmo de tipo moderno, procuraremos ver, sem preconceitos, o que essa veneranda concepção contém de empiricamente justificado.

Os nomes que os homens dão às suas experiências são, muitas vezes, bastante reveladores. De onde provém a palavra alemã *Seele* (alma)? Os vocábulos *Seele* (alemão), *soul* (inglês), *saiwala* (gótico), *saiwalô* (antigo germânico) são etimologicamente aparentados com o grego *aiolos* que significa móvel colorido, iridescente. A palavra grega *psyche* significa também, como se sabe, borboleta. Por outro lado, *saiwalô* está ligado ao antigo eslavo *sila*, força. Estas relações iluminam a significação original da palavra alemã *Seele* (alma): a alma é uma força que move, uma força vital. [663]

O nome latino *animus*, espírito, e *anima*, alma, têm o mesmo significado do grego *anemos*, vento. A outra palavra grega que designa o vento, *pneuma*, significa também espírito. No gótico, encontramos o mesmo termo sob a forma de *us-anan, ausatmen* (expirar), e no latim, *an-helare*, respirar com dificuldade. No velho alto-alemão, *spiritus sanctus* se traduzia por *atum, Atem*. Respiração, em árabe, é *rih*, vento, *ruh*, alma, espírito. A palavra grega *psyche* tem um parentesco muito próximo com esses termos, e está ligada a *psycho*, soprar, a *psychos*, fresco, a *psychros*, frio, e a *physa*, fole. Estas conexões nos mostram claramente que os nomes dados à alma no latim, no grego e no árabe estão vinculados à ideia de ar em movimento, de "sopro frio dos espíritos". É por isto, talvez, também, que a concepção primitiva atribui um corpo etéreo e invisível à alma. [664]

Compreende-se facilmente que a respiração, por ser um sinal de vida, sirva também para designá-la, da mesma forma que o movimento [665] e a força que produz o movimento. Uma outra concepção primitiva vê a alma como fogo ou uma chama, porque o calor é também um sinal da vida. Uma outra concepção primitiva, curiosa, mas frequente, identifica a alma com o nome. O nome do indivíduo seria sua alma, daí o costume de reencarnar nos recém-nascidos a alma dos ancestrais, dando-lhes os nomes deste último. Esse ponto de vista, no fundo, outra coisa não é senão admitir que a consciência do eu é expressão da alma. Frequentes vezes a alma é confundida com a sombra e, por isto, considera-se uma ofensa mortal contra alguém pisar-lhe na sombra. É por isto que o meio-dia (a hora dos "espíritos meridianos") é uma hora perigosa, porque nesse momento a sombra diminui de tamanho, o que equivale a uma ameaça à vida. A sombra exprime aquilo que os gregos chamavam o *synopados*, "aquele que segue atrás de nós", o sentimento de uma presença viva e inapreensível, e por isto é que as almas dos defuntos eram também chamadas de sombras.

[666] Creio que estas alusões são suficientes para mostrar de que modo o homem primitivo experimentou a alma. O psíquico aparece como uma fonte de vida, um *primum movens* (um primeiro motor), uma presença de natureza espiritual, mas objetiva. Por isto o primitivo sabe conversar com sua alma: ela tem voz dentro dele, porque simplesmente não se identifica com ele nem com sua consciência. Para a experiência primitiva o psíquico não é, como para nós, a quintessência do subjetivo e do arbitrário; é algo de objetivo, subsistente em si mesmo e possuidor de vida própria.

[667] Empiricamente falando, esta concepção se justifica perfeitamente, porque não somente no estágio primitivo como no homem civilizado o psíquico se revela como qualquer coisa de objetivo, subtraído em larga escala ao controle de nossa consciência. Assim não somos capazes, por exemplo, de reprimir a maior parte de nossas emoções, de transformar o mau humor em bom humor, de dirigir ou não dirigir nossos sonhos. Mesmo a pessoa mais inteligente pode se tornar, vez por outra, presa de ideias de que ela não consegue se libertar, apesar dos maiores esforços de von-

tade. Nossa memória pode dar os mais estranhos saltos, que apenas podemos assistir com passiva admiração; fantasias nos sobem à cabeça, sem que as tenhamos procurado ou esperado. Gostamos simplesmente de nos lisonjearmos com a ideia de sermos senhores em nossa própria casa. Na realidade, porém, dependemos, em proporções inquietantes, de um correto funcionamento do nosso psiquismo inconsciente e de suas falhas eventuais. Ora, se estudarmos a psicologia dos neuróticos, parece-nos de todo ridículo que haja ainda psicólogos que se ponham a equiparar a psique à consciência. E, como sabemos, a psicologia dos neuróticos só se diferencia daquela dos indivíduos considerados normais por traços muito insignificantes, porque, quem há, em nossos dias, que tenha a certeza absoluta de não ser neurótico?

Esta situação de fato nos permite admitir que a antiga concepção   [668] da alma como uma realidade autônoma e não somente objetiva, mas imediata e perigosamente arbitrária, tem a sua justificação. A suposição paralela de que esta entidade misteriosa e temível é, ao mesmo tempo, a fonte de vida, é também psicologicamente compreensível, porque a experiência nos mostra que o sentido do eu, ou seja, a consciência, emana da vida inconsciente. A criancinha apresenta uma vida psíquica sem consciência perceptível do eu, e é por isto que os primeiros anos da vida quase não deixam traços de lembranças. De onde surgem todas as ideias boas e salutares que nos vêm de repente ao espírito? De onde surgem o entusiasmo, a inspiração e o exaltado sentimento da vida? O primitivo sente a vida nas profundezas de sua alma; acha-se marcado até às raízes de seu ser pela atividade de sua alma geradora de vida, e é por isto que ele acredita em tudo o que age sobre sua alma, isto é, nos usos mágicos de toda espécie. Para ele, a alma é, portanto, a própria vida, que ele não imagina dominar, mas da qual se sente dependente sob todos os aspectos.

A ideia de imortalidade da alma, por inaudita que nos pareça, nada   [669] tem de surpreendente para o empirismo primitivo. Não há dúvida de que a alma é algo de estranho. Ela não é localizável no espaço, embora tudo o que existe ocupe um certo espaço. Na verdade, achamos que nossos

195

pensamentos se situam na cabeça, mas, quando se trata dos sentimentos, mostramo-nos inseguros, porque parece que eles residem mais na região do coração. Nossas sensações estão distribuídas por todo o corpo. Nossa teoria sustenta que a sede da consciência está na cabeça. Os índios Pueblos, porém, diziam-me que os americanos eram loucos, porque pensavam que suas ideias se achavam na cabeça, ao passo que toda pessoa de juízo sadio pensa com seu coração. Certas tribos negras não localizam seu psiquismo nem na cabeça nem no coração, mas no ventre.

[670]   A esta incerteza quanto à localização espacial acrescenta-se uma outra dificuldade, qual seja o fato de que os conteúdos psíquicos assumem um aspecto não espacial, logo que se distanciam da esfera da sensação. Que medida de comprimento podemos aplicar aos pensamentos? São pequenos, grandes, longos, delgados, pesados, líquidos, retos, circulares, ou o que mais? Se procuramos uma representação viva para uma entidade de quatro dimensões e que esteja, consequentemente, à margem do espacial, o melhor modelo que se nos apresenta seria o pensamento.

[671]   Tudo seria, portanto, muito mais fácil se fosse possível negar a existência da psique. Mas aqui nos defrontamos com a experiência mais imediata de algo existencial, implantado na realidade de nosso mundo tridimensional, mensurável e ponderável, e que, sob todos os pontos de vista e em cada um de seus elementos, é espantosamente diferente desta realidade, embora ao mesmo tempo a reflita. A alma poderia ser, ao mesmo tempo, um ponto matemático e possuir as dimensões do universo, das estrelas fixas. Não podemos nos antipatizar com a intuição primitiva segundo a qual uma entidade tão paradoxal toca o divino. Se a alma não ocupa um espaço, é incorpórea. Os corpos morrem, mas o que é invisível e inextenso pode deixar de existir? E mais ainda: a vida e a alma existem antes do eu e quando o eu desaparece, como no sonho e na síncope, a vida e a alma continuam a existir, como nos atestam nossas observações com outras pessoas e nossos sonhos. Por que a intuição primitiva negaria, em presença destes fatos, que a alma existe à

margem do corpo? Devo confessar que nesta pretensa superstição não vejo mais absurdos do que nos resultados da pesquisa sobre a hereditariedade ou da psicologia dos instintos.

Compreenderemos facilmente que a antiga concepção tenha atribuído à alma um conhecimento superior e mesmo divino, se considerarmos que culturas antigas, a começar dos tempos primitivos, utilizaram sempre os sonhos e as visões como fonte de conhecimento. Com efeito, o inconsciente dispõe de percepções subliminares cujo espectro e extensão toca as raias do maravilhoso. Por reconhecerem este estado de coisas, as sociedades primitivas utilizavam os sonhos e as visões como importantes fontes de informações, e sobre esta base psicológica se elevaram antiquíssimas e poderosas culturas, como a hindu e a chinesa, que desenvolveram, filosófica e praticamente até os mínimos detalhes, a via do conhecimento interior. [672]

A apreciação da psique inconsciente como fonte de conhecimento não é, de forma alguma, tão ilusória como nosso racionalismo ocidental pretende. Nossa tendência é supor que qualquer conhecimento provém, em última análise, do exterior. Mas hoje sabemos com certeza que o inconsciente possui conteúdos que, se pudessem se tornar conscientes, constituiriam um aumento imenso de conhecimento. O estudo moderno dos instintos nos animais, como, por exemplo, nos insetos, recolheu abundante material empírico que, pelo menos, nos prova que, se um ser humano se comportasse eventualmente como determinados insetos, possuiria uma inteligência superior à atual. Naturalmente é impossível provar que os insetos têm consciência de seu saber, mas para o sadio bom-senso é fora de dúvida que estes conteúdos inconscientes são também funções psíquicas. Do mesmo modo, o inconsciente humano contém todas as formas de vida e de funções herdadas da linhagem ancestral, de modo que em cada criança preexiste uma disposição psíquica funcional adequada, anterior à consciência. Mesmo no seio da vida consciente do adulto esta função instintiva inconsciente faz sentir constantemente sua presença e sua atividade: nelas se acham pré-for- [673]

madas todas as funções da psique consciente. O inconsciente percebe, tem intenções e pressentimentos, sente e pensa justamente como a consciência. Disto temos prova suficiente no campo da Psicopatologia e do estudo da função onírica. Só há uma diferença essencial entre o funcionamento consciente e o funcionamento inconsciente da psique: a consciência, apesar de sua intensidade e de sua concentração, é puramente efêmera e orientada para o presente imediato e seu próprio ambiente. Além disto, ela só dispõe, pela própria natureza, de materiais da experiência individual, que recobre apenas alguns decênios. Outra espécie de memória é artificial e consiste essencialmente em papel impresso. Quão diferente é o inconsciente! Não é concentrado nem intensivo, mas crepuscular até à obscuridade. É extremamente extensivo e pode justapor paradoxalmente os elementos mais heterogêneos possíveis, e encerra, além de uma quantidade incalculável de percepções subliminares, o tesouro imenso das estratificações depositadas no curso das vidas dos ancestrais que, apenas com sua existência, contribuíram para a diferenciação da espécie. Se o inconsciente pudesse ser personificado, assumiria os traços de um ser humano coletivo, à margem das características de sexo, à margem da juventude e da velhice, do nascimento e da morte, e disporia da experiência humana quase imortal de um a dois milhões de anos. Este ser pairaria simplesmente acima das vicissitudes dos tempos. O presente não teria para ele nem maior nem menor significação do que um ano qualquer do centésimo século antes de Cristo; seria um sonhador de sonhos seculares e, graças à sua prodigiosa experiência, seria um oráculo incomparável de prognósticos. Ele teria vivido, com efeito, um número incalculável de vezes, a vida do indivíduo, da família, das tribos e dos povos, e possuiria o mais vivo e mais profundo sentimento do ritmo do devir, da plenitude e do declínio das coisas.

[674]   Infelizmente, ou antes afortunadamente, este ser sonha. Pelo menos nos parece que este inconsciente coletivo não tem consciência de seus conteúdos, embora não tenhamos plena certeza disto, como no caso dos insetos. Parece também que este ser humano coletivo não é uma pessoa, mas antes uma espécie de corrente infinita ou quiçá um

198

oceano de imagens e de formas que irrompem, às vezes, na consciência por ocasião dos sonhos ou em estados mentais anormais.

Seria simplesmente grotesco pretender classificar de ilusório este [675] sistema imenso de experiências da psique inconsciente, porquanto nosso corpo visível e tangível é, também ele, um sistema de experiências dessa natureza, que ainda contém os traços de evoluções que remontam às primeiras idades e formam incontestavelmente um conjunto que funciona em vista de um determinado fim que é a vida, pois, do contrário, não poderíamos viver. A ninguém ocorreria a ideia de considerar a anatomia comparativa ou a fisiologia como um absurdo, e, por isto, não podemos dizer que a pesquisa do inconsciente coletivo ou a sua utilização como fonte de conhecimento seja uma ilusão.

Vista a partir do exterior, a alma parece ser essencialmente o re-[676] flexo de processos exteriores que delas são não somente as causas ocasionais, mas a origem primeira. Do mesmo modo, o inconsciente à primeira vista não parece explicável senão do exterior e a partir da consciência. Como se sabe, Freud fez essa tentativa em sua psicologia, mas ela só poderia chegar a resultados concretos se o inconsciente fosse realmente um produto da existência individual e da consciência. Todavia, o inconsciente preexiste sempre porque é a disposição funcional herdada de geração em geração. A consciência é um renovo tardio da alma inconsciente. Seria, sem dúvida, muito pouco correto querer explicar a vida dos ancestrais à luz de algum epígono posterior; pelo que, no meu parecer, é errôneo colocar o inconsciente na dependência causal da consciência. Por isto, o contrário é certamente o mais verdadeiro.

Mas este ponto de vista era justamente o da antiga Psicologia que, [677] embora conhecesse o imenso tesouro de experiências obscuras que jaziam ocultas sob o limiar da consciência individual e efêmera, não via a alma do indivíduo senão sob a dependência de um sistema cósmico espiritual. Para ela não se tratava apenas de hipótese, mas era absolutamente evidente que este sistema era uma entidade dotada de vontade e de consciência – ou mesmo uma pessoa – e a esta entidade ela chamou

Deus, que se tornou, assim, a quintessência da realidade. Deus era o mais real de todos os seres, a *prima causa* (causa primeira) graças à qual, somente, a alma poderia ser explicada. Esta hipótese tem sua justificação psicológica, porque qualificar de divino, em relação ao homem, um ser quase imortal, possuidor de uma experiência quase eterna, não é de todo sem razão.

[678]   No que precede, tracei um quadro dos problemas de uma psicologia que não apela somente para a ordem física como princípio explicativo, mas para um sistema espiritual cujo *primum movens* não é a matéria e suas qualidades ou um estado energético, mas Deus. Nesta conjuntura, estamos expostos à tentação de, invocando a filosofia moderna da natureza, chamar Deus à energia ou ao *élan vital* e, assim, colocar num mesmo saco o espírito e a natureza. Enquanto tal empresa permanecer limitada às alturas nebulosas da filosofia especulativa, não oferece perigo. Mas se quiséssemos operar com esta ideia nas esferas mais baixas da experiência científica, não tardaríamos a nos envolver em confusões sem saída, porque nossas explicações devem ter significado prático: não exercemos uma psicologia com ambições meramente acadêmicas cujas explicações permanecessem letra morta. O que queremos é uma psicologia prática, verdadeira em seu exercício, ou seja, uma psicologia que nos forneça explicações confirmadas por seus resultados. Na arena da Psicoterapia prática o que procuramos são resultados concretos, e estamos proibidos de elaborar teorias sem interesse para nossos pacientes, ou que até mesmo pudessem prejudicá-los. Estamos aqui diante de uma questão muitas vezes de vida ou de morte – qual seja a de saber se nossas explicações devem apelar para a ordem física ou para o espírito. Não nos esqueçamos de que, do ponto de vista naturalista, tudo o que é espírito é uma ilusão e que, por outro lado, o espírito muitas vezes deve negar ou superar um fato psíquico importuno, para assegurar sua própria existência. Se eu reconhecer apenas valores naturais, minha hipótese física minimizará, inibirá ou mesmo anulará o desenvolvimento espiritual de meu paciente. Se, pelo contrário, eu me orientar, em última análise, exclusivamente para uma explicação espiritual, desconhecerei e

violentarei o indivíduo natural com seu direito a uma existência física. Grande parte dos suicídios cometidos no decurso de um tratamento psicoterápico se deve a procedimentos errados deste gênero. Pouco me importa que a energia seja Deus, ou que Deus seja energia, porque isto jamais chegarei a saber, mas eu tenho obrigação de saber as explicações psicológicas que é preciso dar.

A psicologia moderna não se fixou em um destes pontos de vista, [679] mas transita de um para outro, numa perigosa identificação que constitui uma das mais tentadoras ocasiões para um oportunismo desprovido de qualquer caráter. Aí está, sem dúvida, o grande perigo da *coincidentia oppositorum*, da libertação intelectual do dilema dos opostos. Que outra coisa poderia nascer da equivalência de duas hipóteses opostas senão uma indeterminação sem clareza e sem rumo definido? Em contraste com isto, salta imediatamente aos olhos a vantagem de um princípio explicativo unívoco, pois este nos permite uma posição que nos sirva de ponto de referência bem definido. Indubitavelmente estamos aqui diante de um problema muito difícil. Precisamos de uma realidade, de um fundamento explicativo real ao qual possamos apelar, e, no entanto, hoje é absolutamente impossível ao psicólogo moderno persistir no ponto de vista físico, depois de ter sentido claramente que a interpretação espiritualista é legítima. Mas também não pode adotar totalmente este caminho, pois é impossível deixar de considerar os motivos da validade relativa do ponto de vista físico. Nesta situação, para que lado se voltar?

Fiz as seguintes reflexões, numa tentativa de resolver este proble- [680] ma: o conflito entre natureza e espírito não é senão o reflexo da natureza paradoxal da alma: ela possui um aspecto físico e um aspecto espiritual que parecem se contradizer mutuamente, porque, em última análise, não compreendemos a natureza da vida psíquica como tal. Todas as vezes que o intelecto humano procura expressar alguma coisa que, em última análise, ele não compreendeu nem pode compreender, ele deve se expor, se é sincero, a uma contradição, deve decompô-la em seus elementos antitéticos, para que possa captar alguns de seus aspectos. O conflito entre o aspecto físico e o aspecto espiritual apenas mostra que

201

a vida psíquica é, em última análise, qualquer coisa de incompreensível. É, sem dúvida alguma, nossa única experiência imediata. Tudo o que eu experimento é psíquico. A própria dor física é uma reprodução psíquica que eu experimento. Todas as percepções de meus sentidos que me impõem um mundo de objetos espaciais e impenetráveis são imagens psíquicas que representam minha experiência imediata, pois somente eles são os objetos imediatos de minha consciência. Minha psique, com efeito, transforma e falsifica a realidade das coisas em proporções tais, que é preciso recorrer a meios artificiais para constatar o que são as coisas exteriores a mim; é preciso constatar, por exemplo, que um som é uma vibração do ar de uma certa frequência e que uma cor é determinado comprimento de onda da luz. No fundo estamos de tal modo envolvidos em imagens psíquicas, que não podemos penetrar na essência das coisas exteriores a nós. Tudo o que nos é possível conhecer é constituído de material psíquico. A psique é a entidade real em supremo grau, porque é a única realidade imediata. É nesta realidade, a *realidade do psíquico*, que o psicólogo pode se apoiar.

[681]   Se tentarmos penetrar mais profundamente no significado deste conceito de realidade, parece-nos que certos conteúdos ou imagens provêm de um meio ambiente supostamente físico, de que nossos corpos fazem parte, enquanto outros procedem de uma fonte dita espiritual, aparentemente diversa do mundo físico, mas que nem por isso são menos reais. Que eu imagine o carro que desejo comprar ou estado em que atualmente se encontra a alma de meu falecido pai, que eu me irrite com um fato exterior ou com um pensamento são, psiquicamente falando, coisas igualmente reais. A única diferença é que uma se refere ao mundo das coisas físicas e a outra ao mundo das coisas espirituais. Se transponho minha noção de realidade para o plano da psique, onde esta noção está em seu verdadeiro lugar, o conflito entre a natureza e o espírito como princípios explicativos antitéticos se resolvem por si mesmos. A natureza e o espírito se convertem em meras designações de *origem dos conteúdos psíquicos* que irrompem em minha consciência. Quando uma chama me queima, não duvido da

realidade do fogo. Quando, porém, tenho medo de que apareça um espírito, eu me refugio por detrás do pensamento de que isto não passa de uma ilusão. Mas, da mesma forma que o fogo é a imagem psíquica de um processo físico cuja natureza, em última análise, nos é ainda desconhecida, assim também o medo que tenho de fantasmas é uma imagem psíquica de origem espiritual, tão real quanto o fogo, porque o medo que eu sinto é tão real quanto a dor causada pelo fogo. A operação mental a que, em última análise, reduz-se o medo do fantasma, é para mim tão desconhecida quanto a natureza última da matéria. E da mesma forma como não penso em explicar a natureza do fogo por outro modo que não seja o recurso a noções químicas e físicas, assim também não me ocorre explicar o meu medo do fantasma senão por fatores espirituais.

O fato de a experiência imediata ser exclusivamente de ordem psíquica e, por conseguinte, que a realidade só pode ser de natureza psíquica, explica por que o homem primitivo considera os espíritos e os efeitos mágicos com o mesmo concretismo com que julga os acontecimentos físicos. Ele ainda não fragmentou sua experiência original em contrastes irredutíveis. Em seu universo se interpenetram o espírito e a matéria, e os deuses ainda passeiam por florestas e campos. O homem primitivo se acha ainda encerrado, tal qual uma criancinha malnascida, nos sonhos de sua alma e no mundo tal qual ele é realmente, não desfigurado ainda pelas dificuldades de conhecimento que se interpõem no caminho de um intelecto que dá os seus primeiros passos. Da desagregação do mundo original em espírito e natureza, o Ocidente salva a natureza na qual acredita por temperamento e em que se tem envolvido sempre e cada vez mais, através de todas as tentativas dolorosas e desesperadas de espiritualização. O Oriente, por sua vez, escolheu o espírito, proclamando que a matéria é *Maia* – ilusão – e continua mergulhado em seu torpor crepuscular, cercado pela miséria e pela sujeira asiáticas. Mas como há *uma* só Terra e o Oriente e o Ocidente não conseguiram rasgar a humanidade *una* em duas metades, a realidade psíquica mantém a sua unidade original e espera que a consciência humana progrida da crença em [682] uma e da negação da outra realidade, para o reconhecimento das duas como elementos constitutivos de *uma* só alma.

[683]   A ideia da realidade psíquica poderia certamente ser considerada como a conquista mais importante da psicologia moderna se fosse reconhecida como tal. Parece-me que a aceitação geral desta ideia é apenas uma questão de tempo. Ela se afirmará, sem dúvida, porque esta fórmula é a única que nos permite apreciar as múltiplas manifestações psíquicas em suas particularidades essenciais. Sem esta ideia, é inevitável que a explicação violente, em cada caso, uma das metades da psique, ao passo que, com ela, podemos ter a possibilidade de fazer justiça ao aspecto da vida psíquica, que é expresso na superstição, na mitologia, nas religiões e na filosofia. E, por certo, não se deve subestimar este aspecto do psiquismo. A verdade sensorial talvez satisfaça a razão, mas não revela jamais um sentido da existência humana que suscite e expresse também nossas emoções. As forças destas emoções são, muitas vezes, os fatores que decidem, em última análise, tanto no bem quanto no mal. Mas quando estas forças não se apressam em socorrer nossa razão, esta última se mostra impotente, na maioria das vezes. A razão e as boas intenções nos preservaram, porventura, da guerra mundial ou de qualquer outro absurdo catastrófico? Ou as maiores transformações espirituais e sociais, como, por exemplo, a economia medieval ou a expansão explosiva da cultura islâmica surgiram da razão?

[684]   Como médico não sou, naturalmente, atingido diretamente por estas questões universais; é de doentes que devo me ocupar. Até o presente a Medicina tem alimentado o preconceito de que se pode e se deve tratar e curar a doença; mas em tempos mais recentes ergueram-se vozes autorizadas, considerando esta opinião errada e preconizando o tratamento não da doença, mas do doente. Esta exigência também se impõe no tratamento dos males psíquicos. Volvemos cada vez mais nossa atenção da doença visível para o indivíduo como um todo, pois chegamos à conclusão de que precisamente o mal psíquico não consiste em fenômenos localizados e estreitamente circunscritos, mas, pelo contrário,

estes fenômenos em si representam sintomas de uma atitude errônea da personalidade global. Por isto não podemos jamais esperar uma cura completa de um tratamento limitado à doença em si mesma, mas tão somente de um tratamento da personalidade como um todo.

Lembro-me, a este propósito, de um caso muito instrutivo: tratava-se de um jovem extremamente inteligente que, depois de estudar acuradamente a literatura médica especializada, tinha elaborado uma análise circunstanciada de sua neurose. Trouxe-me ele o resultado de suas reflexões sob a forma de monografia clara e precisa, notavelmente bem escrita e, por assim dizer, pronta para ser impressa. Pediu-me que lesse o manuscrito e lhe dissesse o motivo pelo qual ele ainda não se havia curado, quando, segundo seus julgamentos científicos, já deveria realmente estar. Tive de lhe dizer, depois da leitura, que se fosse apenas o caso de compreender a estrutura causal da sua neurose, ele deveria incontestavelmente estar curado de seus males. Desde, porém, que ele não estava, achava eu que isto se devia a algum erro fundamental de sua atitude para com a vida, erro que fugia à sintomatologia de sua neurose. Durante a anamnese, tive a atenção despertada pelo fato de que ele passava muitas vezes o inverno em Saint-Moritz ou em Nice. Perguntei-lhe quem pagava as despesas dessas estadias e acabei sabendo que era uma pobre professora que o amava e tirava de sua boca o sustento diário para garantir essas vilegiaturas de nosso jovem. Era nesta falta de consciência que estava a causa da neurose e da enfermidade e, por isto mesmo, a ineficácia de sua compreensão científica. Seu erro fundamental residia, aqui, numa atitude moral. O paciente achou que minha opinião nada apresentava de científica porque a moral nada teria a ver com a ciência. Acreditava ele que podia, em nome do pensamento científico, eliminar uma imoralidade que, no fundo, ele próprio não suportava e não admitia também que se tratasse de um conflito, pois aquela que o amava lhe dava esse dinheiro de livre e espontânea vontade. [685]

Podemos fazer as considerações científicas que quisermos a este respeito, mas o fato é que a imensa maioria dos seres civilizados sim- [686]

plesmente não tolera semelhante comportamento. A atitude moral é um fator real com o qual o psicólogo deve contar se não quer incorrer nos mais tremendos erros. O mesmo se pode dizer quanto ao fato de que certas convicções religiosas não fundadas na razão constituem uma necessidade vital para muitas pessoas. Temos aqui, de novo, realidades psíquicas, capazes tanto de causar como de curar doenças. Quantas vezes não tenho ouvido um doente exclamar: "Se eu soubesse que minha vida tem um sentido e um objetivo, não haveria necessidade de toda esta perturbação dos meus nervos". Pouco importa que o paciente seja rico ou pobre, tenha família e *status*, porque estas circunstâncias exteriores não bastam para dar sentido a uma vida. Trata-se, aqui, muito mais de uma necessidade irracional de uma vida dita espiritual que o paciente não encontra nem na universidade nem nas bibliotecas e nem mesmo nas igrejas, pois ele pode aceitar aquilo que lhe oferecem e que fala apenas a seu intelecto, mas não toca seu coração. Em caso semelhante, o conhecimento preciso dos fatores espirituais por parte do médico é de importância absolutamente vital, e o inconsciente do enfermo reforça esta necessidade vital, produzindo, por exemplo, nos sonhos, conteúdos cuja natureza deve ser qualificada de essencialmente religiosa. Ignorar a origem espiritual de tais conteúdos conduziria a um tratamento falho e, decorrentemente, a um fracasso.

[687]   Na realidade, as representações espirituais gerais são um elemento constitutivo indispensável da vida psíquica e se encontra em todos os povos que possuem uma consciência já de algum modo desenvolvida. É por isto que sua ausência parcial ou mesmo sua negação ocasional entre os povos civilizados deve ser considerada como uma degenerescência. Ao passo que a Psicologia, em seu desenvolvimento, até aqui se preocupa, sobretudo, com o condicionamento físico da alma. A tarefa da Psicologia no futuro será a de estudar as determinantes espirituais do processo psíquico. Mas a história natural do espírito se acha, hoje ainda, num estado só comparável ao das ciências naturais no século XIII. Mal começamos a fazer experiências.

206

Se a psicologia moderna pode se glorificar de ter arrancado todos [688] os véus que encobriam a imagem da alma, foram certamente aqueles que ocultavam seu aspecto biológico aos olhos dos pesquisadores. Podemos comparar a situação atual com o estado em que a medicina se encontrava no século XVI quando se começou a estudar a anatomia, mas não se tinha ainda a mínima ideia do que fosse a fisiologia. Assim também nós só conhecemos a vida da alma de maneira muito fragmentária. Sabemos hoje, é verdade, que existem na alma processos de transformação, condicionados espiritualmente, e que estão, por exemplo, na base das iniciações bem conhecidas na psicologia dos povos primitivos ou dos estados psíquicos induzidos pela prática da ioga. Mas ainda não conseguimos determinar suas leis próprias. Sabemos apenas que grande parte das neuroses se deve a uma perturbação desses processos. A investigação psicológica não conseguiu arrancar os múltiplos véus que cobrem a face da alma, porque ela é inacessível e obscura, como todos os segredos profundos da vida. Tudo o que podemos fazer é dizer o que temos tentado e o que pensamos realizar no futuro, para nos aproximarmos de uma solução deste grande enigma.

10
O problema psíquico do homem moderno[47]

[148] O problema psíquico do homem moderno é uma dessas questões indefinidas, exatamente por sua modernidade. Moderno é o homem que surgiu há pouco, e um problema moderno é uma questão que surgiu, mas cuja resposta ainda está no futuro. Por isso o problema psíquico do homem moderno é, na melhor das hipóteses, uma interrogação que talvez se apresentasse de modo bem diferente, se tivéssemos ligeira ideia da resposta que o futuro trará. Além disso, trata-se de algo tão geral – para não dizer tão vago – que supera em muito a força de compreensão de um único pensador, de maneira que temos todas as razões do mundo para abordar este problema com toda modéstia e o maior cuidado. Na minha opinião, é absolutamente necessário reconhecer expressamente esta limitação, pois nada induz tanto a encher a boca com palavras altissonantes, mas por isso mesmo vazias, do que a abordagem de um problema deste tipo. Somos, de fato, levados a afirmações aparentemente imodestas e audaciosas que facilmente poderiam cegar-nos. Quantos homens já não sucumbiram à ousadia e grandiosidade de suas próprias palavras!

[149] Para começar logo com a falta de modéstia, devo dizer que este homem que chamamos moderno, portanto aquele que vive no presente

---

47. Conferência feita no Congresso da Liga de Colaboração Intelectual, em Praga, outubro de 1928. Publicada em *Europäische Revue*, IV/9, 1928, p. 700-715, Berlim. Reelaborada e ampliada em *Seelenprobleme der Gegenwart* (Psychologische Abhandlungen, III), Zurique: [s.e.], 1931. Novas edições em 1933, 1939, 1946, 1950, brochura em 1969.

mais imediato, está no pico ou à margem do mundo: sobre ele só o céu, debaixo dele toda a humanidade cuja história se perde na névoa dos tempos mais remotos, e à sua frente o abismo do futuro. São poucos os modernos, ou melhor, os homens que vivem no presente imediato, pois sua existência exige a mais alta consciência, uma consciência extremamente intensiva e extensiva, com um mínimo de inconsciência, pois só aquele que tem consciência plena de sua existência como ser humano está de todo presente. Deve-se entender bem que não é o simples fato de viver no presente que faz alguém ser moderno, pois neste caso tudo o que vive hoje seria moderno. Só é moderno aquele que tem profunda consciência do presente.

Quem chega a esta consciência do presente, necessariamente é *solitário*. O homem "moderno" sempre foi solitário. Cada passo em direção a uma consciência mais elevada e mais abrangente afasta-o da participação mística primitiva e puramente animal com o rebanho, e da submersão num inconsciente comum. Cada passo à frente representa uma luta para arrancá-lo do seio materno universal da inconsciência primitiva, no qual permanece a grande massa do povo. Mesmo entre os povos civilizados, as camadas mais baixas vivem num estado de inconsciência que pouco difere da dos primitivos. As camadas imediatamente superiores vivem, em geral, em um nível de consciência que corresponde aos começos da cultura humana, e as camadas mais altas têm uma consciência análoga à dos séculos mais recentes do passado. Só o homem moderno, de acordo com o significado que lhe demos, vive realmente no presente, porque só ele possui uma consciência do presente e só para ele os níveis mais primitivos de viver se esmaeceram. Os valores e aspirações desses mundos só lhe interessam do ponto de vista histórico. Por conseguinte, ele se tornou "a-histórico", no sentido mais profundo do termo, tendo-se afastado da massa que só vive de ideias tradicionais. Na verdade, ele só é completamente moderno quando ficar na margem mais exterior do mundo, tendo atrás de si tudo o que ruiu e foi superado, e diante de si o nada, do qual tudo pode surgir.

[150]

[151]   Isto soa tão grandioso que toca perigosamente o banal, pois nada é mais fácil do que afetar esta consciência do presente. Existe toda uma horda de pessoas imprestáveis que se dão um ar de modernidade, pulando fraudulentamente todos os degraus com todas as dificílimas tarefas que eles apresentam. E eis que aparecem de repente completamente desprovidas de raízes e quais espectros vampirescos junto ao homem verdadeiramente moderno, desacreditando-o em sua solidão pouco invejável. E acontece então que os raros homens do presente são vistos pelos olhos pouco penetrantes da massa somente através do enganoso véu desses espectros pseudomodernos, com os quais são confundidos. Nada se pode fazer. O homem moderno é perigoso e suspeito, como sempre foi em todos os tempos, a começar por Sócrates e Jesus.

[152]   Admitir a modernidade significa declarar-se voluntariamente falido. É fazer uma nova espécie de voto de pobreza e de castidade, e até mesmo renunciar – o que é ainda mais doloroso – à auréola de santidade que sempre exige a sanção da história. O pecado de Prometeu foi ficar sem história. Neste sentido, o homem moderno é pecador. *Um nível mais elevado de consciência é, portanto, culpa.* Mas, como já disse, só o homem que conseguiu galgar os degraus da consciência do passado ou, em outras palavras, cumpriu satisfatoriamente as tarefas que encontrou em seu mundo pode chegar à plena consciência do presente. Deverá ser, por conseguinte, um homem virtuoso e eficiente no melhor dos sentidos, um homem de eficiência ou capacidade igual e até mesmo superior à dos outros. Essas qualidades torná-lo-ão capaz de galgar o próximo degrau de consciência imediatamente superior.

[153]   Sei que o conceito de "eficiência" é especialmente repugnante aos pseudomodernos, pois lembra-lhes desagradavelmente seu embuste. Mas isso não nos impede de tomá-lo como critério essencial do homem moderno, critério indispensável, pois, sem ele, o moderno não passaria de mero especulador sem consciência. Sua eficiência deve chegar ao grau máximo, do contrário a a-história será mera infidelidade ao passado, se não for compensada pela aptidão criativa. Negar o passado e só

ter consciência do presente seria pura futilidade. O hoje só tem sentido se estiver entre o ontem e o amanhã. O hoje é um processo, uma transição que se afasta do passado e se encaminha para o futuro. Só o homem consciente do hoje, neste sentido, tem o direito de chamar-se *moderno*.

Muitos se chamam "modernos" – particularmente os pseudomodernos. Por isso encontramos o homem verdadeiramente moderno, muitas vezes, entre os que se dizem antiquados. Fazem isso, de um lado, para compensar de alguma forma, através de uma forte acentuação do passado, a culpa de haverem rompido com a tradição histórica e, de outro lado, para evitar o perigo de serem confundidos com os pseudomodernos. A todo bem corresponde um mal, e não pode entrar no mundo absolutamente nada de bem sem produzir diretamente o mal correspondente. Essa dolorosa realidade torna ilusório o sentimento intenso que acompanha a consciência do presente, ou seja, de sermos o ápice de toda a história humana passada, a conquista e o resultado de milhares e milhares de anos. Na melhor das hipóteses, isso é uma confissão de pobreza orgulhosa, pois somos também a destruição das esperanças e ilusões de milhares de anos. Quase dois mil anos de história cristã se passaram e, ao invés da parusia e do reino milenar, o que presenciamos é a guerra mundial entre nações cristãs, com arame farpado e gases venenosos... Que derrocada no céu e na terra! [154]

Diante de um quadro desses, é melhor voltarmos a uma atitude bem humilde. Hoje o homem moderno está no ápice, amanhã estará superado; é a última resultante de uma evolução antiquíssima, mas também é a pior desilusão de todas as esperanças da humanidade. Disso ele está consciente. Sabe muito bem que a ciência, a técnica e a organização podem ser uma bênção, mas sabe também que podem ser catastróficas. Testemunhou que os governos bem intencionados protegeram a paz segundo o princípio "*Si vis pacem, para bellum*" a tal ponto que a Europa quase chegou à ruína total[48]. E no tocante aos ideais, nem a Igreja cristã, nem a fraternidade humana, nem a social-democracia internacional, [155]

---

48. Isto foi escrito em 1928! (Se queres a paz, prepara-te para a guerra.)

nem a solidariedade dos interesses econômicos conseguiram suportar a prova de fogo da realidade. Hoje, dez anos depois da guerra, o mesmo otimismo está de volta, as mesmas organizações, as mesmas aspirações políticas, os mesmos slogans e expressões que preparam, a longo prazo, as mesmas catástrofes inevitáveis. Os pactos que proscrevem a guerra são vistos com ceticismo, apesar de desejarmos que tenham o maior sucesso. No fundo, por trás de todas essas medidas paliativas, ronda a dúvida. Considerando todos os aspectos, acho que não estou exagerando se comparar a consciência moderna com a psique de um homem que, tendo sofrido um abalo fatal, caiu em profunda insegurança.

[156]   Pode-se deduzir dessas afirmações que estou partindo de uma perspectiva médica, pois é esta a minha profissão. Um médico vê sempre doenças, mas é essencial à sua profissão que não veja doenças onde elas não existem. Evito, pois, afirmar que a humanidade ocidental e o homem branco em particular estejam doentes, ou que o Ocidente esteja às portas de um colapso. Tal juízo ultrapassa de longe a minha competência.

[157]   Quando se ouve alguém falar de um problema cultural ou de um problema humano, nunca se deve esquecer de perguntar quem está falando. Pois, quanto mais geral o problema, tanto mais "introduzirá secretamente" sua psicologia pessoal na descrição. Isto poderá levar a distorções imperdoáveis e a falsas conclusões, com sérias consequências. Mas, por outro lado, o próprio fato de um problema geral envolver e assumir a personalidade inteira é garantia de que quem fala dele também o tenha vivenciado ou experimentado pessoalmente. Na segunda hipótese, ele nos apresenta o problema sob um ponto de vista pessoal, mostrando-nos, portanto, uma verdade, ao passo que o primeiro manipula o problema com tendências pessoais e o deforma, sob o pretexto de lhe dar uma forma objetiva. O resultado será simplesmente uma imagem ilusória sem qualquer base verdadeira.

[158]   É claro que só conheço o problema psíquico do homem moderno a partir de *minha* própria experiência com outras pessoas e comigo

mesmo. Conheço a vida psíquica de algumas centenas de pessoas instruídas, quer doentes ou sadias, vindas de todas as partes do mundo civilizado dos brancos. E é a partir dessa experiência que estou falando. Certamente só poderei traçar uma imagem unilateral, pois tudo reside na *psique*, tudo se encontra no *lado interno*, por assim dizer. Mas devo acrescentar que a psique nem sempre e em todo lugar está no lado interno. Há povos e épocas em que ela se encontra no exterior, povos e épocas sem psicologia, como, por exemplo, todas as antigas culturas, entre as quais principalmente a do Egito com sua extraordinária objetividade e sua também grandiosa confissão dos pecados, ingênua e negativa ao mesmo tempo. É difícil imaginar por trás dos túmulos de Ápis em Sakkara e das pirâmides algum problema psíquico, tampouco quanto por trás da música de Bach.

Se existe alguma forma ideal e ritual externa, pela qual se assumem [159] e se expressam todas as aspirações e esperanças da alma – como por exemplo sob a forma de uma religião viva – então podemos dizer que a psique está fora, e que não há problema psíquico, assim como também não há inconsciente no nosso sentido da palavra. Por conseguinte, a descoberta da psicologia se restringe naturalmente às últimas décadas, embora os séculos anteriores já tivessem introspecção e inteligência suficientes para reconhecer as realidades psicológicas. Aconteceu o mesmo com o conhecimento técnico. Os romanos, por exemplo, conheciam os princípios mecânicos e processos físicos que poderiam tê-los levado a construir uma máquina a vapor. Mas tudo ficou só no brinquedo fabricado por Herão[49]. A razão disso é que não havia necessidade para tanto. Esta necessidade surgiu apenas com a excessiva divisão do trabalho e com a crescente especialização do último século. Da mesma forma, foi a *necessidade psíquica* do nosso tempo que nos fez descobrir a psicologia. É claro que os fenômenos psíquicos já existiam antes, mas não se impu-

---

49. Herão de Alexandria (provavelmente um século d.C.), matemático grego e físico a cujo espírito inventivo a ciência e a técnica devem muitos teoremas, fórmulas, instrumentos e aparelhos.

nham e ninguém lhes dava atenção. Era como se não existissem. Mas hoje não se pode mais esquecer a psique.

[160]   Os primeiros a reconhecer essa verdade foram sem dúvida os médicos. Para o sacerdote, a psique não passava de algo que se devia adaptar à forma já reconhecida para assegurar uma função sem distúrbios. Enquanto esta forma oferecia verdadeiras possibilidades de vida, a psicologia se limitava a ser uma técnica auxiliar e a psique não era encarada como fator *sui generis*. Enquanto o homem vivia no seio do rebanho não tinha psicologia própria, nem precisava dela, com exceção de sua crença na imortalidade da alma. Mas à medida que ultrapassou o horizonte de sua religião local ocidental, em outras palavras, quando sua religião não mais conseguiu conter toda a plenitude de sua vida, então a psique começou a tornar-se o fator com o qual já não era possível lidar pelos meios ordinários. Por isso temos uma psicologia que se baseia nos fatos empíricos e não em artigos de fé ou postulados filosóficos. E o próprio fato de termos uma psicologia é sintoma de profundo estremecimento da psique em geral. Pois acontece com a psique geral o que acontece com a psique individual: enquanto tudo vai bem e enquanto todas as energias psíquicas encontram uma função adequada e satisfatória, nada temos a temer, nada nos perturba. Nenhuma incerteza ou dúvida nos assalta e estamos em perfeita harmonia conosco. Mas se alguns canais da atividade psíquica ficarem soterrados, aparecem fenômenos de retenção, a fonte parece transbordar, ou seja, o interior quer outra coisa do que o exterior e a consequência é o conflito conosco mesmos. Só nesta condição, ou seja, neste *estado de necessidade*, descobrimos a psique como algo que quer outra coisa, como algo estranho e até hostil e inconciliável. A descoberta da psicanálise freudiana mostra claramente esse processo. A primeira coisa que descobriu foi a existência de fantasias sexuais perversas e criminosas que, tomadas ao pé da letra, são absolutamente incompatíveis com a consciência do homem civilizado. Se alguém adotasse o ponto de vista dessas fantasias, seria simplesmente considerado rebelde, louco ou delinquente.

Não se pode pressupor que o pano de fundo da psique ou o incons- [161]
ciente só tenha desenvolvido este aspecto nos tempos recentes. Provavelmente sempre foi assim e em todas as civilizações. Cada cultura tem seu
adversário do tipo Heróstrato. Mas nenhuma cultura anterior à nossa se
viu constrangida a levar a sério esse pano de fundo psíquico em si mesmo. A psique sempre foi simples parte de um sistema metafísico. Mas a
consciência moderna já não pode prescindir do conhecimento da psique, apesar das mais fortes e obstinadas resistências. É isso que distingue
nossa época das precedentes. Não podemos mais negar que as obscuras
realidades do inconsciente são potências eficazes, que existem forças psíquicas que não podemos inserir em nossa ordem do mundo racional,
pelo menos no presente. Mais ainda, construímos sobre elas uma ciência,
uma prova a mais de que estamos realmente levando a sério essas realidades. Séculos passados podiam achá-las insignificantes e ignorá-las.
Mas, para nós, são como a túnica de Nesso, impossível de tirar.

A revolução que a consciência moderna sofreu em consequência [162]
das catástrofes da guerra mundial foi internamente acompanhada pelo
abalo moral da fé em nós mesmos e em nossa bondade. Outrora podíamos considerar os estrangeiros como malfeitores sob o aspecto moral
e político, mas o homem moderno deve reconhecer que ele é moral e
politicamente igual a todos os demais. Enquanto em tempos passados
eu achava que era dever meu, imposto por Deus, chamar os outros à
ordem, sei agora que também eu devo ser chamado à ordem e que seria
bem melhor arrumar primeiro a minha própria casa. Tanto mais porque
percebo com grande clareza que minha fé na possibilidade de uma organização racional do mundo – o velho sonho do reino de mil anos de paz
e concórdia – ficou profundamente abalada. O ceticismo da consciência
moderna a este respeito já não permite qualquer entusiasmo político ou
de reforma mundial. É antes a base mais desfavorável possível para um
simples fluxo das energias psíquicas no mundo, assim como a dúvida
sobre a personalidade moral de um amigo influencia desfavoravelmente
as relações de amizade, prejudicando inevitavelmente seu desenvolvi-

mento. Este ceticismo faz com que a consciência moderna recue, se volte sobre si mesma. Este refluxo faz retornarem à consciência conteúdos psíquicos subjetivos que certamente sempre estavam presentes, mas permaneciam na obscuridade mais profunda até o momento de poderem escoar livremente para fora. O homem da Idade Média via o mundo de modo bem diferente. Para ele, a Terra era o centro do universo, eternamente fixa e em repouso. Em volta dela girava o Sol, solícito em propiciar-lhe calor. Os homens brancos, todos filhos de Deus, estavam sob as asas do Altíssimo e eram criados para a felicidade eterna. Sabiam exatamente *o que* deviam fazer e *como* deviam portar-se para passar da vida terrestre transitória para uma vida eterna, cumulada de felicidade. Não é mais possível imaginar, nem mesmo em sonho, uma realidade deste tipo. A ciência natural conseguiu rasgar esse véu há bastante tempo. Já se foi esse tempo, como se foi o tempo da infância, quando achávamos que o nosso pai era o homem mais belo e mais poderoso da terra.

[163]   O homem moderno perdeu todas as certezas metafísicas da Idade Média, trocando-as pelo ideal da segurança material, do bem-estar geral e do humanitarismo. Quem conseguiu conservar inalterável até hoje esse ideal deve possuir uma dose de otimismo fora do comum. Também esta segurança foi por água abaixo, pois o homem moderno começa a perceber que todo passo em direção ao progresso material parece significar uma ameaça cada vez maior de uma catástrofe ainda pior. Diante deste quadro, a imaginação e a esperança recuam assustadas. O que pensar, por exemplo, das medidas de proteção que as grandes cidades vêm adotando contra possíveis ataques com gases venenosos e inclusive fazem treinamentos com a população? Significam simplesmente – segundo o princípio *si vis pacem para bellum* (se queres paz, prepara-te para a guerra) – que estes ataques com gases mortíferos já foram previstos e planejados. Basta reunir o material necessário à destruição que o diabólico se apossará infalivelmente do homem levando-o a agir. Sabemos muito bem que as armas de fogo disparam por si, desde que haja um conjunto suficiente delas.

O vago pressentimento da terrível lei que rege a cega contingência, [164] chamada por Heráclito a lei da *enantiodromia*, isto é, a contracorrente, congela de tal forma o plano mais profundo da consciência moderna, a ponto de paralisar toda crença na possibilidade de opor-se a esta monstruosidade, através de medidas sociais e políticas. Se, depois desta terrível visão de um mundo cego, no qual se contrabalançam continuamente a construção e a destruição, a consciência se voltar para o homem como sujeito e entrar no recesso de sua própria psique, encontrará nela uma escuridão tão selvagem que seria bem melhor ignorá-la. Também aqui a ciência destruiu um último refúgio. O que prometia ser uma caverna protetora, foi transformado em esgoto.

Não obstante, parece até um alívio encontrar tanto mal nas profun- [165] dezas da própria psique, pois, pelo menos, conseguimos descobrir aí a causa de todo o mal que existe na grande humanidade. Mesmo chocados e desiludidos a princípio, temos a impressão de que essas realidades psíquicas, precisamente por serem parte de nossa psique, são algo que temos mais ou menos na mão e podemos, portanto, controlar, ou pelo menos reprimir como convém. Se conseguíssemos isso – pelo menos admiti-lo já seria tão bom – estaria extirpada uma parte do mal no mundo externo. Pela ampla difusão do conhecimento do inconsciente, todo mundo poderia, por assim dizer, verificar se um homem público se deixa arrastar por escusos motivos inconscientes e os jornais poderiam admoestá-lo: "Por favor, submeta-se a uma análise. Você está sofrendo de um complexo paterno reprimido".

Usei de propósito este exemplo grosseiro para mostrar a que con- [166] clusões absurdas poderia levar a ilusão de que basta algo ser psíquico para podermos manejá-lo à vontade. Não resta dúvida que o mal provém, em grande parte, da inconsciência ilimitada do homem, como também é verdade que um conhecimento mais profundo nos ajuda a lutar contra as causas psíquicas do mal, exatamente como a ciência nos tornou capazes de combater com êxito as adversidades externas.

O crescente interesse pela psicologia no mundo inteiro, nos últi- [167] mos vinte anos, prova irrefutavelmente que a consciência moderna se afastou um pouco das realidades exteriores e materiais para voltar sua atenção mais para a realidade interna e subjetiva. A arte expressionista antecipou profeticamente esta mudança, porque toda arte sempre capta com antecedência e intuitivamente as futuras mudanças da consciência em geral.

[168]   O interesse psicológico de nossa época espera algo da psique, algo que o mundo externo não pôde dar, certamente alguma coisa que nossa religião deveria conter mas não contém ou não mais contém, pelo menos para o homem moderno. Para ele, as religiões já não parecem provir de dentro, da psique, ao contrário, tornaram-se para ele pedaços de um inventário do mundo exterior. Nenhum espírito supraterrestre é capaz de prendê-lo com uma revelação interior. Ao invés, ele se esforça por escolher religiões e convicções e veste uma delas, como se veste uma roupa de domingo, desfazendo-se finalmente dela como se faz com uma roupa usada.

[169]   Os fenômenos obscuros e quase patológicos do pano de fundo da psique fascinam de algum modo o interesse. Mas é difícil explicar como algo que foi rejeitado pelas épocas precedentes possa tornar-se, de repente, tão interessante. Não se pode negar, porém, que há um interesse geral nessas questões, apesar da aparente incompatibilidade com o bom gosto. Quando me refiro ao interesse psicológico, não entendo apenas o interesse pela ciência psicológica, ou o interesse ainda mais restrito pela psicanálise de Freud, mas o crescente interesse pelos fenômenos psíquicos mais amplos como o espiritismo, a astrologia, a teosofia, a parapsicologia etc. O mundo não viu mais nada semelhante desde o final do século XVI e XVII. Só podemos compará-la com o apogeu da gnose dos séculos I e II d.C. As correntes espirituais de hoje têm realmente profundas semelhanças com o gnosticismo. Mais ainda: até existe hoje uma Igreja gnóstica da França e conheço, na Alemanha, duas escolas gnósticas que se declaram abertamente como tais. Numericamente, o movimento mais importante é, sem dúvida, a teosofia, como sua irmã continental, a antroposofia. Pode-se dizer que são água do mais puro

gnosticismo, com roupagem indiana. Ao lado delas, o interesse pela psicologia científica é insignificante. Mas os sistemas gnósticos também se baseiam exclusivamente em fenômenos inconscientes e seus ensinamentos morais penetram na obscuridade profunda como, por exemplo, a versão europeia da yoga kundalini hindu. O mesmo acontece com os fenômenos da parapsicologia. Os que os conhecem podem confirmá-lo.

O apaixonado interesse por esses fenômenos brota certamente da [170] energia psíquica que reflui das formas obsoletas de religião. Por esta razão, esses movimentos apresentam um caráter genuinamente religioso, apesar de sua pretensão científica: é o caso de Rudolf Steiner que chama sua antroposofia de *a* "ciência espiritual". As tentativas de esconder esse caráter mostram que a religião está atualmente desacreditada, tanto quanto a política e a reforma do mundo.

Não seria ir longe demais dizer que a consciência moderna, ao [171] contrário da consciência do século XIX, voltou suas esperanças mais íntimas e mais profundas para a psique, não no sentido de uma confissão religiosa tradicional, mas no sentido gnóstico. O fato de todos esses movimentos se revestirem de uma aparência científica não é simplesmente uma caricatura ou intenção de ocultar sua verdadeira natureza, mas sinal positivo de que estão realmente buscando ciência, isto é, *conhecimento* em estrita oposição à essência das formas ocidentais de religião, ou seja, à fé. A consciência moderna abomina a fé e consequentemente as religiões que nela se baseiam. Só as admite na medida em que o conteúdo de seu conhecimento estiver aparentemente de acordo com fenômenos experimentados no pano de fundo psíquico. Ela quer *saber*, isto é, experimentar originalmente por si mesma.

A época das descobertas, cujo término talvez tenhamos atingido [172] pela exploração completa da Terra, já não queria acreditar que os hiperbóreos eram monstros de um só pé ou coisa semelhante, mas queria saber e ver com os próprios olhos o que havia por trás dos limites do mundo conhecido. Nossa época se dispõe, evidentemente, a procurar o que existe na psique, além da consciência. A questão que preocupa qualquer círculo espiritista é esta: O que acontece quando um médium perde a consciência? E a questão de todo teosofista é: Que experiência poderei ter em graus mais elevados da consciência, isto é, além de minha consciência atual? Cada astrólogo se pergunta: Quais são as forças operantes que determinam meu destino, além de minha intenção consciente? E todo psicanalista quer saber quais são as molas inconscientes que atuam por trás da neurose.

[173]   Nossa época quer fazer por si mesma a experiência da psique. Quer uma experiência original e não pressupostos, embora utilize todas as hipóteses existentes como meios de atingir os fins, inclusive as das religiões conhecidas e da autêntica ciência. O europeu de ontem sentiria leve arrepio descer-lhe pela espinha se olhasse um pouco mais fundo neste campo. Não só lhe pareceria obscuro e assustador o objeto da pesquisa, mas o próprio método ele o consideraria um abuso chocante de suas mais belas conquistas espirituais. O que diz, por exemplo, o profissional astrônomo, do fato de hoje se fazerem pelo menos mil vezes mais horóscopos do que há trezentos anos? O que dizem o iluminista e o pedagogo filósofos do fato de o mundo de hoje não ter conseguido reduzir, em uma que seja, as superstições que se arrastam desde a Antiguidade? O próprio Freud, fundador da psicanálise, teve que fazer um honesto esforço para colocar à clara luz tudo que há de imundo, de obscuro e de mau no pano de fundo psíquico, e para interpretá-lo de tal forma que ninguém mais tivesse vontade de ir lá procurar outra coisa que não lixo imundo e rejeitos. De nada valeu seu esforço; sua tentativa de intimidação acabou provocando justamente o efeito contrário: a admiração por toda esta sujeira. Um fenômeno em si perverso e que normalmente seria inexplicável, se não existisse nessas pessoas o secreto fascínio pela psique.

[174]   Não resta dúvida que, desde o começo do século XIX, desde a época memorável da Revolução Francesa, a psique foi aos poucos tomando o primeiro plano da consciência geral, exercendo uma força atrativa cada vez maior. A entronização da deusa da Razão em Notre-Dame parece

ter sido um gesto simbólico de grande significado para o mundo ocidental, análogo à derrubada do carvalho de Wotan pelos missionários cristãos, pois, tanto naquela época como agora, nenhum raio vingador veio fulminar os blasfemadores.

É claro que temos que ver neste episódio muito mais do que simples brincadeira da História universal que, justamente na mesma época, e precisamente um francês, Anquetil Duperron, que vivia na Índia, no começo do século XIX, conseguiu trazer consigo uma tradução do *Oupnek'hat*, uma coleção de 50 Upanixades que, pela primeira vez, permitiu ao Ocidente penetrar mais profundamente no misterioso espírito oriental. Para o historiador pode tratar-se de mera coincidência, sem qualquer nexo causal histórico. Mas minha premonição médica me impede de ver aí apenas um acaso, uma vez que tudo acontece de conformidade com as regras psicológicas que atuam infalivelmente na vida pessoal: cada vez que algum aspecto importante é desvalorizado na consciência, vindo a desaparecer, surge por sua vez uma compensação no inconsciente. Isto acontece em analogia à lei fundamental da conservação da energia, pois também os nossos fenômenos psíquicos são *processos energéticos*. Nenhum valor psíquico pode desaparecer sem ser substituído por um equivalente. É esta a lei heurística fundamental da praxis psicoterapêutica de todos os dias que sempre se confirma. O médico em mim se nega a crer que a vida psíquica de um povo esteja além das regras psicológicas fundamentais. A psique de um povo tem uma configuração apenas um pouco mais complexa do que a psique do indivíduo. E, no caso inverso, já não falou um poeta dos "povos" de sua alma? E, com razão, acho eu. Pois algo de nossa psique não é indivíduo mas povo, coletividade, humanidade. De alguma forma somos parte de uma psique única e abrangente, de um homem singular e imenso – usando as palavras de Swedenborg.

[175]

E assim como o escuro em mim, eu indivíduo, exige a benfazeja claridade, o mesmo acontece na vida psíquica do povo. A massa obscura e anônima que confluiu destruidoramente para Notre-Dame atin-

[176]

giu também o indivíduo, a Anquetil Duperron, provocando nele uma resposta que entrou para a História. Dele procedem Schopenhauer e Nietzsche e é dele que provém a influência espiritual do Oriente, cujas dimensões ainda não conseguimos avaliar. Tomemos cuidado para não subestimar esta influência! Temos pouca coisa dela na superfície intelectual da Europa: alguns professores de filosofia, um ou outro entusiasta do budismo, algumas sombrias celebridades como Madame Blavatsky e Annie Besant com seu *Krishnamurti*. Parecem ilhas isoladas que afloram da massa oceânica, mas na verdade são picos de enormes cadeias de montanhas submarinas. Alguns educadores de estreita visão acreditavam até há pouco tempo que a astrologia era coisa ridícula do passado. Ei-la que surge agora, das camadas sociais mais baixas, e está às portas de nossas Universidades, das quais foi banida há cerca de trezentos anos. O mesmo se dá com as ideias orientais: começam a lançar raízes nos níveis mais baixos do meio popular e crescem lentamente até chegar à superfície. De onde provinham os cinco ou seis milhões de francos suíços do templo antroposófico de Dornach? Com certeza não de um único homem. Infelizmente não temos à mão qualquer estatística para certificar-nos exatamente do número de teosofistas secretos ou declarados de hoje. Mas é certo que o número se eleva a alguns milhões. A estes devemos acrescentar ainda alguns milhões de espiritistas de denominação cristã e teosófica.

[177] As grandes inovações jamais vêm de cima, sempre de baixo, como as árvores que não nascem do céu, mas germinam do solo, ainda que suas sementes tenham caído do alto. O abalo do nosso mundo e o abalo de nossa consciência são uma e a mesma coisa. Tudo se torna relativo e por conseguinte questionável. E, enquanto a consciência, hesitante e duvidosa, contempla este mundo questionável em que ressoam tratados de paz e amizade, de democracia e ditadura, de capitalismo e bolchevismo, cresce o anseio de seu espírito por uma resposta ao tumulto de dúvidas e inseguranças. E são precisamente as camadas obscuras do povo, os humildes e silenciosos da terra, de quem tantas vezes se zomba, que são

menos atingidos pelos preconceitos acadêmicos do que os altos expoentes da ciência, pois se deixam levar pelo instinto inconsciente da psique. Visto do alto, este espetáculo parece desolador e ridículo, mas de uma simplicidade que se assemelha à dos bem-aventurados dos tempos bíblicos. Não é tocante, por exemplo, ver como se escrevem grossos compêndios para registrar tudo que há de refugo na psique humana? Neles encontramos as mais insignificantes bagatelas, as ações mais absurdas, as fantasias mais selvagens que são recolhidas como *Antropophyteia* por pessoas ligadas a Havelock Ellis e Freud em tratados sérios e enterradas com todas as honras científicas. O círculo de seus leitores já abrange todo o mundo civilizado branco. Donde provém tal zelo? A que atribuir esta fanática veneração do insípido? É que se trata de algo psicológico, de substância psíquica, portanto de algo tão precioso quanto o fragmento de manuscritos salvos em meio a montes de lixo muito antigos. Mesmo o mais secreto e fedorento da psique tem valor para o homem moderno, porque serve aos seus objetivos. Quais são esses objetivos?

Freud colocou no início de sua *Interpretação dos sonhos* a seguinte [178] frase: *Flectere si nequeo superos, Acheronta movebo* (Se eu não posso dobrar os deuses do Olimpo, pelo menos vou fazer o Aqueronte balançar). Por quê?

Os deuses que queremos destronar são os ídolos e os valores do [179] nosso mundo consciente. Como sabemos, nada desacreditou tanto os deuses antigos como suas escandalosas histórias. E a História se repete: perscrutamos as razões profundas de nossas brilhantes virtudes e de nossos ideais incomparáveis, e clamamos com todo júbilo: "Eis os vossos deuses, meras fantasmagorias fabricadas pela mão do homem, aviltadas pela baixeza humana, sepulcros caiados repletos de podridão e imundície!" Parece que soa uma nota bem conhecida, e aquelas palavras que não conseguimos entender no catecismo de preparação para a confirmação estão voltando à vida.

Estou profundamente convencido de que não se trata de meras [180] analogias fortuitas. Há muitas pessoas que estão mais próximas da psicologia freudiana do que do Evangelho. Para estas o bolchevismo é muito mais do que virtude cívica. Todas, porém, são nossas irmãs e em cada um de nós existe pelo menos *uma* voz que lhes dá razão, pois em suma todos fazemos parte de *uma única* psique.

[181]   O inesperado resultado desta orientação do espírito é que o mundo recebe uma fisionomia horrível, tão feia que ninguém mais consegue amá-lo, que nem conseguimos amar a nós mesmos e que, em última análise, nada mais existe no mundo exterior capaz de afastar-nos de nossa própria psique. Sem dúvida esta é a consequência a que, no fundo, se quer chegar. Afinal de contas, o que pretende a teosofia, com sua doutrina do karma e da reencarnação, a não ser que este mundo fictício nada mais é do que um lugar de passagem, de aprimoramento moral dos imperfeitos? Relativiza também o sentido imanente do mundo presente, apenas com outra técnica, isto é, prometendo outros mundos mais elevados, mas sem aviltar este nosso. O resultado, porém, é sempre o mesmo.

[182]   Admito que todas essas ideias são extremamente não acadêmicas, mas atingem a consciência moderna de baixo. Seria novamente mera coincidência que a teoria da relatividade de Einstein e a mais recente teoria nuclear que já atinge o supracausal e o ininteligível se tenham apossado do nosso pensamento? Até a física volatiliza nosso mundo material. Por isso acho que não é de estranhar que o homem moderno recue, sempre de novo, para sua realidade psíquica, procurando nela a segurança que o mundo já não lhe pode dar.

[183]   Do ponto de vista da psique, o mundo ocidental se encontra em uma situação crítica, e o perigo será ainda maior se preferirmos as ilusões de nossa beleza interior à verdade mais impiedosa. O homem ocidental vive numa espessa nuvem de autoincensação para dissimular seu verdadeiro rosto. E os homens de outra cor, o que somos para eles? O que pensam de nós a Índia e a China? O que sente o homem negro a nosso respeito? E o que pensam todos aqueles que exterminamos pela cachaça, pelas doenças venéreas e pelo rapto de suas terras?

Tenho por amigo um índio, chefe pueblo. Certo dia estávamos [184] conversando familiarmente sobre os brancos e ele me disse: "Não conseguimos entender os brancos. Sempre estão querendo alguma coisa e sempre estão inquietos, procurando não sei o quê. O que será que estão procurando? Nós não sabemos. Não conseguimos mesmo entendê-los. O nariz deles é tão agudo, seus lábios tão finos e cruéis e seus traços fisionômicos tão característicos. Achamos que são todos *malucos*".

Certamente meu amigo reconheceu, sem ser capaz de dizer o [185] nome exato, a ave de rapina ariana, com sua sede insaciável de presas em todos os países, mesmo os que não lhe dizem respeito. Além disso, deve ter notado nossa megalomania que nos leva a afirmar, entre outras coisas, que o cristianismo é a única verdade e que o Cristo branco é o único salvador. Não enviamos nossos missionários até a China, depois de revolucionar todo o Oriente com nossa ciência e tecnologia fazendo dele nosso tributário? A comédia do cristianismo na África é realmente deplorável. Aí a extirpação da poligamia, certamente querida por Deus, abriu caminho à prostituição em escala tal que só na Uganda se gastam vinte mil libras anualmente para prevenir doenças venéreas. É para chegar a esses resultados tão edificantes que o honrado europeu paga seus missionários. Precisaríamos lembrar também a história dos atrozes sofrimentos na Polinésia e os benefícios advindos do comércio do ópio?

É assim que aparece o europeu através da nuvem de incenso de [186] sua própria moral. Por isso não é de admirar que a escavação de nossa própria psique seja antes de mais nada uma espécie de drenagem. Só um grande idealista como Freud pôde consagrar a um trabalho tão sujo a atividade de toda uma vida. Não foi ele que provocou o mau cheiro, mas todos nós que nos achamos tão limpos e decentes; e o provocamos por pura ignorância e grosseira ilusão sobre nós mesmos. Portanto, nossa psicologia, isto é, o conhecimento de nossa psique, começa, sob todos os pontos de vista, pelo lado mais repugnante, a saber, por tudo que não queremos ver.

[187]   Entretanto, se nossa psique consistisse apenas de coisas más e sem valor, nenhum poder no mundo poderia induzir um homem normal a achar nela qualquer coisa atraente. É por isso também que todos aqueles que não conseguem ver na teosofia senão uma lamentável superficialidade intelectual, e no freudismo nada mais do que avidez de sensações, prenunciam um fim rápido e inglório a esses movimentos. Não percebem que na base desses movimentos existe uma paixão, ou seja, o fascínio da psique que mantém essas formas de expressão como estágios até que algo melhor venha substituí-las. No fundo, superstição e perversidade são uma e a mesma coisa. São formas transitórias de natureza embrionária das quais surgirão formas novas e mais maduras.

[187a]   O aspecto do pano de fundo psíquico do Ocidente é, tanto do ponto de vista intelectual quanto do ponto de vista moral e estético, muito pouco atraente. Com uma paixão sem igual, erigimos à nossa volta um mundo monumental. Mas, precisamente por ser tão grandioso, tudo o que existe de magnífico está fora de nós, e tudo o que encontramos no fundo de nossa psique deve necessariamente ser mesquinho e insuficiente, como de fato é.

[187b]   Estou convencido de estar antecipando aqui algo da consciência em geral. O conhecimento dessas realidades psicológicas ainda não é do domínio comum. O público ocidental está apenas a caminho deste conhecimento contra o qual, por razões bem compreensíveis, há grande resistência. O pessimismo de Spengler não deixou de impressionar, embora esta impressão se restringisse aos limites convenientes ao círculo acadêmico. O conhecimento psicológico, ao contrário, apreende o que há de dolorosamente pessoal, chocando-se por isso com resistências e negações pessoais. Aliás, estou longe de considerar essas resistências como insignificantes. Pelo contrário, elas me parecem uma sadia reação contra um elemento destruidor. Todo relativismo tem uma ação destruidora quando se arvora em princípio supremo e último. Portanto, quando chamo a atenção para um aspecto sombrio do pano de fundo psíquico, meu intuito não é fazer uma advertência pessimista. Pretendo

antes sublinhar que, apesar de seu aspecto assustador, o inconsciente exerce forte atração não só sobre as naturezas doentias, mas também sobre os espíritos sadios e positivos. O fundo da psique é natureza e natureza é vida criadora. É verdade que a própria natureza derruba o que construiu, mas vai reconstruir de novo. Os valores que o relativismo moderno destrói no mundo visível, a psique no-los restitui. De início só vemos a descida na obscuridade e na fealdade, mas aquele que é incapaz de suportar este espetáculo também não conseguirá jamais criar a luminosidade e a beleza. A luz sempre nascerá da noite, e nenhum sol jamais ficou imóvel no céu porque uma tímida aspiração humana se engatou nele. O exemplo de Anquetil Duperron não nos mostrou como a psique suprime, ela mesma, seus próprios eclipses? É evidente que a China não pensa que a ciência e a técnica europeias provocarão seu desaparecimento. Por que acreditaríamos que a secreta influência espiritual do Oriente poderia nos destruir?

Mas esqueço que aparentemente ainda não nos demos conta de [188] que, enquanto nós revolucionamos o mundo *material* do Oriente com a superioridade de nossos conhecimentos *técnicos*, o Oriente, por sua vez, confunde nosso mundo *espiritual* com a superioridade de seus conhecimentos *psíquicos*. Nunca chegamos a pensar que o Oriente poderia pegar-nos por dentro. Tal ideia nos parece louca, uma vez que só pensamos nas conexões causais e não podemos entender como um Max Müller, um Oldenberg, um Deussen ou um Wilhelm poderiam ser responsabilizados pela confusão psíquica de nossa classe média. Afinal, o que nos ensina o exemplo da Roma imperial? Após a conquista da Ásia Menor, Roma se tornou asiática; a Europa também foi contaminada pela Ásia e continua até hoje. Da Cilícia veio a religião militar das legiões romanas que se espalhou do Egito até a nebulosa Bretanha. Nem é preciso falar da origem asiática do cristianismo.

Ainda não nos demos conta de que a teosofia ocidental é o verda- [189] deiro diletantismo bárbaro imitando o Oriente. Estamos recomeçando com a astrologia que, para o Oriente, é pão de cada dia. O estudo da sexualidade que para nós nasceu em Viena e na Inglaterra encontra na Índia modelos bem superiores. Sobre o relativismo filosófico encontramos lá textos milenares, e a própria concepção da ciência chinesa se baseia exclusivamente em um ponto de vista supracausal que mal suspeitamos. E a respeito de certas novas descobertas, um tanto complicadas, de nossa psicologia, podemos encontrar uma descrição bastante clara em antigos textos chineses, como mostrou recentemente o professor Wilhelm. O que consideramos uma descoberta especificamente ocidental – a psicanálise e os movimentos que derivaram dela – não passa de uma tentativa de principiantes, em comparação com a arte que há muito tempo se vem exercendo no Oriente. Talvez saibamos que o livro que estabelece uma comparação entre a psicanálise e a yoga já foi escrito. Seu autor é Oskar A.H. von Schmitz[50].

[190]   Os teósofos têm uma concepção divertida dos mahatmas que se encontram em algum lugar no Himalaia ou no Tibet donde inspiram e dirigem os espíritos do mundo inteiro. É tão forte a influência das crenças mágicas do Oriente que europeus comuns, de mente normal, me asseguraram que tudo de bom que eu disse me fora inspirado pelos mahatmas, de nada valendo minha própria inspiração. Esta mitologia, tão difundida no Ocidente, e na qual se acredita de coração, não é um absurdo, como também não o são as demais mitologias. É uma verdade psicológica de grande importância. Parece que o Oriente tem alguma relação com a transformação espiritual pela qual estamos passando. Só que este Oriente não é um mosteiro tibetano de mahatmas, mas é algo que está essencialmente dentro de nós. Na verdade, é nossa psique que cria constantemente novas formas espirituais, formas que abrangem realidades psíquicas capazes de pôr freios salutares à avidez desenfreada de presas do homem ariano. Talvez se trate de algo análogo ao estreitamento dos horizontes de vida que se tornou no Oriente um perigoso quietismo; ou uma espécie de estabilidade de vida que apa-

---

50. *Psychoanalyse und Yoga* (Na edição anglo-americana desse volume faltam os § 187 a e b; e os § 188 e 189 estão trocados).

rece necessariamente quando as exigências do espírito se tornam tão prementes quanto as necessidades da vida social. Nesta nossa época de americanismo, ainda estamos bem distantes disto; tenho a impressão de estarmos apenas no limiar de uma nova cultura espiritual. Não quero passar por profeta, mas acho que só dificilmente poderemos esboçar o problema psíquico do homem moderno sem mencionar sua aspiração por sossego em um estado de inquietação, seu desejo de segurança em um estado de insegurança constante. É da necessidade e carência que nascem novas formas de vida, e não de exigências ideais ou de meros desejos. Além disso, não podemos expor um problema exclusivamente em si e por si mesmo, sem indicar pelo menos uma possibilidade de solução, mesmo que não seja nada de definitivo. Tal como se apresenta o problema hoje, parece que não podemos esperar por uma solução próxima. Como sempre acontece, uns anseiam por uma volta resignada ao passado, enquanto outros, mais otimistas, almejam por uma mudança no modo de viver e na cosmovisão.

É no fascínio que o problema espiritual exerce sobre o homem mo- [191] derno que está, na minha opinião, o ponto central do problema psíquico do hoje. Por um lado, trata-se de um fenômeno de decadência – se formos pessimistas. Mas, por outro lado, trata-se de um germe promissor de transformação profunda da atitude espiritual do Ocidente – se formos otimistas. Em todo caso, trata-se de um fenômeno da maior importância que deve ser levado em conta justamente por encontrar suas raízes nas vastas camadas do povo. E é tão importante porque atinge, como prova a História, as incalculáveis forças instintivas irracionais da psique, que transformam inesperada e misteriosamente a vida e a cultura dos povos. São essas forças, ainda invisíveis a muitas pessoas de hoje, que estão por trás do interesse de nossa época pela psicologia. No fundo, a fascinação da psique não é uma perversidade doentia, é uma atração tão poderosa que não pode ser detida, nem mesmo por algo repelente.

Ao longo da enorme estrada do mundo, tudo parece devastado e [192] desgastado. Certamente é por isso que o instinto, em sua busca de satisfação, abandona as estradas feitas e passa a caminhar a esmo, exatamente como o homem antigo se livrou de suas divindades do Olimpo e se voltou para os cultos mistéricos da Ásia Menor. Nosso secreto instinto procura no exterior e se apropria da teosofia e da magia orientais. Mas procura também no interior, levando-nos a contemplar o pano de fundo obscuro da psique. E faz isto com o mesmo ceticismo e o mesmo radicalismo que levou Buda a colocar de lado, como insignificantes, seus dois milhões de deuses, para poder atingir a experiência primordial, a única capaz de convencer.

[193]   E chegamos, agora, à última questão. O que eu disse do homem moderno, será que é realmente verdade, ou não passaria de uma ilusão de ótica? Não se pode duvidar que para muitos milhões de ocidentais os fatos que aduzi não passam de acasos sem importância, e de aberrações deploráveis para um grande número de pessoas cultas. O que pensaria, por exemplo, um romano letrado, do cristianismo que se espalhou inicialmente entre as classes mais baixas do povo? Para muitas pessoas, o Deus ocidental é ainda uma personalidade tão viva quanto Alá do outro lado do Mar Mediterrâneo. E cada crente, por sua vez, considera o outro como o pior herege que apenas se tolera com piedade porque não há outro jeito. O europeu esclarecido acha que a religião e tudo o que tem a ver com ela é bom para o povo e para a sensibilidade feminina, mas de pouca importância em vista das questões econômicas e políticas do momento atual.

[194]   Por isso venho sendo refutado em toda a minha linha de pensamento, como alguém que preconiza uma tempestade sem qualquer indício de nuvens no céu. Talvez seja uma tempestade abaixo do horizonte, uma tempestade que talvez nunca nos alcance. Mas as questões da psique sempre se encontram abaixo do horizonte da consciência e, quando falamos de problemas psíquicos, sempre falamos daquilo que se encontra no extremo limite do visível, de coisas tão íntimas e frágeis, como flores que só se abrem dentro da noite. À luz do dia tudo é claro e tangível, mas a noite dura tanto quanto o dia e nós também vivemos du-

230

rante a noite. Há pessoas que têm sonhos maus que acabam estragando o dia seguinte. E, para muitas pessoas, a vida cotidiana é um sonho tão mau que anseiam pela noite, quando o espírito desperta. Acho até que esse tipo de pessoas não é pequeno em nossos dias e por isso continuo reafirmando que o problema psíquico do homem moderno é parecido com aquele que foi retratado aqui.

Não obstante, devo culpar-me de certa parcialidade, pois omiti o *espírito do nosso tempo* sobre o qual a maioria das pessoas se manifesta, pois é coisa evidente a qualquer um. Mostra-se através do ideal internacional ou supranacional, que toma corpo na Liga das Nações e em organizações análogas, bem como no esporte e, finalmente – o que é significativo – no cinema e no *jazz*. São sintomas bem característicos do nosso tempo, que estenderam o ideal humanístico ao próprio corpo. O esporte valoriza extraordinariamente o corpo, tendência que se acentua ainda mais na dança moderna. O cinema, como também o romance policial, tornam-nos capazes de viver sem perigo todas as nossas excitações, fantasias e paixões que tinham que ser reprimidas numa época humanística. Não é difícil perceber a relação desses sintomas com a situação psíquica. O fascínio da psique nada mais é do que uma nova autorreflexão, uma reflexão que se volta sobre nossa natureza humana fundamental. Por que estranhar então se esse corpo, por tanto tempo subestimado em relação ao espírito, tenha sido novamente descoberto? Somos quase tentados a falar de uma vingança da carne contra o espírito. Quando Keyserling denuncia sarcasticamente o chofer como o herói da cultura moderna, sua observação tem um fundo de verdade. O corpo exige igualdade de direitos. Ele exerce o mesmo fascínio que a psique. Se ainda estivermos imbuídos da antiga concepção de oposição entre espírito e matéria, isto significa um estado de divisão e de intolerável contradição. Mas se, ao contrário, formos capazes de reconciliar-nos com o mistério de que o espírito é a vida do corpo, vista de dentro, e o corpo é a revelação exterior da vida do espírito, se pudermos compreender que formam uma unidade e não uma dualidade, também compreenderemos que a tenta-

[195]

tiva de ultrapassar o atual grau de consciência, através do inconsciente, leva ao corpo e, inversamente, que o reconhecimento do corpo não tolera uma filosofia que o negue em benefício de um puro espírito. Essa acentuação das exigências físicas e corporais, incomparavelmente mais forte do que no passado, apesar de parecer sintoma de decadência, pode significar um *rejuvenescimento*, pois, segundo Hölderlin

Onde há perigo, surge também a salvação[51].

[196]   E, de fato, podemos constatar que o mundo ocidental começa a caminhar num ritmo bem mais rápido, o ritmo americano, exatamente o contrário do quietismo e da resignação que não se coadunam com o mundo. Começa a manifestar-se mais do que nunca uma oposição entre o exterior e o interior, ou, mais exatamente, entre a realidade objetiva e a subjetividade. Quem sabe uma última corrida entre a envelhecida Europa e a jovem América. Talvez uma última tentativa, sadia ou desesperada, de escapar do poder das obscuras leis naturais e conquistar uma vitória, maior e mais heroica ainda, da mente desperta sobre o sono das nações. Uma questão que só a História poderá responder.

---

51. *Patmos*, p. 230.

11
Relações entre a psicoterapia e a direção espiritual[52]

O desenvolvimento da Psicologia médica e da Psicoterapia deve-se [488] muito menos à curiosidade dos estudiosos do que propriamente aos problemas psíquicos urgentes impostos pelos doentes e ao impulso decisivo que deles deriva. A ciência médica evitou muito tempo – quase em oposição às necessidades dos doentes – de tocar nos problemas propriamente psíquicos, partindo da hipótese, aliás não de todo desprovida de fundamento, de que esse domínio é mais da alçada de outras Faculdades. Mas, da mesma forma que a unidade biológica do ser humano sempre obrigou a Medicina a tomar emprestado informações aos ramos mais variados do saber, tais como a Química, a Física, a Biologia etc., assim também viu-se forçada a aceitar que a Psicologia experimental entrasse para a sua órbita.

No decorrer desses empréstimos, era natural que os domínios cien- [489] tíficos incorporados sofressem uma refração característica em suas tendências: em lugar de um trabalho de pesquisa que constituísse um fim em si mesmo, a preocupação era a de aplicá-los ao homem, na prática. Assim, por exemplo, a Psiquiatria hauriu abundantemente do tesouro e dos métodos da Psicologia experimental e inseriu esta última no edifício de muitos dédalos da Psicoterapia. Esta nada mais é, em última análise, do que uma Psicologia dos fenômenos psíquicos complexos. Suas

---

52. De acordo com uma exposição feita à Conferência Pastoral de Estrasburgo em maio de 1932.

origens se encontram, de uma parte, nas experiências acumuladas pela Psiquiatria, entendida no sentido mais estrito deste termo, e, de outra parte, nas experiências da Neurologia; esta disciplina compreendia também, inicialmente, o domínio daquilo que se convencionou chamar de Neurologia psicogenética, visão esta que continua até hoje nos meios acadêmicos. Na prática, porém, abriu-se um vasto abismo nas últimas décadas, principalmente a partir da utilização da hipnose, entre os especialistas em Neurologia e os psicoterapeutas. Isto não poderia deixar de produzir-se, porque a Neurologia é a ciência das doenças orgânicas, ao passo que as neuroses psicogênicas não constituem doenças orgânicas no sentido corrente do termo, assim como não fazem parte do domínio do psiquiatra que limitou seu campo de atividade às psicoses. Mas as neuroses psicogênicas também não constituem doenças mentais no sentido comum do termo; elas formam um domínio *sui generis* e isolado, com fronteiras mal definidas, apresentando inúmeras formas de transição que se lançam para ambos os lados: o das doenças mentais e o das doenças nervosas.

[490]   O caráter intrínseco e inegável das neuroses consiste no fato de que elas nascem de causas psíquicas e só podem ser curadas por meios exclusivamente psíquicos. A delimitação e o estudo deste domínio particular, empreendida tanto a partir do setor psiquiátrico quanto do setor neurológico, conduziu a uma descoberta que foi para a Medicina a mais incômoda possível: a *descoberta da alma* enquanto fator etiológico suscetível de provocar enfermidades no domínio humano. A Medicina, no decorrer do século XIX, tornara-se, em seus métodos e teoria, uma disciplina tributária das ciências naturais e se apoiava nos mesmos pressupostos filosóficos que estas últimas – o causalismo e o materialismo. A alma enquanto substância espiritual não existia por si, da mesma maneira que a Psicologia experimental se esforçava ao máximo para elaborar uma Psicologia sem alma.

[491]   O estudo das psiconeuroses mostrou incontestavelmente que o fator psíquico é o causador das perturbações, isto é, a causa principal

da doença; assim, este fator psíquico foi colocado em paridade com as outras causas de doença já conhecidas, tais como a hereditariedade, a constituição, a infecção bacteriana etc. Todas as tentativas feitas no sentido de reduzir a natureza do fator psíquico a outros fatores orgânicos deram em nada. Mas uma delas teve mais êxito – a que procurou reduzir o fator psíquico à noção de *instinto* tomada de empréstimo à Biologia. Os instintos, como se sabe, são necessidades fisiológicas facilmente perceptíveis, baseados nas funções glandulares e que, como mostra a experiência, influenciam e até mesmo condicionam os processos psíquicos. Qual seria a ideia imediata senão a de procurar a causa específica da psiconeurose, não num conceito místico de alma, mas num distúrbio dos instintos – distúrbio este que, em última análise, podia esperar-se curar graças a um tratamento orgânico glandular?

Freud, como se sabe, na sua Teoria das Neuroses, delineou este ponto de vista. Sua teoria vai buscar um princípio explicativo fundamental nas perturbações do instinto sexual. A concepção de Adler também extrai seu princípio explicativo do domínio dos impulsos sexuais e, especificamente, das perturbações do instinto de poder, instinto este muito mais psíquico do que o impulso sexual fisiológico. [492]

A noção de instinto está longe de ter sido cientificamente esclarecida. Ela diz respeito a um fenômeno biológico de monstruosa complexidade e representa, no fundo, um "X", isto é, pura e simplesmente um conceito-limite, cujo conteúdo é de imprecisão absoluta. Não quero aqui dar início a uma crítica do conceito de instinto, mas, pelo contrário, encarar a possibilidade de considerar o fator psíquico como, por exemplo, uma mera combinação de instintos que também repousariam, por sua parte, em funções glandulares. Aliás, é forçoso admitirmos como provável que tudo aquilo que chamamos de psíquico está incluído na totalidade dos instintos e que, portanto, o psiquismo outra coisa não é, em última análise, senão um instinto ou conglomerado de instintos, ou seja, uma função hormonal. A psiconeurose seria, assim, uma enfermidade do aparelho glandular. [493]

[494]   Mas a prova desta hipótese não foi absolutamente estabelecida, não se tendo encontrado até agora a secreção glandular que pudesse curar uma neurose. Se, por um lado, sabemos, depois de um sem-número de fracassos, que a terapia orgânica falhou em princípio nas neuroses, por outro lado sabemos também que os meios psíquicos curam a neurose, como se eles fossem extratos glandulares. As neuroses, segundo nossa experiência atual, podem e devem ser influenciadas e curadas, não a partir da função proximal do sistema endócrino, mas de sua função distal, ou seja, do psiquismo em geral, tudo se passando exatamente como se o psiquismo fosse uma substância. Uma explicação apropriada ou uma palavra de consolo, por exemplo, podem obter um efeito de cura que, em última análise, estende-se até mesmo às funções glandulares. As palavras do médico nada mais são, evidentemente, do que vibrações do ar, mas seu valor intrínseco decorre do estado psíquico particular do médico que as pronuncia. As palavras não agem senão porque transmitem um sentido ou uma significação: é justamente aí que reside o segredo de sua eficácia. Ora, o sentido é qualquer coisa de espiritual. Concedo que se possa dizer que este sentido nada mais é do que uma *ficção*. Mas não é menos verdade que, graças à ficção, podemos influenciar a doença de maneira muito mais eficaz do que por meio de produtos químicos, e, mais ainda, que até mesmo influenciamos o processo biológico químico. Que a ficção se produza em mim interiormente, ou me tinja a partir do exterior, por meio da linguagem, pouco me importa: tanto num caso como no outro ela pode me adoecer ou restituir-me a saúde. As ficções, ilusões e opiniões são certamente as coisas menos tangíveis e menos reais que possamos imaginar, e, no entanto, elas são psíquica e psicofisiologicamente as mais eficazes.

[495]   Foi mediante este processo que a Medicina descobriu a alma. Por honestidade, a Medicina não pode mais negar a substancialidade do psíquico. O instinto é reconhecido como sendo uma das condições do psíquico, da mesma forma que o psíquico passou a ser considerado, e com razão, um dos condicionamentos dos instintos.

Não se pode acusar as teorias freudianas e adlerianas de serem psi- [496]
cologias do instinto, mas sim o de serem unilaterais. Constituem psicologias sem alma, indicadas para todos aqueles que acreditam não ter necessidades nem exigências espirituais. Mas nesta abordagem, tanto se
engana o médico como o paciente: embora estas teorias levem em conta a psicologia das neuroses, em grau infinitamente mais elevado do
que qualquer outra concepção médica pré-analítica, não é menos verdade que sua limitação ao instintual em nada satisfaz as necessidades
mais profundas da alma enferma. Sua concepção é demasiado científica, parece demasiado axiomática, fictícia ou imaginativa, em uma palavra: atribui ou coloca demasiado sentido onde este não existe. Ora, *só o
significativo traz a salvação.*

A razão cotidiana, o bom-senso comum, a ciência como corpo- [497]
rificação do *common sense*, sob forma concentrada, certamente satis-
fazem por algum tempo e por uma etapa bem prolongada, mas nunca
vão além das fronteiras da realidade mais terra a terra, ou de uma normalidade humana média. No fundo, não trazem qualquer solução aos
problemas do sofrimento psíquico e de sua significação mais profunda.
*A psiconeurose, em última instância, é um sofrimento de uma alma que
não encontrou o seu sentido.* Do sofrimento da alma é que brota toda
criação espiritual e nasce todo homem enquanto espírito: ora, o motivo
do sofrimento é a estagnação espiritual, a esterilidade da alma.

Munido deste conhecimento o médico se aventura, doravante, em [498]
um domínio do qual só se aproxima depois de muita hesitação. Come-
çará a enfrentar a necessidade de transmitir a ficção salutar, a significação espiritual, pois é isto, precisamente, o que o doente espera dele,
para além de tudo o que a razão pensante e a ciência lhe podem dar.
O enfermo procura aquilo que o empolgue e venha conferir, enfim, ao
caos e à desordem de sua alma neurótica uma forma que tenha sentido.

Estará o médico à altura desta tarefa? Ele poderá encaminhar seu [499]
paciente, antes de tudo, a um teólogo ou filósofo, ou abandoná-lo às
incertezas e perplexidades de sua época. Enquanto médico, sua cons-

ciência profissional evidentemente não o obriga a abraçar uma determinada concepção do mundo. Mas o que acontecerá quando perceber, com inelutável clareza, as causas do mal de que o seu paciente sofre, isto é, que ele é *carente de amor* e não possui senão a sexualidade; que lhe falta a fé, porque ele receia a cegueira; que vive sem esperança, porque a vida e o mundo o decepcionaram profundamente; e que atravessa a existência mergulhado na ignorância, porque não soube perceber sua própria significação?

[500]   Numerosos pacientes cultos se recusam categoricamente a procurar um teólogo. Quanto ao filósofo, nem sequer querem ouvir falar a respeito. A história da Filosofia os deixa frios e o intelectualismo em que vivem mergulhados se lhes afigura mais desolador do que um deserto. Onde encontrar os grandes sábios da vida e do mundo que não apenas se limitem a falar do sentido da existência, mas que também o possuam? Aliás não se pode imaginar qualquer sistema ou verdade que tragam ao doente aquilo de que necessita para a vida, a saber, a crença, a esperança, o amor e o conhecimento.

[501]   Estas quatro conquistas supremas do esforço e das aspirações humanas são outras tantas graças que não podem ser ensinadas nem aprendidas, nem dadas ou tomadas, nem retiradas ou adquiridas, pois estão ligadas a uma condição irracional que foge ao arbítrio humano, isto é, à *experiência viva* que se teve. Ora, é completamente impossível fabricar tais experiências. Elas ocorrem, não de modo absoluto, mas infelizmente de modo relativo. Tudo o que podemos, dentro de nossas limitações humanas, é *tentar um caminho de aproximação rumo a elas*. Há caminhos que nos conduzem à proximidade das experiências, mas deveríamos evitar de dar a estas vias o nome de "métodos", pois isto age de maneira esterilizante sobre a vida e, além disto, a trilha que leva a uma experiência vivida não consiste em um artifício, mas em uma empresa arriscada que exige o esforço incondicional de toda a personalidade.

[502]   A necessidade terapêutica conduz-nos, assim, a uma questão e ao mesmo tempo a um obstáculo aparentemente insuperável. Como pode-

remos ajudar a alma enferma a pôr-se a caminho da experiência libertadora, a partir da qual germinarão os quatro grandes carismas (crença, esperança, amor e conhecimento) que deverão curar a doença? Pleno de boas intenções, o médico talvez chegue a aconselhar o doente: "Deverias ter o verdadeiro amor, ou a verdadeira fé, ou ainda empenhar-te em conhecer-te a ti mesmo". Mas onde vai o doente encontrar aquilo que, precisamente, só poderá receber depois do tratamento?

Saulo não deve sua conversão nem ao amor verdadeiro, nem à verdadeira fé, nem a uma verdade qualquer; só o seu *ódio aos cristãos* o fez pôr-se a caminho de Damasco e o conduziu àquela experiência que devia tornar-se decisiva para toda a sua vida. Ele viveu o seu maior erro com convicção, e foi isto precisamente que nele determinou a experiência vivida. [503]

Aqui se abre, diante do psiquiatra, um conjunto de problemas vitais que jamais poderá ser levado suficientemente a sério, e aqui também se impõe ao médico da alma um problema que o coloca em estreito contato com o diretor espiritual. [504]

O problema do sofrimento da alma concerneria, no fundo, muito mais ao diretor espiritual do que ao médico. Mas na maioria dos casos o doente consulta primeiro o médico, porque pensa estar fisicamente enfermo e sabe que certos sintomas neuróticos poderão pelo menos ser aliviados por meio de medicamentos. Por outro lado, o diretor espiritual geralmente não possui os conhecimentos que o capacitem a penetrar nas trevas do pano de fundo psíquico dos doentes, como também não possui a autoridade que lhe dê condições de convencer o doente de que seu sofrimento não é de natureza física, mas psíquica. [505]

Há também certos doentes que conhecem a natureza espiritual de seu sofrimento, mas se recusam a procurar um diretor espiritual, justamente porque não acreditam que ele seja capaz de ajudá-los realmente. Esses mesmos doentes, aliás, sentem uma desconfiança análoga em relação aos médicos em geral, desconfiança fundada porque, de fato, tanto o médico como o diretor espiritual se acham presentes, mas de [506] mãos vazias ou – o que é pior – capazes apenas de palavras ocas. Que o médico afinal nada tenha a dizer a respeito das últimas questões da alma é de todo compreensível. Aliás, não é do médico, mas do teólogo que o paciente deveria esperar este conhecimento. Mas o pastor protestante se encontra algumas vezes confrontado com tarefas quase insolúveis, uma vez que tem que lutar com dificuldades práticas das quais o sacerdote católico se acha impune. Este último tem o respaldo, sobretudo, na autoridade da Igreja: além disso, encontra-se numa situação social garantida e independente ao contrário do pastor protestante, quase sempre casado, tendo a pesar-lhe sobre os ombros a responsabilidade de uma família e, no pior dos casos, sem um mosteiro ou uma colegiada para acolhê-lo hospitaleiramente em suas necessidades. Quanto ao sacerdote católico, se for jesuíta, gozará dos benefícios da formação psicológica mais moderna. Assim, por exemplo, vim a saber que os meus trabalhos têm sido objeto, em Roma, de estudos sérios, muito antes que algum teólogo protestante os tivesse honrado com um rápido olhar.

[507] Os problemas da hora são graves. O abandono da Igreja protestante, na Alemanha, por numerosos fiéis não constitui senão *um* dos sintomas. Muitos outros poderiam mostrar ao teólogo que apenas o recurso à fé ou um convite a uma atividade caritativa significam demasiado pouco para as expectativas e exigências do homem moderno. O fato de muitos teólogos procurarem apoio psicológico ou uma ajuda prática na teoria sexual de Freud ou na teoria da vontade de poder de Adler representa ao que parece uma curiosa contradição, pois estas duas concepções são, no fundo, inimigas de tudo o que há de espiritual no homem, uma vez que se trata de psicologias sem alma. São métodos racionalistas, que precisamente impedem o pleno desabrochar da experiência espiritual. Na sua imensa maioria os psicoterapeutas são adeptos de Freud ou de Adler. Isto significa também que a maioria dos doentes se tornarão necessariamente estranhos às perspectivas espirituais. Isto não pode deixar indiferente quem se interesse pelo destino da alma humana. A vaga psicológica que inunda os países protestantes da Europa

está longe de decrescer. Ela avança paralelamente com o abandono em massa das Igrejas. Cito aqui as palavras de um pastor protestante: "Hoje em dia as pessoas vão ao médico da alma, ao invés de procurarem um diretor espiritual".

Estou convencido de que esta afirmação só vale para o público culto. Certamente não se aplica à grande massa. Mas não nos esqueçamos de que aquilo que o homem culto pensa não levará mais do que vinte anos para tornar-se objeto das preocupações da massa. A obra célebre de Büchner, *Kraft und Stoff* (Força e matéria)[53], por exemplo, tornou-se, cerca de vinte anos depois de sua publicação, quando já parecia praticamente abandonada pelos círculos cultos, um dos livros mais lidos das bibliotecas populares da Alemanha. Estou convencido de que as necessidades psicológicas dos homens cultos de hoje constituirão o centro de interesse popular de amanhã. [508]

Gostaria de apresentar aqui os seguintes fatos à reflexão dos meus leitores: há trinta anos minha clientela provém, um pouco, de quase todos os países civilizados do mundo. Várias centenas de doentes passaram pelas minhas mãos. Em sua grande maioria eram protestantes; havia uma minoria de judeus, e não tratei mais do que cinco ou seis católicos praticantes. De todos os meus pacientes que tinham ultrapassado o meio da vida, isto é, que contavam mais de trinta e cinco anos, não houve um só cujo problema mais profundo não fosse o da atitude religiosa. Aliás, todos estavam doentes, em última análise, por terem perdido aquilo que as religiões vivas ofereciam em todos os tempos a seus adeptos, e nenhum se curou realmente, sem ter readquirido uma atitude religiosa própria, o que, evidentemente, nada tinha a ver com a questão de confissão (credo religioso) ou com a pertença a uma determinada igreja. [509]

Aqui se abre um imenso domínio para o diretor espiritual. Mas parece que quase ninguém o percebeu. É improvável que o pastor pro- [510]

---

53. BÜCHNER, L. *Kraft und Stoff, oder Grundzüge der natürlichen Weltordnung nebst einer darauf gebauten Moral oder Sittenlehre.* Leipzig: [s.e.], 1855.

testante de hoje esteja suficientemente preparado para atender às fortes exigências da alma contemporânea. Já está na hora de o diretor espiritual e o médico se darem as mãos para levar a bom termo esta ingente tarefa espiritual.

[511] Eu gostaria de mostrar-lhes, com um exemplo, o quanto estes problemas são atuais: Há pouco mais de um ano, a Direção da Conferência dos Estudantes Cristãos de Aarau perguntou-me por que as pessoas de hoje, em casos de sofrimento moral, dirigem-se de preferência ao médico e não ao pastor. Esta questão é direta e prática. Até então eu constatara apenas que *meus* pacientes tinham procurado o médico e não o pastor. Mas isto era um fato geral. Tal coisa me parecia duvidosa; em todo caso, eu não dispunha de dados precisos sobre o problema. Por isso, promovi a este respeito uma pesquisa em círculos que me eram totalmente estranhos, por meio de terceiros; a ela responderam protestantes franceses, alemães e suíços. Paralelamente, recebemos também um certo número de respostas de círculos católicos. Os resultados desta pesquisa são muito interessantes. De modo geral, 57% de todos os protestantes e somente 25% dos católicos declaravam optar pelo médico nos casos de sofrimento moral. Pelo pastor, somente 8% dos protestantes, contra 58% dos católicos. Estas foram as opções claramente definidas. O resto das respostas protestantes, ou seja, 35%, ficou indeciso. Do lado católico, o número de indecisos não ultrapassou 17%.

[512] E quais foram as razões principalmente alegadas para não se consultar o pastor? Em 52% das respostas foi mencionada a falta de conhecimentos psicológicos e da compreensão daí decorrente. 28% indicaram como motivo de sua abstenção que o pastor tem uma concepção preestabelecida e se acha muito preso a uma formação dogmática estreita e tradicional. Notemos, a título de curiosidade, que até mesmo um pastor declarou optar pelo médico, ao passo que outro me respondeu irritado: "A Teologia nada tem a ver com o tratamento de doentes". Todos os membros de família dos teólogos que responderam à pesquisa de opinião se pronunciaram contra o pastor.

Esta pesquisa, evidentemente restrita a círculos cultos, nada mais [513] é do que uma sondagem de valor muito limitado. Estou convencido de que certas camadas populares sem cultura reagiriam de modo diferente. Mas minha tendência é a de admitir que, pelo menos em relação aos meios que responderam, a pesquisa possui um certo valor, pois é fato bem conhecido que a indiferença pelas coisas da Igreja e da religião é muito grande e cresce cada vez mais nestes círculos. E não esqueçamos, quanto à psicologia das massas acima mencionada, que os problemas ideológicos dos círculos cultos não levam mais do que vinte anos para atingir as classes populares sem cultura. Quem teria previsto, por exemplo, há vinte ou mesmo há dez anos, a imensa reviravolta espiritual que ocorreu na Espanha, o mais católico de todos os países da Europa?[54] E, no entanto, ele foi abalado repentinamente, como que pela violência de uma catástrofe natural.

Parece-me que paralelamente à decadência da vida religiosa o [514] número de neuroses vai aumentando consideravelmente. Entretanto, não há qualquer estatística que ateste este crescimento. Mas uma coisa me parece certa: o estado de espírito geral do europeu mostra mais ou menos por toda parte uma ausência inquietante de equilíbrio. Não se pode negar que vivemos em uma época de grande agitação, de nervosismo, de atividade mais ou menos desordenada e de notável desconcerto em tudo que se refere às concepções do mundo. No seio de minha clientela que provém, sem nenhuma exceção, dos meios cultos, figura um número considerável de pessoas que me consultaram, não porque sofressem de uma neurose, mas porque não encontravam um sentido para suas vidas ou porque se torturavam com problemas para os quais a filosofia e a religião não traziam qualquer solução. Alguns pensavam que eu talvez possuísse alguma fórmula mágica, mas tive prontamente de desenganá-los e dizer-lhes – e isto nos leva aos problemas práticos – que eu também não possuía qualquer resposta pronta.

---

54. (Esta conferência foi pronunciada durante a Segunda República da Espanha, proclamada em 1931 e supressa em 1936).

[515]   Tomemos, por exemplo, a mais frequente e a mais comum destas questões – a do sentido da vida. O homem moderno acredita saber à saciedade o que o pastor vai responder a esta interrogação, e mesmo o que ele deve responder... Do filósofo essas pessoas geralmente riem; do médico de clínica geral não esperam muita coisa; mas do especialista da alma, que passa seu tempo a analisar o inconsciente, quem sabe, afinal de contas, se não terá alguma coisa para dizer? Talvez se possa esperar que ele tenha desenterrado dos subterrâneos obscuros da alma, entre outras coisas, também um sentido para a vida, que poderíamos adquirir barato, em troca do pagamento dos honorários. Por isso, constitui quase um alívio da consciência para qualquer pessoa séria saber que o próprio médico nada tem a dizer, *a priori*, sobre o assunto. E assim a pessoa se consola, sabendo que não errou o alvo que estava a seu alcance. É muitas vezes por meio deste contato que se abre o caminho da confiança em relação ao médico.

[516]   Descobri que há no homem moderno uma resistência invencível contra as opiniões pré-fabricadas e as verdades tradicionais que se pretende impor. O homem moderno é como um bolchevista para o qual todas as formas e normas espirituais anteriores perderam de algum modo a validez, e assim ele quer experimentar com o espírito o que o bolchevista faz com a economia. Em face desta tendência do espírito moderno, qualquer sistema da Igreja Católica ou protestante, budista ou confucionista, acha-se numa situação incômoda. É inegável que entre os modernos existem naturezas destruidoras, perversas, tipos originais degenerados, desequilibrados, que não se sentem bem em parte alguma e que, por conseguinte, aderem a todos os novos experimentos e a todos os movimentos – aliás com grande dano para estes últimos – na esperança de descobrir aí, enfim, aquilo que possa atenuar as suas próprias deficiências. Evidentemente, por força de minha profissão conheço um grande número de pessoas de nossa época e, consequentemente, também os sujeitos patológicos, assim como os normais. Mas façamos abstração dos sujeitos patológicos. Os indivíduos normais não são tipos originais doentios, mas muitas vezes homens particularmente ca-

244

pazes, bons e corajosos; entretanto, não é por maldade que rejeitam as verdades tradicionais, e sim por motivos de correção e de honestidade. Eles sentem globalmente que nossas verdades religiosas se tornaram, de alguma forma, ocas e vazias. Ou não conseguem harmonizar sua concepção das coisas com as verdades religiosas, ou então sentem que as verdades cristãs perderam sua autoridade e justificação psicológica. As pessoas não se sentem mais salvas pela morte de Cristo e não conseguem mais crer. Feliz, por certo, é aquele que pode crer em alguma coisa, mas não se pode obter a fé pela força. O pecado é qualquer coisa inteiramente relativa: o que é mau para um é bom para o outro. Por que Buda não teria tanta razão quanto Cristo?

Creio que todos aqui conhecem estas questões e dúvidas tanto [517] quanto eu. A análise freudiana coloca todas estas coisas de lado, declarando-as impróprias, porque na sua opinião trata-se, quanto ao essencial, de recalques da sexualidade, fatos encobertos por pretensos problemas filosóficos e religiosos. Quando se estuda, em sua realidade, um caso individual em que surgem problemas desta natureza, logo se constata, efetivamente, que o domínio sexual se acha perturbado de maneira muito singular, de modo geral, a esfera inteira dos instintos inconscientes. Freud explica toda desordem psíquica, partindo da existência dessa desordem sexual, e se interessa unicamente pela causalidade dos sintomas psíquico-sexuais. Assim procedendo, ignora completamente que existem casos em que as pretensas causas estavam presentes desde há muito, mas não se manifestavam, até que alguma perturbação da atitude consciente fizesse o indivíduo soçobrar na neurose. Este procedimento é semelhante ao que aconteceria se, em um barco que fosse a pique, por ter-se aberto um rombo no seu casco, a tripulação se interessasse essencialmente pela composição da água que irrompesse no casco, ao invés de esforçar-se por tapar o buraco. A perturbação da esfera sexual não é um fenômeno primário, mas constitui, como tal, um fenômeno secundário. A consciência perdeu seu sentido e sua esperança. Tudo se passa como se um pânico tivesse irrompido ("comamos e bebamos porque amanhã estaremos mortos").

Este estado de alma, nascido em seres que perderam o sentido de sua existência, determina a perturbação do mundo subterrâneo e desencadeia os instintos domesticados a duras penas. O motivo pelo qual alguém se torna neurótico está tanto no presente como no passado. Só um motivo atualmente existente pode manter viva uma neurose. Uma tuberculose existe hoje, não porque há vinte anos houve uma infecção de bacilos tuberculosos, mas porque o sujeito apresenta, *no momento*, focos bacilares em rápido desenvolvimento. Onde e como teve lugar a infecção é de todo secundário. Mesmo o mais exato conhecimento dos antecedentes do enfermo não o curaria da tuberculose. A mesma coisa acontece com a neurose.

[518]   É por esta razão que sempre levo a sério os problemas religiosos que um paciente me submeta, e os considero como causas possíveis de uma neurose. Mas se os levo a sério, devo confessar a meu paciente: "Sim, você tem razão; pode-se sentir as coisas como você o faz; Buda pode ter tanta razão quanto Cristo; o pecado é relativo, e não se vê realmente como e por que motivo deveríamos sentir-nos salvos pela morte de Cristo". Confirmar o doente nestas suas dúvidas é certamente muito fácil para mim, enquanto médico, mas é difícil para o pastor. O paciente percebe a atitude do médico como resultante de uma compreensão, ao passo que tomará as hesitações do pastor como o reflexo de um aprisionamento deste na história ou na tradição – atitude que o separaria humanamente do enfermo. E o paciente pensa consigo mesmo: Se assim é, o que acontecerá e o que irá dizer o pastor quando eu começar a falar-lhe de todas aquelas coisas que perturbam minha vida instintiva? Com toda razão o paciente esperará que o pastor esteja muito mais preso ainda aos seus conceitos morais do que os seus pontos de vista dogmáticos. Podemos lembrar neste contexto a anedota deliciosa que se conta a respeito do lacônico Presidente Coolidge. Em um domingo pela manhã ele saiu e ao retornar sua mulher lhe perguntou: "Onde estiveste?" "Na Igreja!" "E o que disse o pastor?" "Falou do pecado". "E o que disse ele sobre o pecado?" "Ele foi contra".

Dir-me-ão que o médico, nesta perspectiva, pode facilmente ser [519] compreensivo. Mas nós nos esquecemos de que entre os médicos também existem naturezas morais e que entre as confissões dos pacientes há algumas que o médico também tem certa dificuldade em digerir. E, no entanto, o interlocutor não se sentirá aceito enquanto não for admitido aquilo que há de mais sombrio nele. Ora, nessa aceitação não se trata apenas de palavras, e a ela se pode chegar em função da mentalidade de cada um e da atitude que se adota no confronto consigo próprio e com seu lado sombrio. Se o médico quer conduzir a alma de alguém, ou mesmo somente acompanhá-la, é preciso, pelo menos, que esteja em contato com ela. Este contato, entretanto, não se estabelecerá enquanto o médico mantiver uma atitude de condenação no que diz respeito à pessoa que lhe foi confiada. Que nada diga acerca desta condenação ou que a exprima mais ou menos claramente, isto em nada altera as consequências produzidas por sua atitude no paciente. Mas também não adianta assumir a atitude inversa e dar sempre razão ao paciente, em qualquer circunstância. Este procedimento determinará o mesmo alheamento que uma condenação moral. O contato, com efeito, só se estabelece graças a uma *objetividade isenta de qualquer preconceito*. Esta afirmação tem um aspecto quase científico. Alguém poderia confundir o meu pensamento com uma atitude puramente abstrata e intelectual. Ora, o que aqui estou dizendo é algo de inteiramente diverso: trata-se de uma atitude humana profundamente respeitosa em relação ao fato, em relação ao homem que sofre esse fato e em relação ao enigma que a vida desse homem implica. O homem autenticamente religioso assume precisamente tal atitude. Ele sabe que Deus criou todas as espécies de estranhezas e coisas incompreensíveis, e que procurará atingir o coração humano pelos caminhos mais obscuros possíveis. É por isso que a alma religiosa sente a presença obscura da vontade divina em todas as coisas. É esta atitude que pretendo designar quando falo de "objetividade isenta de qualquer preconceito". Ela constitui o desempenho moral do médico, o qual não deve sentir repugnância pela enfermidade e pela podridão. *Não se pode mudar aquilo que interiormente não se aceitou*. A condenação moral não liberta; ela oprime e sufoca. A partir do momento em que *condeno alguém*, não sou seu amigo e não compartilho de seus sofrimentos; sou o seu opressor. Isto não quer dizer, evidentemente, que nunca se deva condenar alguém. Mas não se deve condenar ali onde se espera e se pode ajudar alguém a melhorar sem recorrer a essa condenação. Se um médico quer ajudar um homem, deve primeiramente aceitá-lo tal como é. E não poderá fazer isso enquanto não se aceitar a si mesmo previamente, tal como é, em seu ser, com todas as suas falhas.

[520]   Isto talvez pareça muito simples. Mas o que é simples em geral é sempre o mais difícil. De fato, a simplicidade constitui a arte suprema e assim a aceitação de si mesmo é a essência do problema moral e o centro de toda uma concepção do mundo. Que eu faça um mendigo sentar-se à minha mesa, que eu perdoe àquele que me ofende e me esforce por amar, inclusive o meu inimigo, em nome de Cristo, tudo isto, naturalmente, não deixa de ser uma grande virtude. O que faço ao menor dos meus irmãos é ao próprio Cristo que faço. Mas o que acontecerá, se descubro, porventura, que o menor, o mais miserável de todos, o mais pobre dos mendigos, o mais insolente dos meus caluniadores, o meu inimigo, reside dentro de mim, sou eu mesmo, e precisa da esmola da minha bondade, e que eu mesmo sou o inimigo que é necessário amar? Assistimos aqui a uma inversão total da verdade cristã, pois já não temos mais amor nem paciência e somos nós próprios a dizer ao *irmão que está dentro de nós*: "Raca!" (louco), condenando-nos, dessa forma, a nós próprios e irando-nos contra nós mesmos. Exteriormente, dissimulamos aquilo de que somos feitos e negamos categoricamente haver encontrado à nossa frente esse miserável que habita dentro de nós, e mesmo que o próprio Deus tivesse se aproximado de nós, oculto sob estes traços repugnantes, nós o teríamos rejeitado milhares de vezes, muito antes que o galo cantasse.

[521]   Quem quer que com a ajuda da Psicologia moderna tenha lançado um olhar não só por trás dos bastidores de seus pacientes, mas também e principalmente por trás dos seus próprios bastidores (e isto consti-

248

tui uma necessidade para o psicoterapeuta moderno, que não for um charlatão ingênuo), reconhecerá que o mais difícil, para não dizer o impossível, é aceitar-se tal como se é, com sua miserável natureza. Basta a simples alusão a esta necessidade para mergulhar o indivíduo em um suor de angústia, e é por isso, em geral, que se prefere adotar, com certa alegria e sem hesitação, uma atitude mais complexa ou mais ambígua, a saber, a ignorância de si mesmo e o desvelo duvidoso em relação aos outros, às dificuldades e aos pecados alheios. É nesta atitude que está a demonstração das virtudes tangíveis, graças às quais enganamos não só aos outros como a nós mesmos, deixando a nossa consciência tranquila. Com isto (graças a Deus) escapamos de nós mesmos. Um sem-número de pessoas pôde agir assim impunemente, mas isso não acontece com todas, e estas então mergulham em uma neurose, na caminhada para Damasco. Como pode o médico ajudar estes indivíduos, se ele é um daqueles que se esquivou ao conhecimento de si mesmo e talvez tenha sido atingido pelo *morbus sacer* (mal sagrado) da neurose? Só possui uma "objetividade isenta de preconceitos" aquele que se aceitou tal como é. Ora, ninguém pode vangloriar-se de o ter conseguido plenamente. Poderíamos alegar o caso de Cristo que sacrificou sua encarnação histórica ao Deus que estava nele e viveu sua vida tal como ela era, até o amargo fim, sem levar em conta, na verdade, qualquer convenção humana ou o que pudesse parecer bom aos olhos dos fariseus.

Nós, os protestantes, achamo-nos em melhores condições de abordar este problema. Devemos compreender a imitação de Cristo no sentido de que se trataria de copiar a sua vida, macaquear de algum modo os seus estigmas, as suas chagas, ou entendendo-o em seu sentido mais profundo, viver a nossa vida como Ele viveu a sua, naquilo que Ele tinha de mais próprio e irredutível. Imitar a vida de Cristo não é coisa fácil, mas é indiscutivelmente mais difícil viver a própria vida no espírito em que Cristo viveu a sua. Se alguém se esforçasse por consegui-lo, estaria correndo o risco de se chocar contra os próprios condicionamentos históricos e, mesmo que atendesse às suas exigências, ainda assim seria, a [522] seu modo, ignorado, desprezado, escarnecido, torturado e pregado em uma cruz. Com efeito, tal homem seria uma espécie de bolchevista demente, e não é sem motivo que o crucificariam. Por isso é que se prefere a *imitatio Christi* (imitação de Cristo) coroada pela história e transfigurada pela santidade. Eu jamais tentaria perturbar um monge que se esforçasse por realizar esta identificação com Cristo. Acho que é digno de uma admiração especial. Mas acontece que não sou monge, e meus pacientes também não; além do mais, tenho a missão, como médico, de indicar a meus doentes o caminho segundo o qual poderão viver a sua vida sem se tornarem neuróticos. A neurose é uma cisão interior, uma discórdia íntima. Tudo o que reforça esta discórdia agrava o mal; tudo o que a reduz devolve a saúde. Aquilo que provoca a discórdia é o pressentimento ou mesmo o conhecimento de que há dois seres no coração do mesmo sujeito, e que eles se comportam de modo antagônico, algo assim como o que diz Fausto: "Duas almas – ai! – habitam em meu peito"; estes dois seres são o homem sensual e o homem espiritual, o eu e sua sombra. A neurose é uma cisão da personalidade.

[523]   O problema da cura é um problema religioso. Uma das imagens que ilustram o sofrimento neurótico no interior de cada um é a da guerra civil no plano das relações sociais que regulam a vida das nações. É pela virtude cristã que nos impele a amar e a perdoar o inimigo que os homens curam o estado de sofrimento entre as pessoas. Aquilo que por convicção cristã recomendamos exteriormente é preciso que o apliquemos internamente no plano da terapia das neuroses. É por isso que os homens modernos não querem mais ouvir falar em culpa ou pecado. Cada um já tem muito o que fazer com a própria consciência já bastante carregada e o que todos desejam saber e aprender é como conseguir *reconciliar-se* com as próprias falhas, como amar o inimigo que se tem dentro do próprio coração e como chamar de "irmão" ao lobo que nos quer devorar.

[524]   O homem moderno também não está mais interessado em saber como poderia imitar a Cristo. O que quer, antes de tudo, é saber como

conseguir viver em função de seu próprio tipo vital, por mais pobre ou banal que seja. Tudo o que lhe lembra imitação se lhe afigura contrário ao impulso vital, contrário à vida, e é por isso que ele se rebela contra a história que gostaria de retê-lo em caminhos previamente traçados. Ora, para ele todos esses caminhos conduzem ao erro. Ele está mergulhado na ignorância, mas se comporta como se sua vida individual constituísse a expressão de uma vontade particular divina, que deveria ser cumprida antes e acima de tudo – daí o seu egoísmo, que é um dos defeitos mais perceptíveis do estado neurótico. Mas quem disser ao homem moderno que ele é demasiado egoísta perdeu irremediavelmente a partida com ele. O que se entende perfeitamente, pois, agindo assim, não faz senão empurrá-lo cada vez mais para a neurose.

É precisamente o egoísmo dos doentes que me impele, em função [525] de sua própria cura, a reconhecer o profundo sentido de um tal egoísmo. Há nele (e para não o ver seria preciso que eu estivesse cego) algo que se apresenta como uma autêntica vontade divina. Quer dizer, se o doente consegue impor seu egoísmo (e eu devo ajudá-lo em tal sentido), ele se tornará estranho aos demais, repeli-los-á e, assim, tanto ele como os outros ficarão apenas consigo próprios. Nada mais justo que isto lhes aconteça, pois quiseram arrancá-lo do seu "sagrado egoísmo". Ora, este deve ser-lhe deixado, pois constitui sua força mais poderosa e mais sadia, que é, como acabo de dizer, uma espécie de manifestação da autêntica vontade divina, impelindo-o, na maioria das vezes, a um isolamento total. Por mais miserável que seja este isolamento, ele não deixa de ser útil, porque somente então é que o doente vai poder conhecer-se a si próprio; só então poderá aprender a medir o bem inestimável que reside no amor dos outros homens. Além disso, só no seio do abandono e da mais profunda solidão consigo mesmo, pode-se experimentar os poderes benéficos que cada um traz dentro de si.

Quando observamos, em várias ocasiões, evoluções desta natureza, [526] só pudemos reconhecer que aquilo que era mau tornou-se um degrau para o bem, e aquilo que parecia bom não fazia senão manter o mal em ação. O demônio do egoísmo torna-se assim a via régia para aquele silêncio que uma experiência religiosa exige. Encontramos aqui a grande lei da vida que é a enantiodromia, ou seja, a conversão no contrário, que pouco a pouco torna possível a unificação das duas componentes opostas da personalidade, pondo um fim à guerra civil que nela se trava.

[527]   Escolhi o egoísmo neurótico como exemplo por se tratar de um dos sintomas mais frequentes na vida do homem. Mas poderia ter escolhido qualquer outro sintoma do caráter, para demonstrar qual deve ser a atitude do psiquiatra em face das insuficiências de seus pacientes; em outros termos: para mostrar como se utilizar com proveito de atitudes negativas e do problema do mal que elas implicam.

[528]   Talvez tudo isto pareça ainda muito simples. Na realidade, porém, a aceitação do lado sombrio da natureza humana constitui algo que raia pelo impossível. Basta pensar no que significa aceitarmos o irracional, o insensato e o mau, seu direito à existência. Entretanto, é a isto que o homem moderno aspira; ele quer viver com aquilo que ele próprio é; quer saber o que ele é, e por esta razão é que rejeita a história. Quer ser sem história, para poder viver da forma experimental e constatar o que as coisas possuem de valor e de sentido em si mesmas, independentemente daquilo que os preconceitos históricos afirmam a seu respeito. A juventude moderna nos fornece exemplos surpreendentes em tal sentido. Uma consulta feita a mim por uma sociedade alemã nos mostra até onde vai esta tendência: Deve-se rejeitar o incesto? E quais os fatos que podem ser alegados contra ele?

[529]   Mas é difícil imaginar a que conflitos tais tendências poderão arrastar os homens. Compreendo que se queira tentar o impossível para proteger os homens contemporâneos de tais aventuras. Mas é estranho como nos parecem faltar os meios eficazes: Todos os argumentos que atuavam contra a insensatez, a ilusão e a imoralidade perderam em grande parte sua força de persuasão. Colhem-se agora os frutos da educação do século XIX. Enquanto a Igreja pregava uma fé cega ao adolescente, a universidade ensinava um intelectualismo racionalista, e de tudo isto resultou

que o argumento da fé e da razão acabaram se desgastando e perdendo a eficácia e a capacidade de convencer. O homem, farto e cansado do choque de opiniões, quer saber por si mesmo o que as coisas têm a lhe dizer em si mesmas. E esta tendência, que abre as portas, é verdade, às mais temíveis possibilidades, constitui, no entanto, uma empresa corajosa à qual não podemos negar a nossa simpatia. Este passo ousado do espírito moderno não é um empreendimento aventuroso e extravagante, mas uma tentativa nascida da mais profunda necessidade psíquica de redescobrir, graças a uma experiência original, feita sem preconceitos, a unidade da vida e de seu próprio sentido. Certamente o medo e a pusilanimidade têm suas excelentes razões de ser, mas é preciso encorajar e apoiar uma tentativa ao mesmo tempo audaciosa e séria, que desafia e empenha o homem inteiro. Lutar contra esta tentativa seria, no fundo, reprimir aquilo que o homem tem de melhor: sua coragem, suas altas aspirações; e se se chegasse a este resultado, ter-se-ia abortado aquela experiência infinitamente preciosa que é a única capaz de conferir um sentido à vida. Que teria acontecido se São Paulo se desviasse de sua viagem a Damasco, por qualquer razão sutil?

É com este problema que o psicoterapeuta sério e consciencioso se deve confrontar. Ele deve dizer em cada caso especial que está pronto, em seu íntimo, a prestar a sua orientação e ajuda a uma pessoa que se lança em uma tentativa e em uma busca ousada e incerta. O médico, em tal situação, não deverá mais saber nem presumir que sabe o que é verdadeiro e o que não o é, para nada excluir daquilo que compõe a plenitude da vida, mas deverá concentrar sua atenção sobre aquilo que é verdadeiro. Ora, é verdadeiro aquilo que atua. Se aquilo que me parece um erro é, afinal de contas, mais eficaz e mais poderoso do que uma pretensa verdade, importa em primeiro lugar seguir este erro aparente, pois é nele que residem a força e a vida que eu deixaria escapar se perseverasse naquilo que reputo como verdadeiro. A luz necessita da obscuridade, pois, senão, como poderia ela ser luz?

[530]

[531]   A psicanálise de Freud se limita, como se sabe, a tornar consciente o mal e o mundo das sombras no interior do homem. Ela simplesmente mostra a guerra civil latente, até então, no interior do indivíduo, e aí termina sua tarefa. É o próprio paciente que deve ver como poderá sair da situação. Freud infelizmente ignorou por completo o fato de que o homem em momento algum da história esteve em condições de enfrentar sozinho as potências do mundo subterrâneo, isto é, de seu inconsciente. Para isto, ele sempre necessitou da ajuda espiritual que lhe proporcionava a religião do momento. A abertura do inconsciente significava a explosão de um tremendo sofrimento da alma, pois tudo se passa precisamente como se uma civilização florescente fosse submersa pela súbita invasão de uma horda de bárbaros, ou como se campos férteis fossem abandonados à fúria avassaladora das águas, depois de se terem rompido os diques de proteção. A Primeira Guerra Mundial foi uma dessas explosões – e ela nos mostrou, melhor do que tudo, como é frágil a barreira que separa um mundo aparentemente bem ordenado do caos sempre pronto a submergi-lo. É isto o que acontece em relação a cada indivíduo: por trás de seu mundo racionalmente ordenado, uma natureza espera, ávida de vingança, pelo momento em que ruirá a parede de separação, para se expandir, destruidoramente, na existência consciente. Desde os tempos mais recuados e mais primitivos, o homem tem consciência deste perigo – o perigo da alma; e é por isso que ele criou ritos religiosos e mágicos para proteger-se contra esta ameaça ou para curar as devastações psíquicas que daí decorrem. É por isso que o curandeiro, entre os povos primitivos, é sempre e ao mesmo tempo o sacerdote, o salvador tanto do corpo como da alma, e que as religiões formam sistemas de cura dos sofrimentos da alma. Isto se aplica de modo muito particular às duas maiores religiões da humanidade: o cristianismo e o budismo. O que alivia o homem não é o que ele próprio imagina, mas somente uma verdade sobre-humana e revelada que o arranca de seu estado de sofrimento.

[532]   Já fomos atingidos por uma vaga de destruição. A alma sofreu danos, e é por isso que os doentes exigem que o médico da alma assuma uma função sacerdotal, porque esperam e exigem dele que os liberte de

seus sofrimentos. É por este motivo que nós, médicos da alma, devemos atualmente ocupar-nos de problemas que, a rigor, compete à Faculdade de Teologia. Mas não podemos pura e simplesmente abandonar tais problemas à Teologia, pois cotidianamente somos desafiados pela miséria psíquica com que nos defrontamos de maneira direta. Como, entretanto, todas as noções e tradições em geral se revelam inúteis, é preciso, antes de tudo, trilhar a via da doença, o labirinto de erros, que agrava inicialmente ainda mais os conflitos e aumenta a solidão até torná-la insustentável. Mas há a esperança de que do fundo da alma, de onde provêm todos os elementos destruidores, nasçam igualmente os fatores de salvação.

No começo de minha carreira, quando decidi trilhar este caminho, [533] não sabia aonde ele me conduziria. Ignorava o que as profundezas da alma encerravam e dissimulavam, aquelas profundezas que desde então tenho definido como sendo o inconsciente coletivo e cujos conteúdos denomino de arquétipos. Já nas épocas mais obscuras da pré-história, e sem que isto tenha deixado de se repetir, produziram-se irrupções do inconsciente, porque a consciência nem sempre existiu, e deve ter-se formado nos primórdios da história da humanidade, mais ou menos como se forma, sempre de novo, nos primeiros anos de nossa infância. No começo, a consciência é débil e facilmente sufocada pelo inconsciente. É isto que deve ter acontecido na história psíquica da humanidade. As lutas intestinas decorrentes destes fenômenos deixaram suas marcas. Podemos dizer, usando a linguagem das ciências naturais: formaram-se os mecanismos instintivos de defesa que intervêm automaticamente quando a miséria da alma atinge o seu ponto máximo. Tais mecanismos surgem sob a forma de representações salutares, de ideias inatas à alma humana, inextirpáveis, e que intervêm ativamente por si mesmas quando a desgraça o exige. Às ciências não podem senão constatar a existência destes fatores psíquicos e tentar explicá-los racionalmente, mas com isto simplesmente transfere a solução do enigma para um estágio anterior que continua hipotético, sem chegar a um resultado satisfatório. Encontramos aqui algumas questões finais: De onde provém a consciência? O que é propriamente a alma? E aqui a ciência toca o seu limite.

255

[534] Tudo se passa como se no ponto culminante da doença os elementos destrutivos se transformassem em elementos de salvação. Isto se produz graças ao fato daquilo que chamei: arquétipos. Estes despertam para uma vida independente, assumindo a direção da personalidade psíquica, em vez e no lugar do eu, incapaz de suas volições e aspirações impotentes. Um homem religioso diria que Deus toma a direção. Diante do que conheço a respeito da maioria de meus pacientes devo evitar esta fórmula em si perfeitamente completa, pois ela lembra demais aquilo que de início eles precisam rejeitar. Devo exprimir-me de modo mais modesto e dizer que *a atividade autônoma da alma desperta* – formulação esta que leva mais em conta os fatos observados. A grande inversão, com efeito, tem lugar no momento em que, nos sonhos ou nas fantasias, surgem conteúdos ou temas cuja origem não pode ser detectada na consciência. O fato de o doente ver-se confrontado com algo estranho que brota do reino obscuro da alma – mas que não se identifica com o eu e, por isso, se acha fora do arbítrio do eu – é sentido como uma iluminação decisiva: o sujeito reencontra o caminho de acesso para as fontes da vida da alma, e isto constitui o início da cura.

[535] A fim de ilustrar este processo, recorrerei a exemplos, mas é quase impossível encontrar um caso individual ao mesmo tempo breve e convincente, porque, em geral, trata-se de evoluções extremamente sutis e complexas. Muitas vezes, é a impressão profunda que causa no paciente a maneira tipicamente independente com que os sonhos tratam de seus problemas. Outras vezes será um tema decisivo que surge sob a forma de fantasmas e para o qual a consciência não está de modo algum preparada. Mas na maior parte dos casos trata-se de conteúdos ou conglomerados de conteúdos de natureza arquetípica que, compreendidos ou não pela consciência, e independentemente deste fato, exercem por si mesmos um efeito considerável. Às vezes a atividade autônoma da alma se exacerba a ponto de suscitar a percepção de uma voz interior ou de imagens visionárias, e criar uma experiência que, a rigor, constitui uma experiência original da ação do espírito no homem.

Experiências desta natureza facilmente conciliam os erros doloro- [536]
sos do passado, porque é a partir delas que se clarificará a desordem
interior, e mais ainda: é a partir delas que o sujeito conseguirá reconciliar-se também com seus antagonismos interiores e eliminar, em um
nível superior de sua evolução, o estado de dissolução doentia de que
foi vítima.

Em razão da importância e da amplidão das questões de princípio [537]
colocadas pela Psicoterapia moderna, renuncio a entrar em detalhes,
por mais desejável que isto pareça, em vista de uma melhor compreensão do tema tratado. De qualquer forma, espero ter conseguido descrever, de modo claro, a atitude que o médico da alma deve assumir perante
seus doentes. Espero, igualmente, que meu auditório tenha tirado mais
proveito destas considerações do que de métodos e receitas que só conseguem agir como devem, nas coisas da alma, quando utilizados segundo o espírito que presidiu à sua elaboração. A atitude do psicoterapeuta
é infinitamente mais importante do que as suas teorias e os métodos
psicológicos. É por esta razão que me empenho sobretudo em levar ao
conhecimento de meu público os problemas levantados por esta atitude.
Quero crer que lhes proporcionarei, a este respeito, informações hones-
tas, fornecendo a cada um dos presentes os meios para decidir em que
medida e de que modo um pastor de almas pode se associar aos esforços
empreendidos pela psicoterapia. Longe de mim a pretensão da infalibi-
lidade; mas creio, contudo, que o quadro do estado do espírito moderno
que acabo de esboçar é exato e corresponde à realidade. Em todo caso,
aquilo que eu lhes disse em matéria de princípios, a respeito dos problemas do tratamento das neuroses, constitui a verdade sem retoques.
Nós, médicos, naturalmente nos sentiríamos gratificados, se os esforços
que fazemos para curar os sofrimentos da alma encontrassem uma certa
compreensão e alguma simpatia por parte dos teólogos. Por outro lado,
porém, compreendemos as dificuldades insólitas ligadas à ordem dos
princípios, que se opõem a uma colaboração efetiva. Embora minha posição no parlamento do espírito seja de extrema esquerda, não deixo de

257

ser o primeiro a prevenir contra uma generalização sem crítica de meus próprios pontos de vista. Se bem que suíço, e como tal visceralmente democrata, devo reconhecer que a natureza é aristocrática e, mais ainda, é esotérica. "*Quod licet Iovi, non licet bovi*" – "o que é permitido a Júpiter não é permitido ao boi" – eis aí uma verdade que, embora desagradável, não é menos eterna. Quem tem seus inúmeros pecados perdoados? Aqueles que muito amaram, ao passo que os que pouco amaram merecem o mínimo de perdão. Estou inabalavelmente convencido de que um número imenso de homens pertence ao grêmio da Igreja Católica e não a outro lugar, pois é nela que encontram o acolhimento espiritual mais seguro e proveitoso, como também estou convencido – e isto em virtude de minha própria experiência – de que uma religião primitiva convém infinitamente mais aos primitivos do que a imitação nauseante de um cristianismo que lhes é incompreensível e congenitamente estranho. Por isso, aliás, creio que, neste sentido, deve haver protestantes que se elevem contra a Igreja Católica, da mesma forma que protestantes que se elevem contra os próprios protestantes; porque as manifestações do espírito são singulares e múltiplas como a própria criação.

[538]   E um espírito vivo cresce e supera suas próprias formas anteriores, procurando através de uma livre-escolha os homens nos quais ele vivera e que o anunciarão. Ao lado desta vida do espírito, que se renova eternamente ao longo de toda a história da humanidade, procurando atingir sua meta por vias múltiplas e muitas vezes incompreensíveis, os nomes e as formas aos quais os homens se agarram com todas as forças representam muito pouca coisa, pois nada mais são que frutos e folhas caducas do mesmo tronco da árvore eterna.

Leia também!

Conecte-se conosco:

f facebook.com/editoravozes

◉ @editoravozes

𝕏 @editora_vozes

▶ youtube.com/editoravozes

◷ +55 24 2233-9033

www.vozes.com.br

Conheça nossas lojas:
www.livrariavozes.com.br

Belo Horizonte – Brasília – Campinas – Cuiabá – Curitiba
Fortaleza – Juiz de Fora – Petrópolis – Recife – São Paulo

  Vozes de Bolso

EDITORA VOZES LTDA.
Rua Frei Luís, 100 – Centro – Cep 25689-900 – Petrópolis, RJ
Tel.: (24) 2233-9000 – E-mail: vendas@vozes.com.br